U0105138

话说 内蒙古

武川县

曹海英 曹慧 武明光 ◎ 编著

内蒙古人民出版社

图书在版编目 (CIP) 数据

话说内蒙古·武川县 / 曹海英，曹慧，武明光编著
. -- 呼和浩特：内蒙古人民出版社，2016.10
ISBN 978-7-204-14407-5

Ⅰ．①话… Ⅱ．①曹… ②曹… ③武… Ⅲ．①武川县
—概况 Ⅳ．① K922.6

中国版本图书馆 CIP 数据核字 (2016) 第 261118 号

话 说 内 蒙 古 · 武 川 县

HUASHUO NEIMENGGU WUCHUANXIAN

丛书策划	吉日木图 郭 刚
策划编辑	田建群 张 钧 南 丁 王 瑶 贾大明
本册编著	曹海英 曹 慧 武明光
责任编辑	马燕茹 田建群
责任校对	李好静
责任监印	王丽燕
封面设计	南 丁
版式设计	朝克泰
丛书名题字	马继武
蒙古文题字	哈斯毕力格
出版发行	内蒙古人民出版社
地 址	呼和浩特市新城区中山东路 8 号波士名人国际 B 座 5 楼
印 刷	内蒙古恩科赛美好印刷有限公司
开 本	710mm×1000mm 1/16
印 张	19.5
字 数	290 千
版 次	2017 年 3 月第 1 版
印 次	2017 年 3 月第 1 次印刷
印 数	1—4000 册
书 号	ISBN 978-7-204-14407-5
定 价	66.00 元

图书营销部联系电话：(0471) 3946267 3946269
如发现印装质量问题，请与我社联系。联系电话：(0471) 3946120 3946124
网址：http://www.imph.com

《话说内蒙古·武川县》编委会

主　　任：任燕翔

委　　员：武文彪　张立侠　任燕翔　宋征和　周作升　张世杰
　　　　　杜怀国　刘俊文　骆荣梅　曹海英　郭志刚　宋之敏

纂　　稿：曹海英

执　　笔：曹海英　武明光　胡国栋　曹　慧　柴陆地
　　　　　郑守昌　乔峻岭　张　文　乔庆琳　王凯军

插　　图：马东源

摄　　影：周作升　苏凤梅　张　星　侯冬梅　曹　慧　贾睿娟
　　　　　柴陆地　任志明　彭晓明　闫仲鹏　孟春峰　赵慧刚

编　　务：张　慧　蔚　堃　丁月军　赵　雁　王　婧　杨慧敏

总　序

　　内蒙古自治区是我国第一个省级少数民族自治地区。全区辖9个地级市、3个盟、2个计划单列市，下辖52个旗（其中包括鄂伦春、鄂温克、莫力达瓦达斡尔3个少数民族自治旗）、17个县、11个盟（市）辖县级市、23个市辖区，共103个旗、县、市辖区。首府呼和浩特市。

　　内蒙古东西直线距离2400千米，南北跨度1700千米，土地总面积118.3万平方千米。广袤的土地蕴含着丰富的自然资源：从东到西的森林、草原、沙漠等地形地貌是天然独特的旅游资源；丰富的煤、铅、锌、稀土等矿产资源和风力、太阳能等清洁能源，为煤化工产业、有色金属产业、清洁能源产业的发展提供了支撑。地跨"三北"（东北、华北、西北），毗邻八个省区，与俄罗斯、蒙古国接壤，国境线长达4200千米，具有我国向北开放的重要桥头堡和充满活力的沿边经济带的天然区位优势。气候适宜、土壤优质、草类茂盛、水源充足等优势，使农牧业的现代化建设不断走向深入。

　　这是一方丰饶的沃土，是我国北方少数民族世代生息繁衍的福地。它孕育了游牧文明，也是农耕文明与游牧文明的碰撞融合地带，在这里，不同文化相互碰撞、熠熠生辉，共同谱写了中华文明的恢弘乐章。这片土地上孕育出的仰韶文化、红山文化是中华史前文化的一部分，战国时期赵武灵王着胡服、学骑射，两汉与匈奴交往、和亲，两晋南北朝的鲜卑建立了雄踞北方的北魏王朝，隋唐与突厥建立了宗藩关系，契丹民族建立了辽代政权，蒙古民族创立了疆域广阔的大元王朝，明清与鞑靼、瓦剌等民族建立了藩属关系——历史上，北方少数民族或雄踞一方与中原交好，或入主中原，在不断风起云涌中铸就了内蒙古丰富、厚重的历史文化魂魄。进入近现代以后，内蒙古也走在抗敌御侮的前沿，为中华人民共和国的成立做出了巨大贡献。

　　这份丰厚的历史积淀当中，涌现了诸多杰出人物：他们或是一方霸主，统领一域；或是一代天骄，建万世之基；或是贤良能臣，辅助建国大业；或是时势英雄，救人民于水火；或是在各自领域堪称巨擘的名人雅士。这些人有耶律阿保机、成吉思汗、忽必烈、哲别、术赤、耶律楚材、乌兰夫、李裕智、尹湛纳希、玛拉沁夫、纳·赛音朝克图等等。

物华天宝，人杰地灵。广袤的土地除了养育了一代代的草原人，也成就了她丰富的地域文化：马头琴音乐、呼麦、长调等民族音乐，好来宝、二人台、达斡尔族乌钦等曲艺，安代舞、顶碗舞等民族舞蹈，刺绣、剪纸、民族乐器制作、生活用具制作等传统工艺，蒙医药、正骨术等传统医药医术，婚丧嫁娶等独特的礼仪习俗。内蒙古在音乐舞蹈、民间艺术、文学史诗、传统医药、手工技艺、民俗风情等方面都创造了独有的成就。

悠久历史文化滋养下的内蒙古，在党的领导下，迈向新的历史征程。内蒙古自治区成立以来，党和国家一直重视内蒙古的发展，也给予各类政策和经济支持。内蒙古也不负众望，各项事业均取得了令人瞩目的成就：经济保持平稳增长，人民的生活水平不断提高；民主法治得到有效推动；建立了独具特色的民族教育体系，民族教育水平不断提高；民生改善工作成绩斐然；生态文明建设取得较大成就；四通八达的立体交通网，把内蒙古与世界各地拉得更近……

纵观几千年历史，内蒙古在历史的长河中扮演了重要的角色，这不仅源于自然条件的得天独厚，也源于草原儿女的自立自强。虽然这片沃土上的民族大多以口耳相传的方式传承着自己的文化，但是仍有不少历史的碎片撒落在当地的史籍当中，这些史料汇集成册，将成为向世人介绍内蒙古的名片。为此，我们组织全区103个旗县（市区）的有关部门和专家学者，借助各地的丰富史料，把散见于各种资料中的人文历史、民俗文化、民间艺术、壮丽风光、当代风采、支柱产业等等汇编在一起，编纂出一套能够代表内蒙古总体面貌、能够反映时代特色和文化大区风范的大型读物——《话说内蒙古》，以展示我区经济发展、文化繁荣、民族团结、边疆安宁、生态文明、各族人民幸福生活的六大风景线。

一本书浓缩的仅仅是精华中的精华，万不足以穷尽所有旗县（市区）的方方面面。若本书为你敞开一扇了解内蒙古之窗，那么，读万卷书不如行万里路，内蒙古将以最大的热情迎接你：

赛拜侬——

欢迎你到草原来！

序

　　2017年适逢内蒙古自治区政府成立70周年，中共武川县委、武川县人民政府应内蒙古人民出版社之邀，承担《话说内蒙古·武川县》的编撰工作。

　　编写《话说内蒙古·武川县》，以推进武川县域经济、社会各项事业发展为主旨，以武川历史重大事件、重要人物以及由游牧文化到游牧与农耕文化相融合而衍生出的故土风情、地区特产、建设家园的客观环境和实绩为主要内容与主线，以简炼朴实通俗的语言，采用图文并茂的形式，客观地反映给读者，鉴古开新，更好地助力武川全面建成小康社会，助力实现中国梦。

　　武川历史源远流长。一万年前，在大青山北麓的崇山峻岭中，植被良好，古人类已开始在此打制石器、围捕狩猎、繁衍生息。1600年前，武川伴随北魏王朝的创建而载入史册。其独特的战略地位，引起了北魏王朝对此地的瞩目。自此，武川始建军镇，为北魏六镇之一，也因此孕育了后来关陇集团的核心力量——武川籍人士。西魏、北周、隋、唐四朝10位皇帝、9位皇后（含籍历）均出自武川，被后人誉为龙凤之乡。穿越历史的时空，祖国北疆边陲一隅，人类活动从来没有停歇，他们的足迹遍布武川，这些足迹深深烙在大青山上，详尽地记录和诉说着他们的生动故事。这里纳移民，汇万户，是多民族的熔炉，不少人在此历练成钢走向祖国需要的地方，文治武功彪炳史册，像颗颗璀璨明珠闪闪发光。这里还是贯通北疆，连接中西方经济、文化和友谊的桥梁：茶丝古道上悠悠驼铃声打破了塞北的沉静，沿途商贸的繁荣，在历史上留下浓墨重彩的一笔，是习近平总书记提出的"一带一路"的重要组成部分。

抗日战争爆发后，这里又是抵御外敌的前沿阵地，留下了众多抗日军民打击侵略者的可歌可泣的英雄故事。中华人民共和国成立后，武川百废待兴，广大人民在中国共产党的领导下，砥砺前行，建设家园。今天的武川政通人和，百业兴旺，英才辈出，在党的十八大旗帜指引下，人们在建成幸福武川，生态武川，美丽武川的大道上阔步前行。

习近平总书记在今年全国宣传思想工作会议上提出要"讲好中国故事，传播好中国声音"，呼和浩特市市委提出要"讲好青城故事"，《话说内蒙古·武川县》的出版正逢其时，这也是"讲好武川故事"的一本书。编写该书，我们力求将真实性、趣味性、知识性和启迪性融于一体，达到可读、可信、可趣、可启的效果。

中共武川县县委书记

武川县人民政府县长

2017年2月

目录 Contents

回望历史

当代风采

后记

回望历史

HUASHUONEIMENGGUwuchuanxian

墨迹中的沧桑

MOJIZHONGDECANGSANG

岁月蹉跎，时光荏苒，拂去历史尘埃，重温云烟往事。我们的思绪仿佛又回到那随着中华民族脉搏一起跳动的武川历史长河中。

岁月蹉跎，时光荏苒，拂去历史尘埃，重温云烟往事。我们的思绪仿佛又回到那随着中华民族脉搏一起跳动的武川历史长河中。

当你打开历史宝库的大门，游入浩瀚的史海中，就会发现处处都有关于武川历史的墨迹。武川在历史上并不寂寞，多民族在此角逐、融合，战争、和平的场景不断地在这里上映，多民族耕耘这块热土，共同书写了武川鲜活的历史，为中华民族大家庭的文明增添了灿烂的光辉。

武川地处中国北部阴山中段大青山北麓，南临土默川，北依百灵草地，东连乌兰察布大草原，西接托克托县、土默特右旗、固阳县。其地域多半在大青山区西北部，少部分地域处在起伏绵连的丘陵区。

历史上武川自然生态环境较好。《汉书》载：阴山"草木茂盛多禽兽"。大青山古木参天，松柏合抱，

峰峦叠嶂的西南山区一角（马场梁）

丘陵地水草丰美。北朝民歌《敕勒歌》称道:"敕勒川,阴山下。天似穹庐,笼盖四野。天苍苍,野茫茫,风吹草低见牛羊。"生动地描写了这一带的生态环境和游牧民族的生活情景。在这样优美的自然环境中,各民族共同缔造了武川文明史。

1982年考古工作者在武川县大青山乡二道凹北梁发现一处古代采石场,出土了大量砍砸石器、刮削石器及石片等打制石器,经鉴定证实是一万年前旧石器向新石器过渡时期古人类活动遗址。之后,又在

石斧

井尔沟前柜等地发现磨光石斧、石磨棒、石纺轮、石磨盘等。说明武川境内一万年前就已经有人类活动,由此开启了武川文明之旅。

夏、商、周时,大青山地区有鬼方、荤粥、林胡、猃狁等民族在此居住和活动。随着人口增长,彼此间为争夺生存空间,常常发生战争。甲骨文卜辞中有周武王伐鬼方的记载。《易经》载:"高宗伐鬼方,三年克之。"《史记·帝王本纪》载:"黄帝北逐荤粥。"

春秋战国时(前770—前221年),武川地区居住着荤粥、猃狁、林胡等少数民族。他们食肉饮酪,衣皮革,被旃裘,以穹庐为舍,逐水草迁徙,崇尚武艺,善于骑射,勇猛好战,无城郭。秦、赵、燕国与匈奴、林胡为邻,与赵国所占河套、土默川北部以今大青山脊为界,因此,赵国与大青山北匈奴、林胡发生战争最为频繁,且最为激烈。

前367年,赵国处境十分严峻,东边有齐国、中山国,西边有秦国、韩国和楼烦,东北部有燕国和林胡,

山谷雪景

战国形势简图

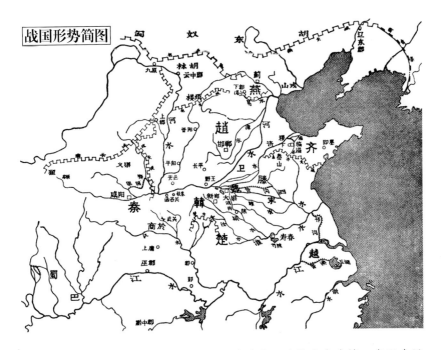

南面还有楚、魏几国，北有匈奴。赵武灵王迫于七雄争霸，为解除背后大青山北匈奴、林胡的袭扰，实施富国强兵策略，在国内推行胡服骑射等重大改革措施。在经济上，从单纯游牧民族文化向农耕和游牧相结合文化转变，实现各类资源的优化配置。土默川成为他练兵习武的场所。国防上，他于前306年先进攻东南方的中山国（今河北灵寿县），后北击阴山北的林胡，将其挡在大青山北麓。为进一步有效防御匈奴、林胡的入侵，赵武灵王沿阴山脊修筑了两道长城。据《史记·匈奴列传》载，赵国长城东起代（今河北宣化境内），经河北、山西北部，折入阴山，沿大青山脊，经武川得

胜沟乡、哈拉合少乡境，直至今巴彦淖尔市乌拉特前旗，全长170千米，这是中国历史上最早的长城。前300年，赵武灵王拓展疆土，占领今大青山北林胡、楼烦等少数民族居住地，赵国可控疆域扩展到大青山南北，乌拉特山南、河套边沿，还在其地设置云中（今托克托县）、雁门和代郡，郡治

双直刃青铜短剑

在云中城。武川地区属代郡辖治。

前221年，强大的秦国完成了中国的统一。赵国失败后，阴山南北尽被匈奴收归其下，武川也置于匈奴统治下。《汉书·匈奴传》载："匈奴失阴山之后，过之未尝不哭也。"

自此，匈奴人把这个地方当作自己的范围，并以该地为根据地登上政治舞台，与中原王朝秦汉展开数百年的拉锯战争。

秦始皇二十九年（前218年），秦王朝派大将蒙恬，带兵30万，北拒匈奴700千米之外，夺回河南地，迁徙3万户戍边，设云中（今托克托县东北）、九原两郡，将中原先进文化和生产技术带到这一地区，

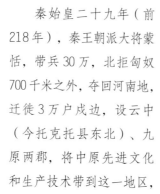
蒙恬塑像

变牧地为耕地。蒙恬在武川白道、河套等地驻兵防守。匈奴主力虽被赶走，其实力并未从根本上削弱，蒙恬为了进一步巩固边防，在燕、赵、秦长城的基础上，修筑起自临洮（今甘肃岷县）至于碣石（山名，在今

伟人峰

河北昌黎县北）的长城。《水经·河水注》载，该长城经武川县大青山冯家窑、魏家窑、崞县窑子村入境，自东向西沿大青山脊，又经大青山乡、得胜沟乡、哈拉合少乡入包头市固阳县境。秦长城依山而筑，或石筑，或夯筑，在关隘谷口设城堡，在山巅高处筑烽火台。至今武川蜈蚣坝顶仍保留有秦代烽火台。

蒙恬在塞外苦寒十多年，其间，被秦始皇废去太子位的扶苏也被流放到塞北。二人在阴山一线防边固守，操练兵马，加强了对阴山的防守，安定了边塞，促进了南北经济文化的交流，使秦王朝进入封建统一的郡县时期，形成变"诸侯为郡县，人人自安乐，无战争之患"，"元元黎民，得免于战国，逢明天子，人人自以为更生"（《史记·平津侯主父列传》）的局面。

秦始皇三十七年（前210年），秦始皇出巡东方时在归途中死于沙丘（今河北境），中车府令赵高和秦始皇第十八子胡亥，胁诱丞相李斯合谋改诏书，捏造罪名，将坚守塞北的扶苏和大将军蒙恬处死在阴山下。他们死后，据传说躯体化为武川境内的两座山峰，一个为井尔沟的蒙山（也叫将军山），另一个为哈达门的伟人峰。虽然是传说，但也表达了劳动人民对他们的无比崇敬和怀念。

秦二世胡亥元年（前209年），因秦朝暴政，爆发了陈胜、吴广起义，戍边大军被调去镇压起义，边塞空虚，匈奴重返故地，阴山南北又置于匈奴冒顿单于统治之下。其疆域范围北抵贝加尔湖、叶尼塞河流域，西达天山南北，东至辽东平原朝鲜，南至山西、河北北部、陕北及河套地区，包括黄河以南及以东的地区。冒顿建立了中国历史上第一个空前强大的游牧民族政权。武川也在其统治之下。

匈奴冒顿单于在楚汉战争时达到空前的强盛，东面攻破林胡（今蒙古至俄罗斯西伯利亚地区，因在匈奴东，史称东胡），占领兴安岭辽河上游地区，西边赶走大月氏，侵入西域，向北征服了丁零、坚昆（今蒙古至俄罗斯西伯利亚一带），南并楼烦、白羊，控制了中国北方的广大地区。控弦之士30万，成为蒙古草原的王者。

冒顿单于将目光投注到汉地上，以阴山和河套为统治中心，开始与中原王朝展开大规模的对抗。匈奴奴隶主为了获得劳动力和粮食，经常经阴山白道南下侵扰。

高祖六年（前201年），冒顿单于以阴山为中心，从各地征调兵马围攻汉地马邑（今山西朔县），韩王赵信降匈奴。次年，冒顿攻晋阳（今山西太原），刘邦率兵32万迎战，结果被匈奴兵40万围困于平城附近的白登山（今山西大同东南）七日七夜，最后用陈平计，厚赂阏氏（匈奴皇后），才得以脱险。在这种情况下，刘敬建议对匈奴实行"和亲"，嫁公主，赠缯帛、米酒等策略安边境。从汉高祖至汉武帝初年近70年，一直沿用和亲政策。和亲政策的实施在一定程度上缓和了汉匈民族冲突，为发展经济赢得了时间。经过70多年的休养生息，到汉武帝时，"财力有余，士马强盛"，他"外事四夷，内兴功利"。自汉武帝元光二年到元狩四年（前133年—前119年），汉武帝对匈奴实施13次反击，先后收复了河南地、河西走廊、漠北。在漠北战役中，命车骑将军卫青、骠骑将军霍去病率骑兵10万分东西两路北伐。卫青从定襄出发经武川白道大败匈

刀范（匈奴）

青铜镜

奴伊樨斜单于，追歼匈奴残部至赵信城（今蒙古杭爱山）。霍去病从代郡（今河北蔚县）出发，越阴山，北进1000千米，大败匈奴左贤王，杀敌7万余，追歼至瀚海而返。唐代诗人卢纶的《塞下曲》：

月黑雁飞高，

单于夜遁逃。

欲将轻骑逐，

大雪满弓刀。

生动描述了汉代将帅与匈奴在阴山南北大漠草原征战的场景。武川及大青山北正是汉朝与匈奴争夺的主战场，汉时称白道为阴山碛口，是匈奴南下的主要通道和汉朝北伐的必经之地。

三次大战，"匈奴远遁，而漠南无王廷"，汉王朝将阴山北武川在内的广大地区纳入汉地，属云中郡武泉县境。沿边修长城，建要塞体系，汉朝版图增加一倍。此后长达半个世纪，北部边境出现了和平景象，"边城晏闲，牛马布野，三世无犬吠之警，黎庶亡干戈之役"。居住在阴山、黄河流域的匈奴人同汉人杂居，接触频繁，互通关市，汉匈两族建立了亲密关系。如今，武川出土的汉代瓦当、钱币、陶器等，以及散布在武川县大青山乡什尔登、哈乐乡什兰哈达、哈拉合少乡庙沟村及母号窑子村、土城子村的汉代古村落遗址，佐证了汉时汉匈人民交往和汉朝对武川的管治。

大战结束后，汉武帝派汉军在秦长城的基础上修筑汉长城，在关隘处设亭、燧及城堡，并屯兵防守。长城的修筑使西汉加强了对北部边疆的统辖，使西汉的疆域扩到今蒙古国在内的漠北地区。汉元帝竟宁元年（前33年），王昭君出塞和亲，

秦汉长城

进一步促进了汉匈友好关系的发展和边疆的安定。

东汉光武帝建武二十二年（46年），匈奴单于死，匈奴贵族内讧。建武二十四年(48年)匈奴分裂为南、北匈奴。北匈奴遭东汉打击被逐至阿尔泰山，后西逃，走上漫漫的西迁之旅。南匈奴在呼韩邪单于的带领下，共八部约五万众归附东汉。匈奴族依旧被东汉安抚在阴山北、朔方、云中、定襄等地，东汉政府派中郎将带兵驻守保护，助以大量粮食、牛羊和彩缯。匈奴与汉人杂居、通婚，进一步促进了游牧民族文化与农耕文化融合。

东汉章帝章和元年（87年），北匈奴余部被鲜卑族拓跋氏部落所破，北匈奴单于被杀，其58部降汉。此时，东汉王朝也走向衰落，到灵帝时，社会矛盾严重激化，全国各地不断爆发农民大起义。灵帝中平元年(184年)，钜鹿人张角发动黄巾起义，从者数十万人。黄巾起义为东汉王朝敲响了丧钟。国内群雄并起，豪强地主拥兵自立，阴山南北陷于极度混乱的状态，远居东北的鲜卑民族乘机南迁，进入阴山北乌兰察布草原，渐渐替代匈奴登上历史政治舞台。

鲜卑民族进入阴山北后，不断向阴山大青山南、北、西渗透，武川地区纳入鲜卑族辖治领地。这一地区以鲜卑族为主体，与已臣服的匈奴族、乌桓族、汉族等多民族融合在一起。从此鲜卑拓跋部以阴山为重要根据地，开始统一黄河流域，最终形成南北朝对立的形势。北魏直接影响中国历史近200年，是古代武川走进辉煌的时期。孕育了北周、隋朝、唐朝几个朝代的开国君主，另加追尊的皇帝有10位，同时在武川孕育出9位皇后，5位柱国和4位大将军。"关陇集团"主要力量就是从此走出。

鲜卑民族原居大兴安岭的崇山峻林内，始祖在现呼伦贝尔市鄂伦春自治旗阿里镇西北的嘎仙洞。秦汉时，该民族从大兴安岭南迁进入乌兰察布大草原锡拉木伦河流域游牧，也就是在今呼和浩特市东南的牛川一带，合并了留在漠北的匈奴族10多万户。拓跋力微时，正值东汉王朝走向衰落阶段，鲜卑族大部再次向西南迁徙，移到大青山南北游牧。从此，鲜卑拓跋部世代以武川为家。鲜卑民族以畜牧狩猎为业，生活简单，刻木作符信，没有文字。

北魏万岁富贵瓦当

东汉政府经过黄巾大起义打击后，曹操挟天子以令诸侯，渐渐形成魏、蜀、吴三国鼎立之势。曹操雄霸北方，势力扩至河北、山西北部，建都洛阳。而阴山南北，乃至漠北均被鲜卑拓跋部收归其下。

晋武帝泰始元年（265年），魏国权臣司马炎取代魏建晋，史称西晋。但是，司马氏政权积贫积弱，无力顾及北方，对阴山及今内蒙古大部地区鞭长莫及。鲜卑族乘此机会大力经营阴山南北，攻伐其境内其他民族，兼并其领地，慢慢夯实了成就霸业的根基。

东晋咸康四年（338年），鲜卑拓跋什翼犍在繁峙（今山西浑源县西）建代国。东晋咸康六年（340年）春，北上移都盛乐（今内蒙古和林格尔县盛乐古城），对阴山南北实施统治。统治者连年用兵，四面征战，将降众安置在阴山北南西几个地方。大青山北有个新兴的民族，历史上称乌桓族，实际是非鲜卑氏的汉人和汉化后的其他民族的总称。该民族深受鲜卑族的歧视，受苦受难最重，形成了与鲜卑族的对立。鲜卑族拓跋势力西扩，远在西安的氐族首领符坚在其地建国，史称前秦，并将势力扩至内蒙古河套地区黄河西岸，与鲜卑族所占黄河东岸对峙。

东晋太元元年（376年），前秦王符坚率20万大军越过黄河东扩，抵盛乐阴山南北。拓跋什翼犍命管理阴山南北的独孤部刘库仁等御敌，被秦军击败，遂率部族潜伏阴山北，又遭当地高车等部攻击，不久拓跋什翼犍被部下杀害，代国宣告灭亡。那年他的孙子拓跋珪才6岁，在母亲的带领下，率部众一同潜伏在阴山北，托庇于独孤部刘库仁。刘库仁迫于前秦势力，无奈投归秦军，但没有加害拓跋珪母子，并请求前秦大军帮助消灭反叛势力。代国亡后，前秦国王符坚将黄河以东，大青山南北留归刘库仁管理，黄河以西河套及鄂尔多斯划归刘卫辰管理。

刘库仁对拓跋珪母子"尽忠奉事，不以兴废易节，抚纳离散，恩信甚彰"。刘库仁死后，他的儿子刘显袭位，见拓跋珪聪明过人，心生嫉妒，企图加害拓跋珪。贺后足智多谋，带儿子及部属借机脱离险境，投奔到阴山北意辛山（在今达尔军茂明安联合旗、四子王旗与中蒙边境一带）的娘家，依附拓跋珪舅舅贺讷，不久，贺讷弟贺染干遂起歹意，贺后带子及旧部孙健、元他等向西转道祁连山。随后他们返回牛川（今呼和浩特市东南锡拉木伦河一带）。

东晋太元八年（383年）八月，前秦王苻坚统一北方后，急征调国内兵马80万，阴山南北民众也多被征去，自谓地广兵强，"投鞭于江，足断其流"，将欲统一南方。同年十月秦军在江苏、安徽被东晋谢安大军打败，苻坚率余部10余万人退守洛阳。这就是历史上有名的"淝水之战"，前秦因此一战走向灭亡。

前秦战败，北方狼烟四起，部族蜂拥叛乱，自立为王，出现东晋后五胡十六国的分裂局面。鲜卑族另一支慕容垂在河北复燕，居今河北和内蒙古东部一带，史称后燕，与北魏形成对峙局面。

东晋太元十一年（386年）正月初六，拓跋珪在牛川即代王位，建元登国。二月，拓跋珪幸定襄盛乐（今呼和浩特市和林格尔县西北）。夏四月改称魏王，迁都盛乐，史称北魏。从此鲜卑族拓跋氏由游牧生活转变为农牧结合的生活。同年八月，拓跋珪叔父窟咄脱离前秦，返回大青山与拓跋珪争王位（窟咄早年在与

前秦的战争中被俘，后被押回长安为人质），并与占据黄河东、阴山南北的独孤部刘显纠合在一起反魏。拓跋珪不得已率10余万众退回阴山，以地利固守。同时向后燕慕容垂求援，两军将窟咄击败，窟咄西逃投降刘卫辰，刘卫辰后将他杀死。窟咄余部和阴山北领地尽被拓跋珪收归自己管辖之下。拓跋珪率先消除内患，巩固了自己的统治地位。

拓跋珪是位很有作为的皇帝。为富国强兵，拓展疆土，他首先采取务农息民政策，并取得后燕（慕容垂）的支持，稳定了内部。东晋太元十二年（387年），他在军事上实行"颁赐群臣各有差"（论功赏虏获物）制度。政治上，仿汉建立国家制度、天文历法等。委孙嵩为阴山南部大人，以叔孙普洛为阴山北部大人，任用汉官张衮为长史，许谦为右司马，政治指导者仍属汉族士人。这些制度得到文武百官的拥护。从此，拓跋珪拉开了统一北方的帷幕。

北魏登国三年（388年）五月，拓跋珪开始北征阴山北库莫奚部，六月大破之，获四部杂畜10余万头。十二月，帝西征至女水（今武川县抢盘河流域），讨解如部大破之，获男女、杂畜10余万。登国四年（389年）春正月，袭高车诸部，大

破之。二月，至女水，讨叱突邻部大破之，贺染干兄弟来救，也被击破脱逃。登国五年（390年）春，帝继续挥师西征，大破阴山西北高车、袁纥（回纥）部，掳获生口、马、牛、羊20余万。登国六年（391年），刘卫辰遣子直力鞮出固阳塞（武川、固阳交界），至铁岐山（阴山北），剑指贺兰部，贺讷请降拓跋珪并告困。拓跋珪引军救之，在铁岐山大败直力鞮，获牛羊20万只，擒斩直力鞮，遂追至五原，歼灭之，获牛羊400万头只，马30余万匹，刘卫辰也被手下杀死，剩5000多人也被拓跋部杀死，投入黄河。在固阳塞北（武川境）树碑记功。自此，拓跋珪完成大青山南北统一，黄河东西各民族部落全部归附，北魏成为中国北方由少数民族建立的强国。

北魏前，我们从史籍上还找不到武川这个地名，常以阴山北代称。

自道武帝拓跋珪在牛川复国到征服女水流域反叛势力，已经通过武力奠定立国的政治、军事、经济等各方面雄厚基础。女水当时是一条波涛汹涌的大河，川即大河之意，武川是拓跋珪显赫武功的地方，拓跋珪为纪念这个对他有特殊意义的地方，将女水称为武川，即取自他以武力征服大河部族，完成统一阴山南北大业之意。又因女水河川流不息，将"武"和"川"合起来称为"武川"。自此，武川一名在中国的史籍中找到了出处，并将在武川发生的史迹一并载入史册。

北魏登国十年（395年）五月，北燕慕容垂借故向北魏进攻，连战连胜，锐不可当，拓跋珪为避敌锋芒率部由阴山退至黄河南岸防守。皇始元年（396年）三月，慕容垂带兵途径参合陂时，回忆起当年带5万士卒在此遭拓跋珪坑杀，伤感过

抢盘河流域（女水）

宋魏对立形势简图

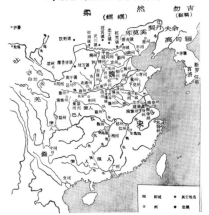

度，旧病复发致死。北燕内乱，在阴山等待时机的拓跋珪，于八月率40万大军由阴山浩浩荡荡南下征伐后燕，后燕大败。由此奠定了北魏在黄河以北诸国的霸主地位。

北魏天兴元年（398年），道武帝拓跋珪迁都平城（今大同），开始营造宫室、宗庙，十二月即皇位，号道武帝，改年号天兴，并追尊拓跋什翼犍为昭成皇帝。

据《周书》载，天兴元年，道武帝为巩固北境，北魏"徙豪杰于代都"，宇文陵"随例迁武川"。当时，武川属代郡管辖。自此，中原与北方各民族融合在一起，共同创造了这一地区的文明。

北魏天兴二年（399年）春正月，阴山南北的高车部反叛，道武帝亲率16军分三路讨伐大青山北高车，高车30余部被击败，获7万余众，获马匹30万匹，牛羊140万。骠骑大将军卫王仪督3万骑从阴山西北追歼高车至漠北千余里，高车大败。《魏书》载："以所获高车众起鹿苑于南台阴……广轮数十里，凿渠引武川水注之苑中。"

北魏永兴元年（409年）十月十三日，拓跋珪被其次子拓跋绍杀害，时年39岁，葬于盛乐金陵。拓跋珪长子拓跋嗣闻知，赶回平城，平息了政变，杀死拓跋绍。拓跋嗣即位，称明元帝。北魏永兴二年（410年），拓跋珪被谥为"宣武帝"，庙号"列祖"。北魏泰常五年改谥"道武皇帝"。到北魏太和十五年（491年）又改庙号为"太祖"。

泰常八年（423年）正月，阴山北柔然犯塞，因柔然屡屡失信，北魏明元帝拓跋嗣讨厌柔然，便称其为"蠕蠕"。"二月戊辰，筑长城于长川之南，起自赤城，西至五原，延袤二千余里，备置戍卫。"为防御阴山北柔然等少数民族扰边，还决定建立武川、怀朔（今固阳一带）、抚冥（今四子王旗）、怀荒（今兴和）、柔玄（今张北）、御夷（今河北赤城）军事重镇，构成完整的军事防御体系，史称北魏六镇，武川为六镇之首。近些年，经文物部门进一步考证，认为现在武川县城西南下南滩古城为北魏时武川重镇遗址。

北魏建国初，北魏王朝对武川

等六镇十分重视，镇将均为鲜卑宗室贵戚担任，镇将下各军官也都是鲜卑贵族，后发展到与鲜卑族有姻亲关系和其他特殊重要关系的人也能担任。建镇初，士卒均为鲜卑族人担任，但到后来发展到由罪人和被征服地民众担任。起初，边镇将士地位很高，将士升迁与朝廷等同，甚至从优。朝廷一些贵戚子弟也常派来任职。《周书》载，宇文泰随祖辈迁来。《隋书》载，隋文帝杨坚的五世祖杨元寿，"魏初为武川镇司马"。《旧唐书》载，唐高祖李渊的四世祖李熙"领豪杰，镇武川，因家焉"。北齐高欢先辈先为怀朔镇将，后迁武川的白道南口住下。至此，齐、周、隋、唐四朝开国皇帝源自武川，算上北齐出了12位皇帝（含追尊的2位），皇后9位（含籍历）。因此，史学界常称武川为"龙凤之乡"。

北魏太延五年（439年），北魏灭北梁，占据了今东北、华北、中原以及淮河以北的大片土地，统一了北方，结束了五胡十六国近百年

讲武碑、讲武台、广德殿遗址

武川重镇遗址

旗基座

的战乱状况。北魏太平真君三年（442年）八月，拓跋焘（太武帝）在阴山西北武川南庙沟榆树店修讲武碑、讲武台，新建广德殿。宫殿建好后，适逢被南朝刘宋灭亡的后仇池国国君杨难当前来投靠，为纪念这一吉日，拓跋焘将刚建立的宫殿赐名为广德殿。2014年，内蒙古自治区和武川文物部门进一步考证证实广德殿遗址在庙沟榆树店。

北魏太平真君四年（443年），北魏太武帝拓跋焘率军由漠南向北亲征柔然，柔然节节败退至漠北，再不敢侵扰魏北境阴山。同时，拓跋焘继续巩固道武帝时建设的北部镇戍，修筑加固长城1500余千米，

为加强六镇防务，迁柔然、高车降附人民于其中，形成一整套完备的边戍制度，派出吏员，积极戍守。

据《魏书》载，段进在"世祖初为白道守将，蠕蠕大檀入塞围之，力屈被执。进抗声大骂，遂被贼杀。世祖愍之，追赠安北将军，赐爵显美侯，谥曰庄"。世祖即太武帝。

北魏自道武帝拓跋珪到孝文帝拓跋宏先后有六七位皇帝十分钟情阴山，经常巡幸（巡幸就是皇帝游猎、避暑、炫威、征讨）阴山重镇。拓跋焘在位29年，竟然20多次巡幸阴山北边镇。《魏书》帝纪第六《显祖献文帝》载，显祖献文皇帝在北魏兴光元年（454年）七月生于阴山北，太安二年（456年）二月立为皇太子。409年后，拓跋嗣、拓跋濬、拓跋弘、拓跋宏多次到阴山北武川等重镇巡幸。太和十八年（494年），孝文帝拓跋宏最后一次巡幸武川重镇。

绵绵阴山，山水秀丽，资源富集，人杰地灵，成为鲜卑拓跋氏生命维系和成就霸业的发祥地，因此，几代皇帝对该地满腔情愫。

北魏皇兴四年（470年），阴山北柔然人反，献文帝拓跋弘率军征讨，诸军在白道会师，北上与柔然战于女水（今武川抢盘河），大获全胜，为纪念大捷之功，赐女水为武川，命高允作《北征颂》，刻石记功。

北魏太和十八年（494年），魏孝文帝（拓跋宏）迁都于洛阳，朝廷及边镇显贵及鲜卑兵20万人随之迁往。北魏"六镇"在北魏朝廷的显赫位置渐渐褪色。北魏末年，朝中权贵刻剥边镇衣食，边镇将官盘剥守边士卒，而见日甚。北魏正光四年（523年），武川等六镇兵民起义，怀荒镇率先杀镇将于景，接着沃野镇破六韩拔陵聚众起义，并联合其他各镇兵民起义。正光五年（524年），起义军攻破武川、怀朔两镇。其余各镇也相继响应起义。六镇起义后，北魏王朝衰亡，六镇也随之废弃。

北魏末年，朝廷内讧，北魏分裂为东、西两魏。武川先后属西魏，北周辖治。东魏由武川境白道南口的高欢实际掌握。西魏由白道北口武川镇宇文泰掌握，并拥立元宝炬为新主。北齐天保七年（556年），宇文泰病逝，其三子宇文觉继位，命兄子中山公宇文护辅佐。天保八年（557年），西魏帝禅位，宇文觉继帝位，建国为周，号孝闵帝，追尊其父宇文泰为太祖文帝。北周王朝又经明帝宇文毓、武帝宇文邕、宣帝宇文赟、静帝宇文阐，前后25年，经6位皇帝，均为武川人。北周国力不强，

北魏白道守将段进印

一度对大青山,即黄河东无力顾及。突厥民族由此迁入乌兰察布草原至阴山下,先灭掉占据阴山北的柔然民族,随后大部分人马迅速由漠北向南迁入阴山下。

突厥民族原居阿尔泰山,北魏亡后灭柔然徙居阴山南北。北齐天保三年(552年),突厥人在蒙古高原建立了突厥汗国。突厥人好勇尚武,以战死为荣,猎猎大旗上飘着狼的图案。中原内讧割据时,突厥人借此机会加快发展,并向南侵入阴山南北,经常冲进富庶的中原烧杀掳掠。

北周大定元年(581年),北周丞相、都督内外诸军的隋王杨坚结束北周衰弱王朝,代周称帝,改元开皇,由他开始实现统一全国的大业。据《隋书》《周书》载,杨坚六世祖曾担任北魏武川镇司马,与周太祖宇文泰祖上同居武川,同

为军人。杨坚父亲杨忠一直跟随宇文泰,并帮其建立政权,立下汗马功劳,被封为十二大将军之一,后升柱国,晋爵隋国公。杨坚袭父职,又娶北魏皇族独孤信的女儿为妻,并与周明帝宇文毓是连襟关系,杨坚女儿又是周宣帝宇文赟的皇后,因此,杨坚既是周室的皇亲贵戚,又是北周的军事统帅,掌握北周军政大权。北周末年政治腐败,阶级、民族矛盾加深,内部斗争激烈。杨坚在乱世中取代北周静帝宇文阐的帝位,成为隋朝开国皇帝。

隋文帝杨坚立国,南征北讨,使得长达270余年的南北割据得以统一。隋初,黄河东、阴山南北在突厥辖治下。开皇三年(583年)四月一日,因突厥从阴山北经白道南下骚扰隋地边民,隋文帝派杨爽元帅统辖四路大军进攻阴山一带突厥,在白道与突厥相遇,双方展开决战,

北周五帝塑像

隋军采取突袭将突厥沙钵略可汗击败，沙钵略在战斗中身负重伤，隐藏在草丛中幸免于难，隋军大获全胜。自此，突厥分裂为东、西突厥。开皇五年（585年）秋七月，沙钵略代东突厥上表降隋，延令其移牧于今呼和浩特市北的白道川，其子染干被封为启民可汗，势力扩展到阴山南北。武川为定襄（今和林格尔县）的北方牧地。"突厥据此或南入长城，或住白道，人民牛羊遍满山谷。"开皇十九年（599年）四月，西突厥达头可汗犯塞，隋将杨朔追袭至武川白道，达头可汗败走。杨朔驱突厥至阴山北350余千米而返。隋大业十一年（615年），突厥始毕可汗叛隋，举兵入寇，又逢隋各地人民爆发起义致隋衰落，统治势力缩回到今内蒙古杭锦后旗西，阴山南北仍为突厥民族游牧地。

大业十四年（618年），隋朝阶级矛盾、民族矛盾、统治集团内部矛盾交织在一起，农民起义浪潮席卷全国。时任山西太原太守的李渊也举起义旗反隋。同年五月，李渊即帝位，改国号为唐。李渊与隋炀帝同为武川人，李渊比杨广大3岁。祖上为李熙，《册府元龟》载：李熙"起家金门镇将，后以良家子镇于武川，都督军戎百姓之务，终于位，因家焉"。《旧唐书》载：李熙"为金门镇将，领豪杰镇武川，因家焉"。《资治通鉴》唐纪一云："熙家于武川。"他和宇文泰、杨坚的先世同为北魏六镇军人，同住武川。其祖父李虎助宇文泰建立北周，立下汗马功劳，受封八柱国之一，殁后封为唐国公。李渊父亲李昞袭爵，官封为总管柱国大将军。李昞死后，子李渊袭位。李渊为隋文帝杨坚独孤皇后的姨侄，其子李世民又是宇文泰第

唐开元通宝钱币

五女襄阳公主之女所生，宇文泰为李世民的曾外祖父。

唐朝的建立延续中国的统一局面，特别是唐太宗李世民即位后，励精图治，对中国政治、军事、经济、文化做了大量的改革。李世民总结了历届王朝兴衰更替的经验教训，实施"贞观之治"，得民心，顺民意，四夷臣服，国家繁荣昌盛，使中国进入了历史上的盛唐时期。

唐初，东突厥依然控制着大漠南北，并不断侵扰唐朝北边界，直接威胁着刚刚建立起来的唐朝。唐武德五年（622年）七月，突利在白道杀死隋叛将刘武周。唐贞观二年（628年），北方下了一场大雪，东突厥的牲畜死了不少，爆发了饥荒，东突厥内部发生矛盾，其中阿史那思摩可汗投归唐朝。唐太宗抓住时

机，派定襄道行军总管李靖、李世勣等四员大将，率领10万大军分路北伐。贞观四年（630年），李靖率3000精锐骑兵，从马邑（今山西朔州）出发逼近定襄，颉利可汗毫无防备，获知消息后大惊失色，弃城逃往阴山北。颉利可汗派使者去求和。唐太宗派李靖、李世勣继续北伐。两军在武川白道会师，并向北进军。唐军歼灭东突厥兵一万多，俘获大批俘虏和牲畜。颉利可汗被其部下抓住送交唐军，押解长安。

自隋朝以来，突厥始终是北部的强国。李靖灭了东突厥，不仅解除了唐朝北部边境的祸患，也洗刷了唐高祖与唐太宗向突厥屈尊的耻辱。唐在东突厥故地设立云中都督府，后为单于大都护府。武川为该都护府北部的辖地。唐封突厥人阿

史耶思摩为和顺王，后改封代郡王，统辖白道南北地域。即使是内迁的突厥人，唐太宗也赐予官职，其武官五品以上者多达百人，突厥人与汉人和睦相处。贞观四年（630年）三月，西域和北部边疆各族来到长安，尊奉唐太宗为各族共同的首领"天可汗"。从此，唐太宗不仅是唐朝的皇帝，还是周边各族的"天可汗"。贞观十四年（640年），唐灭西突厥，设安西都护府。贞观二十年（646年），阴山北的东突厥一支真珠可汗薛延陀隐居武川等地。后薛延陀死，内部大乱，唐灭其部。回纥迁入薛延陀地。天宝元年（742年），唐在阴山置阴山县，辖武川境，隶属安北都护府。唐末，藩镇割据，朋党争权，唐境内出现五代十国分裂局面。辽神册元年（916年），武

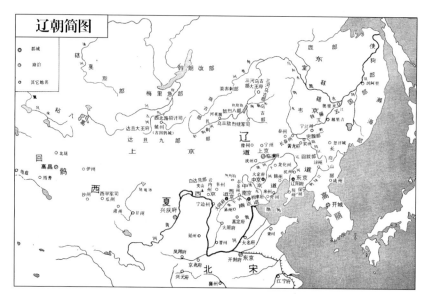

马场梁招还沟及马圈沟一角

川入辽，属西南招讨司辖。神册五年（920年），契丹民族乘北方混乱之机由东北大举迁入阴山南北。

契丹人原居锡拉木伦河上游的草原地区。后梁太祖开平元年（907年）建立契丹国，会同十年（947年）改国号为大辽。契丹人彪悍勇猛，兵强马壮，骁勇善战。曾经雄霸中国半壁江山，疆域北到外兴安岭、贝加尔湖一线，东临库页岛，西跨阿尔泰山，南抵河北和山西北部。武川属辽的辖地。契丹王朝在中国北部持续200多年，长期与北宋对峙。

辽朝在今呼和浩特市地区设置丰州（今呼和浩特市白塔），武川属西南招讨司所辖。宋景德元年（1004年9月），辽国萧太后（萧绰，也称萧燕燕）和其子圣宗耶律隆绪率领20万大军攻北宋。宋真宗亲征，双方皇帝相遇于澶州城下，宋军击

退辽军的进攻，但宋真宗不愿再战，双方签订下"澶州之盟"，宋朝以屈辱换取苟安。辽保大元年（1121年），天祚帝亲征女真战败，由南京退回北方阴山大青山北的夹山（今武川井眼梁和马场梁之间）。据《辽史》载，保大二年（1122年）三月，"丙寅，上（天祚帝）至女古底仓。闻金兵将近，计不知所出，乘轻骑入夹山"。他们

瓷碗（辽）

在大青山设立了流亡朝廷，在马场梁设立招还旧部的驿站。现今马场梁山下还有名为招还沟的小村子。天祚帝依托今大青山丰富的动植物资源和稀有金属等矿产资源，保障其军队粮草和一切财政所需。现今，井眼梁大青山金矿、东伙房金矿址均留有辽代采金遗迹和遗物。

辽保大四年（1124年）秋，天祚帝得到阴山室韦漠葛失的兵力相助，辽旧部耶律大石率7000兵马抵达马场梁。天祚帝自认为反攻时机成熟，不听众臣相劝，一意孤行，率兵经渔阳岭（今蜈蚣坝）南下，取天德（今呼和浩特市新城区）、东胜和云内等州，与金兵交战而败。第二年正月退回天德，遭遇大雪，兵马缺少粮草，被金兵全部俘获，天祚帝被掳回金都，两年后死。

辽保大五年（1125年）金灭辽后，以宋朝违背盟约为借口开始攻打宋朝。原辽的辖地阴山南北被金吞并。金大定十八年（1178年），金世宗在今四子王旗乌兰花镇西北25公里处设净州，治所在今城卜子，同时增设军额刺史。辖境西至今包头市和呼和浩特市托克托县以东，包括武川在内的大青山北。该地还是天山榷场，即贸易市场。之后，金朝在净州增设天山县，周敬之为天山县县令。为了防御北方蒙古族的南进，修了一条东起今呼伦贝尔市莫力达瓦尼尔基，经今乌兰察布市境内至武川县大青山到庙沟为止的金界壕，因内侧有墙，外侧有壕，所以称金界壕。武川哈拉合少乡庙沟一带至今还保留着金朝开挖的金界壕，由突厥族汪古部守卫。

金大安三年（1211年）五月，成吉思汗的儿子术赤率蒙古大军攻陷净州城，汪古部首领阿剌兀思早已归顺蒙古，引蒙古大军顺利越过阴山。金天兴三年（1234年），金亡。汪古部因做蒙古大军的内应有功，成吉思汗令汪古部仍留在阴山北，管辖含武川地在内的黄河东、阴山北、乌兰察布草原以西的地域。成吉思汗还将三女儿许配给汪古部阿剌兀思之子为妻，汪古部首领还被封为成吉思汗八十八功臣之一，论功授予五千户，其子孙世袭王位。元朝先后有16位公主嫁给汪古部首领。1958年，武川县东土城村民在挖土时挖到印文为"监国公主行宣差河北都总管之印"。元朝初年，成吉思汗去世后，委其三女儿监国，坐镇武川东土城一带，管理内蒙古、山西、河北、陕西等地，由成吉思汗臣木华黎辅佐。

元成宗大德以前将净州升格为路，仍置天山县，武川仍归天山县所辖。后元朝改净州和天山县建制，设沙井总管府，武川归其管辖。元朝派汪古部驻牧于阴山（大青山）以北，包括今武川县、达尔罕茂明安联合旗、乌兰察布市广大地区。

明洪武元年（1368年），朱元璋建立了明朝。永乐八年至二十二年（1410—1424年），明成祖朱棣为保护北方边塞，巩固明政权，曾

元代肇建功劳章

五次越阴山亲征蒙古。汪古部的封地，在明成祖朱棣帝率兵北征后，已是万里萧条、蔓草荒烟之地。正统十四年（1449年），明朝将丰州称为丰州滩，将丰州地驻防军和居民内迁，阴山南北行政建制废弃。明弘治年间，武川为蒙古族土默特阿勒坦汗部的北境游牧地区。明嘉靖初年，土默特十二部首领阿勒坦汗率部由河套迁徙丰州滩驻牧，并领大青山后地区，每年都要赴武川避暑。隆庆五年（1571年），明朝穆宗朱载垕下诏封阿勒坦汗为顺义王。恢复蒙汉贸易往来。在千里的边境上"军民乐业，不用兵革，沿边旷土皆得耕牧"，边境城镇出现安定繁荣景象。万历九年（1581年），阿勒坦汗和他的妻子三娘子在古丰州筑城，城墙用青砖砌成，远望一片青色，"青城"之名由此而来，蒙语译为"呼和浩特"，明王朝赐

名为"归化"。此城筑成后不久，阿勒坦汗去世，三娘子成为这座城市的主宰。三娘子力主与明王朝和睦相处，以致蒙、汉两族不用兵革达30年之久，边地居民得以安心耕地，蒙古商民往来贸易，边境城镇又现繁荣景象。归化（今呼和浩特市）很快发展成今内蒙古中西部政治、经济、文化中心。

明崇祯十七年（1644年）三月十八日，农民起义军领袖李自成攻陷北京。明崇祯帝自缢于景山。明臣吴三桂（山海关总兵）引清军入关，李自成兵败退出北京城，清王朝入主中原，阴山南北相继归附清朝。清初，清廷将武川三分，封给为清廷作战有功的后裔为世袭牧地。

清顺治十二年（1655年），朝廷出于安定北方的考虑曾颁布封禁旗界等一系列禁令，禁止汉族出口外开垦牧民土地，但是"禁者自禁，

23

雪乡远景

耕者自耕"。山西、山东、河南、河北、陕西等地难民冲破禁令，出张家口和山西杀虎口等地越长城进入今内蒙古。康熙元年（1662年），康熙即位后，曾提出"边外积谷，甚属重要"的想法。为稳边境（因蒙古族信奉喇嘛教），在北境广建喇嘛教寺庙。今武川县哈乐镇永和泉班第达召就是当时由国库拨付银两修建的寺庙。17世纪40年代，常有八旗兵和绿营汉兵在大青山前后驻牧和屯耕。康熙年间，归化城土默特为解决清军粮饷，先后开垦了黑河沿岸的"庄头地"以及大青山后的"八旗马场地"和"大粮地"。随后出现私垦。

康熙三十五年（1696年），随着汉民迁入武川，以及茶丝古道的开通，清廷在武川设"通事行"字号，开放商禁。康熙五十九年（1720年），清在今可可以力更镇南梁设军台，为归化城到乌里雅苏台的驿站。主要负责转运军需物资和办理民间商旅通行事宜，称"三堵墙"。自乾隆元年（1736年）始，清廷在土默特地区设置管理汉民的归绥道等厅，武川属归绥道管理。

清乾隆二十一年（1756年），土默特喇嘛扎布以擒获喀尔喀青滚扎布有功，被封为土默特辅国公，大青山后原牧地四个苏木为土默特辅国公旗，授札萨克。土默特辅国公旗地域西界固阳，东至武川哈乐，北接茂明安、察哈尔右翼旗、席力图召，南抵大青山中部，含今武川县全境。乾隆二十五年（1760年），清廷以"不入觐及违例妄行罪"削去喇嘛扎布的札萨克，停其在"乾清门行走"，同时土默特辅国公旗亦被撤销，收归土默特旗管辖。

清朝经过康、雍、乾三代皇帝实施的移民实边政策，由内地到漠南（今内蒙古）垦荒的汉民人口激增。当年康熙巡幸于塞外，曾吟咏塞外农业发展状况道：

禾黍近来耕稼满，

烟锄云插遍新畲。

试看属国欢娱日，

大漠墟烟处处生。

乾隆年间，清廷由禁垦转为"借地养民"，先后在大青山后放垦4

民国时期武川县略图

万亩和 69 万亩。在后山的八旗牧场地、十五道沟被放垦。大批内地人拥入阴山耕种土地。农业有过"夹路离离禾黍稠"的繁荣景象，随着大青山北人口增多，经济发展由清初衍生出来代表商贸发展的茶丝古道在白道上兴盛起来。嘉庆十九年（1814 年），武川可可以力更镇已形成商贸大镇，并成为归化城北出的第一驿站。清廷欲加强对这些地区的管理，遂于同治四年（1865 年）在土默特地区增设了归化、萨拉齐等五厅，武川属归化厅管辖。光绪二十九年（1903 年），清廷又增设了武川直隶厅抚民同知，加理事衔。武川辖四子王、达尔罕贝勒、茂明安境地共 316 村，驻地归化城（今呼和浩特市旧城）。后改名为武川厅，

成为"口外"十二厅之一，隶属山西布政使归绥兵道辖。管辖范围东至陶林，西至蒙古东公旗，南至绥远城，北至达尔罕、茂明安草地，东北至四子王部落草地，西北至五当召，东南至察哈尔旗，东西广 250 千米，南北袤 110 余千米。

20 世纪初，大青山后山地区已形成"沿途多汉民耕种，渐成村落""路旁多垦地、蒙汉杂居处"的局面。农耕已成为该地区又一主要经济模式。蒙古族土默特部落来到武川驻牧。1912 年，武川改厅为县，全县辖地 2 万平方千米，包括达尔罕茂明安联合旗和四子王旗，察哈尔旗黑山子以西，卓资县、旗下营以北，土默特右旗官地、巴总窑子以东。东西 200 余千米，南北

25

100余千米，内设10个区，184个乡。民国初年，军阀混战，武川地区人民连遭晋军、奉军、国民军战争的祸害。1929年前后，武川又遇史上罕见自然灾害，田园荒芜，村镇破败，灾民衣衫褴褛，啼饥号寒，鬻妻卖子，饥殍遍野。1931年到1934年，土匪借机抢掠武川，窜入武川的土匪多达七八百人，人民生活在水深火热之中。

1937年7月7日，抗日战争爆发。同年11月14日，武川沦陷，敌人在武川强令将县府改为维持会，对武川人民实行法西斯专政。

1938年5月，中共党员杨植霖在土默川什报气组织起蒙汉抗日游击队，同年秋，中国共产党领导的八路军大青山支队挺进大青山。八年抗战中，武川县始终为大青山抗日游击根据地中心地带，武川得胜沟成为大青山抗日游击根据地的指挥中心，中共绥远省委、绥察行署、八路军大青山支队司令部均在此驻扎。武川县人民在中国共产党的领导下，积极支援抗战。1945年8月15日，武川县人民与全国人民一道，赢得抗日战争的胜利。

1949年9月19日，国民党武川驻军和县政府赴包头参加绥远"九一九"和平起义。原国民党武川游击县长赵叔普返武川听候整编，

国民党骑四师被改编为中国人民解放军，返回武川上秃亥乡接受整训。武川县人民获得解放。

1950年3月，武川县人民政府成立，武川各行业百废待兴。武川县人民在中国共产党的领导下，积极投身社会主义建设。改革开放后，武川向富强、民主、文明、和谐、幸福、安康的道路奋勇前进。党的十八大后，全县人民在县委、县政府的领导下，各项事业蓬勃发展，朝着全面建成小康社会道路阔步前进。

从1950年起武川县区发生较大变化，将原武川十大区乌兰花、西河子、大滩、黑山子、旗下营，即一、二、三、四、五区设新县——武东县。同年4月正式建立了武川县人民政府，隶属绥远省萨拉齐专署，1954年改属于平地泉行政区。1958年，撤销武东县，将该地区就近划归四子王旗、察哈尔右翼中旗、卓资县、平地泉行政区与乌兰察布盟合署，称乌兰察布盟，武川县隶属于乌兰察布盟。1996年元月至今，武川县划归呼和浩特市。

一万年前的工场

YIWANNIANQIANDEGONGCHANG

岁月蹉跎，时光荏苒，拂去历史尘埃，重温云烟往事。我们的思绪仿佛又回到那随着中华民族脉搏一起跳动的武川历史长河中。

武川一名，最早见于《周书》，但境内人类活动的历史，根据考古证明可上溯到一万年前。武川历史文化源于阴山文化，是阴山文化的重要组成部分。20世纪70年代初在阴山中段大青山南麓发现的大窑村南山远古文化遗存，距今70余万年，承接旧石器早、中、晚三个时期，考古学上定名为"大窑文化"。大窑文化从旧石器时代早期一直延续到旧石器时代晚期，以此为中心，沿着阴山地带，向外围辐射发展，往北的一支进入大青山，主要分布在大青山的主脉或支脉山坡上。1986年，武川县考古工作者在大青山的小山包上发现了旧石器时代晚期的石器制造场。这是武川最古老的石器加工场。器形以砍砸器和刮削器为主，使用痕迹明显，加工技术已比旧石器时代早期有了很大提高。砍砸器是以交互打击的方法加工而成；刮削器有侧刃和圆刃两种器型，以单向加工方式为主，这些石器反映出了居住在大青山里的原始居民，过着以狩猎为主，采集为辅的原始生活。他们依靠集体的力

原始部落生产场景

量和智慧，在艰苦的环境中繁衍生息，创造着灿烂的古代文明。

公元前四五千年到新石器时代，大青山区域的原始人类活动范围逐渐扩大到大青山北麓地带，工具也有了很大的改进，出现了磨制石器和陶器，生产力有了很大的提高，这一特点在大青山南北更为显现。在武川的分布范围主要集中在大青山的中、西部区。如1990年在大青山乡井尔沟村的山坡上发现了磨光石斧，红色彩陶及夹砂陶片，器形以生活用具为主。1991年在武川县得胜沟乡野马兔村发现了磨光石斧、石磨棒、石纺轮、石磨盘等磨制石器。石磨棒和石磨盘是加工粮食去皮及粉碎的工具，这是与农耕有直接联系的农业工具。纺轮的发现，证明纺织业已出现；陶器是人类生活必需的用具；大量石斧的发现，证明当时的经济生活以狩猎为主。这些发现说明中原文化此时已传播到大青山北部。这些先民是武川第一批农业生产的开拓者，从某种意义上说他们建立了武川最古老的村庄。其社会形制已由母系氏族社会进入父系氏族社会，男人在经济社会生活中起主导作用，夫权已经确立。

公元前2000年，人类开始饲养牛羊等牲畜，并采取放牧的方式，后来逐渐发展为游牧。近年来，在

云纹石斧

石祖

石斧

大青山以北的广大草原地带发现了分布广泛的细石器文化。在县域内发现的石器主要有用玛瑙加工而成的石核、石片、刮削器及尖状器，主要分布在县境内的抢盘河流域。经考古认定，这一时期包括中石器时代到金石并用时代，是一种以畜牧经济为主要特征的原始社会文化遗存。应该说在这一时期，大青山北麓是水草丰美，气候宜人的森林草原。在这种气候与环境中，当地的原始居民从很早就开始了畜牧业兼营农业的生产，展现出武川先人适应自然、征服自然的能力有了极大的增强。

大量出土的新石器时代文物，证实了武川地区有着悠久的历史文化，并且与内蒙古西部地区的仰韶文化晚期遗存面貌基本相同。从地理位置看，大青山区域正是中原农耕文化与北方草原文化交汇地带，这种文化面貌既有自身的文化特点，又有北方草原文化的特点，同时还受到中原文化的冲击。从大青山南麓大窑文化到大青山中武川境内的石器制造场，再到大青山北麓的新石器文化，我们不仅感受到了历史发展的进步，也见证了阴山地带人类发展的启承性和延续性。

毡乡卧毡话穹庐

ZHANXIANGWOZHANHUAQIONGLU

岁月蹉跎，时光荏苒，拂去历史尘埃，重温云烟往事。我们的思绪仿佛又回到那随着中华民族脉搏一起跳动的武川历史长河中。

　　武川被刘半农先生称为"毡乡"，而土默特蒙古族史学家陶克陶先生把他研究大青山地区三千年民族演化历史的系列丛书取名为《毡乡春秋》《毡乡荟说》，武川擀毡技艺亦录入呼和浩特市非物质文化遗产名录。

　　南北朝时，南朝称北朝为"毡乡"，《南齐书》多次提及毡乡："必欲模范宫阙。岂可令毡乡之鄙，取象天宫？""足践寒地，身犯朔风，暮宿客亭，晨炊谒舍，飘飘辛苦，迄届毡乡。"称毡帐为"毡屋"或"百子帐"。《南史》卷三十二《张邵附张畅传》记述北魏拓跋焘南征彭城，"仍登城南亚父冢，于戏马台立毡屋"。又述孝文帝拓跋宏率军南下至寿阳，"军中有黑毡行殿，容二十人坐"，"去城数里立营顿，设毡屋"。

　　早在两千年前就有关于毡帐的记述。毡帐又称"穹庐""百子帐""毡房"等，一直是我国古代北方游牧民族最主要的居住形式。《后汉书》卷九十《乌桓鲜卑传》记乌丸、鲜卑等民族"居无常处，以穹庐为宅，皆东向"；《史记》卷一百十《匈奴传》载匈奴"父子乃同穹庐卧"；

太阳神挂毯

29

《汉书》卷九十六《西域传下·乌孙国》记乌孙"穹庐为室兮旃为墙，以肉为食兮酪为浆"；《集解》引《汉书音义》说："穹庐，旃帐。"柔然、高车、吐谷浑、突厥等民族都有居毡帐的习俗。

武川相邻的四子王旗曾出土3具彩绘木棺，木棺所绘狩猎、宴饮图风格和人物的服饰等与平城彩绘木棺、墓葬壁画的内容相近，应该是北魏时期的文物。其中两块棺木上绘有帐房，有方形，也有圆形，前中部或侧面开门或窗，圆拱顶呈菱形网格状，显示了毡帐的顶部构造。其形状与大同市司马金龙墓所见者相似。该墓出土的陶形彩绘毡帐有圆形也有方形。方形帐房四壁弧状攒起，收拢于顶部开天窗。天窗位于帐顶，突起呈圆筒状或方筒状，以券形拱状物遮盖天窗，垂下

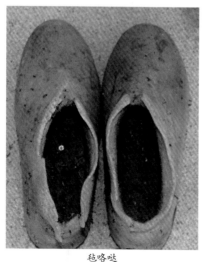

毡咯哒

二根绳与帐门相接。而步帐内则建有瓦顶木构的庑殿顶房屋，瓦屋与帐房二者同处。

这些实物及其具体形制，与南齐人范云所见北魏祭天仪式中供宴饮休息之处颇为相似，"以绳相交络，纽木支撑，覆以青缯，形制平圆，下客百人坐，谓之'伞'，一云'百子帐'也"。绳索交络、纽木支撑、形制平圆，可张可合等，是毡帐最典型的特征。唐代诗人白居易于太和七年（833年）作《青毡帐二十韵》："合聚千羊毳，施张百子卷。骨盘边柳健，色染塞蓝鲜。北制因戎创，南移逐虏迁。汰风吹不动，御雨湿弥坚。有顶中央耸，无隅四向圆。旁通门豁尔，内密气温然。"所描述的就是百子帐，其形制就是前述雁北北魏墓出土的圆形帐房。西汉恒宽《盐铁论·论功》篇载匈奴穹庐"织柳为室，毡席为盖"，此处不过是覆盖材料由毛毡改为丝织品黑缯。当时毡帐有大有小，大者可容千人。《颜氏家训·归心篇第十六》记："昔在江南，不信有千人毡帐；及来河北，不信有二万斛船，皆实验也。"毡帐使用不限于宫禁或军阵，"其先出自为鲜卑慕容氏……有屋宇，杂以百子帐，即穹庐也"。"际夕乃还仁寿殿东阿毡屋中寝。语左右杨

玉夫：'伺织女度，报我。'时杀害无常，人怀危惧。玉夫与其党陈奉伯等二十五人同谋，于毡屋中取千牛刀杀苍梧王。"《魏书》载："昱往新安寺，夕乃还殿，寝于毡幄。昱左右杨玉夫、杨万年等见其醉眠，乃于幄斩之。"可见毡屋也可设于宫殿之内，此记载虽讲南朝之事，但设毡屋于殿内肯定是仿北朝习俗。可想平城的情况也应该是同样的。如同自秦汉以来一直流行的在宫室殿堂内设置屋宇形的帷帐一样，不过流行元素有所变化，有时设置为毡房。唐代大诗人白居易晚年在洛阳的宅院内设了一顶青毡帐，乃胡风所染。《续汉书·五行志》所载："灵帝好胡服、胡帐、胡床、胡空侯、胡笛、胡舞"中的胡帐也有可能就是毡房。大同北魏墓葬出土的这几件毡帐模型显然都是北魏人日常生活中实用器的模型，而且墓葬壁画与彩绘木棺均绘有多顶帐房，表明在北魏平城时期仍非常流行这种居所，诸事皆用。如上所述，有时设在战场，有时作为郊外祭天的宴息之所，有时设于田野或园林以供宴饮、狩猎等等。还用于婚礼之中。《酉阳杂俎》续集卷四云："今士大夫家婚礼露施帐，谓之入帐，新妇乘鞍，悉北朝余风也。"《聘北道记》云："北方婚礼必用青布幔

为屋，谓之青庐。于此交拜，迎新妇。"说的是南朝陈时江德藻于文帝天嘉四年（563年）出使北齐，归来所记北朝婚礼于露地置帐，新婚夫妇入帐交拜风俗。《唐会要》卷八十三《嫁娶》条载，德宗建中元年（780年），礼仪使颜真卿等奏曰："（公主、郡、县主出降）相见行礼，近代设以毡帐，择地而置，此乃元魏穹庐之制。合于堂室中置帐，请准礼施行。"明确将唐人婚礼中设毡帐归结为"元魏穹庐之制"。其实此俗早在东汉末年时已传入，《世说新语·假谲》载："魏武少时，尝与袁绍好为游侠。观人新婚，因潜入主人园中，夜叫呼云：'有偷儿贼！'庐中人皆出观，魏武乃入，抽刃劫新妇。"此风盛行于北朝，沿袭至唐。

毡靴

北魏太武帝拓跋焘曾于阴山离宫广德殿附近置千人大帐宴请阴山诸部首领。受到邀请的丁零、铁勒、柔然酋长对"幰张如云覆帐千仞，内室可跑马，凡千人于其中酒乐。不胜惊惶"。

仅仅过去百余年，同样一幕又上演了。主角则由魏帝换作隋炀帝。在决定沿阴山修筑一条东西1000千米长城的工程时，隋炀帝又下诏任命宇文恺负责规划度量。当时隋炀

31

毛招子、笓子

帝去北方巡视，想对戎狄等少数民族炫耀国威，命世出武川的巨匠宇文恺制造大毡帐。因大运河、大雁塔、大兴城而扬名的宇文恺用白色的毛毡创造了历史，毡帐下可以容纳几千人。宇文恺的才华被发挥到极致，大帐很快在北国荒芜的原野上拔地而起。宇文恺又制造观风行殿，殿上能容纳侍卫数百人，可以拆卸和拼合，行殿下面装有轮轴可以迅速地推行移动。戎狄等部族的人看到之后，无不惧怕帝国的威势。好大喜功的炀帝显摆取得成果，更加高兴，前后给宇文恺的赏赐多得无可计数。

毡帐虽被认为是草原文明与农业文明大异其趣的标志，但在民族大融合的北魏时期，毡帐或与瓦顶木构屋宇同处，或设于殿内，并不稀奇。司马金龙随葬毡帐不是因其大将军的军人身份而设，是平城内日常所居。与雁北北魏墓群出土三件毡帐如出一辙。

"毡祭"是一种较为特殊的祭祀习俗，可溯源至古突厥人时代。段成式《酉阳杂俎》曾载："突厥事祆神，无祠庙，刻毡为形，盛于皮袋，行动之处，以脂苏涂之。"武川汪古部，乃突厥之后裔，自应有此祭俗传统。武川文物管理所现藏一幅太阳神毡像，极有可能是北方民族所祭之物。

由于蒙古族自古以来以游牧和狩猎为生，逐水草而居。秋冬违寒，春夏避暑，皆赖毛毡。元代诗文常见有关毡的描述。元末诗人胡助："毡房贮窈窕，玉食罗膻荤。"又写道："帝业龙兴复古初，穹窿帐幄倚空虚。"另一位诗人杨允孚："纳宝盘营象辇来，画帘毡暖九重开。"如果胡助等描述的是蒙古贵族的生活场景，以下则是民间百姓生活中的毡："白发从官珥笔行，毳袍冲雨桓州城。""白毡千缣布，清尊一味酥。豪家足羊马，不羡水田种。"诗人楚石的"无事穹庐似屋方，卧听芦叶向斜阳"。尤其《当山即事》："土窟金缯市，牙门羽木枪。地炉除粪火，瓦碗软羔羊。小妇担河水，平沙簇帐房。一家俱保暖，浮薄笑南方。"都鲜明细致地描述了当时人们挖地为炉，以牛粪当柴烧，沙地上建毡帐的平民生活，更加形象地描绘出一幅塞北草原上游牧民族的画卷。

南宋诗人张孝先描写金人名句："隔水毡乡，落日牛羊下，区脱纵横。"至于"半笼羔帽敌风沙"（柳贯《后滦水秋风词》）、"只穿皮袄不穿纱"（范玉壶《上都》）、"裁裘聚鼠皮"（马臻《开平即事》）的衣饰特点，"土方通火为长炕，毡房疏凉启小棂"（马祖常《上京翰苑抒怀》）的居住风貌，普通百姓"杂沓毡车百辆多"（迺贤《塞上曲》)的骆驼车，"织翠缯""镂金鞍"的行旅用具，显然都与中原截然不同，带有浓郁的民族生活特征，为我们了解那个时代那个民族人民的生活提供了宝贵的素材。

与此不同的是普通民众的游牧生活，"天似穹庐"几乎成为人们

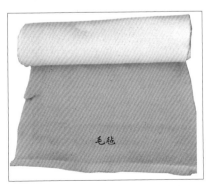
毛毡

想象中游牧民族牧歌般生活典型而具体的写照。"卷地朔风沙似雪，家家行帐下毡帘"（萨都拉《上京即事五首》），"杂沓毡车百辆多，五更冲雪渡滦河。当辕老姬行程惯，倚岸敲冰饮橐驼"（迺贤《塞上曲》），体现的显然是诗情画意之外劳动环境的恶劣，表现的是普通劳动者劳动的艰辛和坚韧的品质，而在这艰辛与恶劣的环境中生存，体现的恰好就是这个民族的精神与性格。

清中叶，大量三晋汉民走西口迁徙到大青山区，并未降低毡在武川地区的作用，相反山西毡匠把蒙古民族传统制毡工艺中的随性、松散改进成以精致、紧密、坚实、美观为特征的武川擀毡技艺。

数百年来，武川百姓一盘土炕，覆一席毛毡，几代人席毡而卧，生生不息。一直到20世纪70年代，武川百姓仍然坑铺毛毡，脚穿毡靴，足蹬靰鞡，身披雨毡。在武川这片神奇之地先后有数十个民族繁衍、生活，作为"毡乡"实至名归。

毡是武川历史的见证，甚至是一些民族的图腾。

北魏献文帝御驾征讨柔然

BEIWEIXIANWENDIYU
JIAZHENGTAOROURAN

岁月蹉跎，时光荏苒，拂去历史尘埃，重温云烟往事。我们的思绪仿佛又回到那随着中华民族脉搏一起跳动的武川历史长河中。

北魏正平二年（452年）十月，文成帝拓跋濬即位，柔然人趁北魏国内各种矛盾加剧，朝廷腐败，国势渐衰，对北魏北部边境发动袭击。

柔然是游牧民族。拓跋力微时，拓跋部骑兵捕获一个不知名的幼童做奴隶，起名木骨闾（意即头秃）。木骨闾长大后，免奴为骑兵。拓跋猗卢时，木骨闾趁机逃走，集合潜逃人员百余人，投奔纥突邻部。木骨闾死后，儿子车鹿会男势力壮大，自立一部，号称柔然。魏道武帝征服高车等部，唯独柔然不服。北魏登国六年（391年），魏击破柔然，迁部众到云中（今托克托县）。登国九年（394年），柔然贵族社仑率部数百人逃往漠北。天兴五年（402年），社仑征服高车诸部，雄踞漠北，兵马强壮，自号豆伐可汗。柔然族跟魏学得了一些兵法，开始组织军队。又制定了一些奖惩办法，如力

战所获归己，不力则被处死或痛加鞭打。豆伐可汗据有西至西域，东接朝鲜，南邻大漠的广大牧地，逐渐南移，攻掠魏国边境。社仑乘中原内乱漠北空虚之机，渐渐南迁进入阴山。该民族居无定所，经常南下侵入北魏国境进行劫掠，然后北还。北魏初年曾发兵追击，柔然便飞骑逃往大漠之北，等北魏军南返时，他们再度南侵。北魏太武帝拓跋焘曾对其两次讨伐，尽管将柔然逐出塞北，但终未给柔然以歼灭性打击，边患始终未能消除。

北魏皇兴四年（470年）北方遭受大旱，饥民难以为生。北魏朝廷下令州镇11个官府开仓赈恤百姓。二月依北魏惯例四夷应朝贡，此时，高丽、库莫奚、契丹各遣使来朝献，然而吐谷浑、拾寅等拒不奉贡。北魏朝廷派征西大将军上党王长孙观欲讨之。三、四月又逢灾民多病，

朝廷诏告天下广集良医，采药救之。四月又大赦天下。秋八月，群盗入彭城杀镇将。朝廷派军灭之。当时，北魏献文帝拓跋弘，年仅17岁，面对国内灾荒及阴山北地柔然人南下侵扰，临危不惧，欲亲自率军讨伐之。尚书右仆射、南平公园辰谏道："若御驾亲征，京师危惧。不如据亲城（即平城，今大同）固守，柔然孤军深入，粮食不继，不久自退。届时再遣将反击，定可破之。"九月，魏给事中张白泽却力劝拓跋弘御驾亲征，他说："蠢尔荒遇，轻犯王略，若銮舆亲行，必望麾崩散，岂可坐而纵敌！以万乘之尊，婴城自守，非所以威服四夷也。"说的是柔然部落愚腐无能，如果皇上御驾亲征，众将齐心出力，必能大胜。

当时，北魏国力渐渐充实，兵精粮广，威服四海，战胜柔然完全有把握。拓跋弘审时度势，采纳了张白泽的建议，决定御驾亲征。遂令京兆王拓跋子推、东阳公元丕督诸军出西道，任城王云等督诸军出东道，汝阴王赐、济南公罗乌拔督诸军为前锋，陇西王源贺督诸军为后继，镇西将军吕罗汉留守都城平城。秋，拓跋弘亲率大军从平城出发，浩浩荡荡，抵达阴山北坡，准备进击柔然大军。

柔然民族不但凶悍，而且善战。

北魏献文帝拓跋弘

还有个特性是"打得赢便打，打不赢便走"。根据柔然作战特点，拓跋弘决定采取闪电式攻击战略，让柔然来不及北窜。拓跋弘等各路大军汇集白道后，随令各路大军包抄进击，约定在女水（今武川城西7千米的抢盘河一带）之滨会师。战前侦知柔然主予成率部在女水一带劫掠。魏军方面由于是拓跋弘亲征，诸将皆不敢怠慢，一路进军迅疾，最后在女水之滨会师。显祖在此誓师，对诸将说："用兵在奇，不在重也。卿等为朕力战，方略已在朕心。"柔然主予成真可汗没有想到北魏主会御驾亲征，更没料到魏军进军速度如此神速，惶惑不定间，令柔然士卒与魏军仓促迎战。往常柔然一旦战不过魏军，便跨飞骑夺命北窜，令魏军追之不得，只得还军，柔然丝毫无损。眼下，魏军与柔然部族近在咫尺，柔然军溃退，乱作一团，给魏军包抄追杀提供良机。拓跋弘抓住有利机遇，首先选精兵五千人前去挑战，多设骑兵以惑之，柔然部大军中计，与北魏相遇便溃败。败兵自相践踏，丢盔弃甲，溃不成军。

魏军乘胜追击柔然三十余里，斩柔然首级五万余，俘虏柔然男女万余人，缴获戎马器械不计其数。大捷而还，至武川镇，拓跋弘遂改女水为武川，命太常高允撰写了《北征颂》，刻石以记功，颂词说：

皇矣上天，降鉴惟德，眷命有魏，照临万国。礼化丕融，王猷允塞，静乱以威，穆民以则。北虏旧隶，禀政在蕃，往因时阙，逃命北辕。世袭凶轨，背忠食言，招亡聚盗，丑类实繁。敢率犬羊，图纵猖蹶，乃诏训师，兴戈北伐。跃马襄粮，星驰电发，扑讨虐刘，肆陈斧钺。斧钺暂陈，馘翦厥旅，积骸填谷，流血成浦。元凶狐奔，假息穷墅，爪牙既摧，腹心亦阻。周之忠厚，存及行苇，翼翼圣明，有兼斯美。泽被京观，垂此仁旨，封尸野获，惠加生死。生死蒙惠，人欣覆育，理贯幽冥，泽渐殊域。物归其诚，神献其福，遐迩斯怀，无思不服。古称善兵，历时始捷，今也用师，辰不及浃。六军克合，万邦以协，义著春秋，功铭玉牒，载兴颂声，播之末叶。（摘自《魏书·高允传》）

拓跋弘从出师到会师，总共"旬有九日，往返六千余里"，可谓神速。自此战后，柔然部族元气大伤，势力衰微，残部北逃漠北，再不敢犯边。北魏正光二年（521年），柔然归顺北魏。

抢盘河

木兰代父从军

MULANDAIFUCONGJUN

岁月蹉跎，时光荏苒，拂去历史尘埃，重温云烟往事。我们的思绪仿佛又回到那随着中华民族脉搏一起跳动的武川历史长河中。

《木兰辞》是一首家喻户晓的民歌，讲述了北朝时期一位民间女子替父从军，北击柔然的英勇故事。

"唧唧复唧唧，木兰当户织。不闻机杼声，惟闻女叹息。"《木兰辞》开篇几句为我们勾勒出木兰面对窗户，有布不织，却唉声叹气。我们不禁要问，为什么？

北魏前期（386—451年），在北魏的北面，游牧的柔然人是北魏的最大劲敌。太武帝时期，发动过多次反击柔然的远征。

柔然人"无城郭，逐水草畜牧，以毡帐为居，随所迁徙"（《宋书》卷九五）。北魏道武帝时，拓跋部向南发展。此时，柔然势力逐步扩张，致使"小国皆苦其寇抄，羁縻附之"。同时，素有"风驰鸟赴，倏来忽往"之称的柔然族时常侵犯北魏的阴山边塞地区。

随着北魏势力逐步南迁，柔然势力进一步扩张，边塞战事更加频繁，迫使北魏朝廷不得不大量征兵，北上抗击柔然。为了表达对柔然的不满和蔑视，北魏太武帝拓跋焘改称柔然为"蠕蠕"。这段时期，就形成了木兰从军的时代背景。也就是说，木兰从军的时间就在北魏太武帝时期。

据记载，太武帝始光元年（424年），"蠕蠕六万骑入云中，杀掠人吏，攻陷盛乐（今呼和浩特市和林格尔县），帝率轻骑讨之，虏乃退走"（《魏书》卷四）。次年秋"蠕蠕寇云中"。从历史典籍中可以看出，柔然势力已发展到阴山以北一带，犯塞十分频繁，且大多都是从阴山以北过阴山直捣云中城。云中距离北魏都城——平城（今大同市）很近，是平城的门户。此时柔然常南下掳掠云中，迫使北魏朝廷发放军帖（征兵文书），要求每户必须出一名成年男性当兵，抗击柔然。《木兰辞》记载："军书十二卷，卷卷有爷名。"木兰代父从军从云中过阴山北上，在距云中最近的武川一带抗击柔然是符合历史事实的，因为当时对平城最大的威胁就是柔然人常从白道南下入侵。《木兰辞》中"旦辞爷娘去，暮宿黄河边，不闻爷娘唤女声，但闻黄河流水鸣溅溅"，讲的是木兰从军夜宿黄河边，应该是哪里的黄河边呢？云中城（今呼和浩特托克托县一带）即在黄河边，我们可以判断出木兰是在云中的黄河边夜宿的。《木兰辞》接着写到"旦辞黄河去，暮至黑山头"，进一步写明木兰早从黄河出发，暮到黑山头。这句十分关键，据《中国简史》记载北魏永兴二年到始光二年（410—425年），柔然达到最鼎盛的时期，向南已经发展到了阴山北麓。

《木兰辞》中提到了"暮至黑山头"，因为武川境内的大青山段历史上有过"黑山"（北魏时大青山称为黑山）、"夹山"（辽时称大青山为夹山）和"天山"（元时称大青山为天山）之称。如今武川境内大青山中仍保留着以黑山命名的山峰和村名。再则，蒙古语称阴山为"达兰喀喇"，意思是"70个黑山头"，说明在蒙古语中对阴山仍保留了黑山的称谓。

不同版本的《木兰辞》译注中对"黑山"的具体位置解释各有不同，有的认为在距今呼和浩特东南百里的地方，有的认为在今北京天寿山，但这些看法都有待商榷。呼和浩特市百里恰在盛乐一带，但太武帝亲自率军击退柔然，退走方向只能是阴山以北，那里才是他们的大本营。木兰从黄河出发，向盛乐方向进攻，恰是平城方向。北魏怎么会让自己的军队向首都的方向进攻柔然呢？

武川山道

阴山白道是柔然经常南下的必经通道。自战国时期起，白道便是大青山南北交通的主要通道。北魏郦道元《水经注》中有关于白道的记载，北魏以后的历代王朝，都曾沿用这一条通道，史书上都有不少记载。白道是柔然南犯的主要途径，过白道就必须要从武川境南下，而反击柔然也必须过白道到武川境。关于过白道打击柔然，我们还能从

木兰从军之后的历史记载中得到证实。《北齐书》载，北齐文宣帝高洋于天保六年（555年）亲自率兵追击蠕蠕（柔然），将其辎重留于白道，然后用轻骑追击蠕蠕远至怀朔和沃野镇，大胜而还。可见历代多通过白道北击柔然，从另一个侧面证明木兰代父从军也应该是通过白道北上征伐柔然的。

"不闻爷娘唤女声，但闻燕山

木兰

39

胡骑鸣啾啾。"一句中的燕山指燕然山，即今蒙古国境内的杭爱山，这里是柔然族控制的中心区域。"胡骑"指胡人的战马，而柔然就是东胡的苗裔，文中称柔然的战马为"胡骑"也符合实际。

"朔气传金柝，寒光照铁衣"描写了塞外抗击柔然所处的气候条件。朔气指的是北方寒冷的天气，寒光指的是夜里寒气逼人的星光或月光，这样的气候特点符合阴山以北的特征。如果是阴山南侧的话，气候相对温润，寒气不太明显。而阴山以北恰恰相反，就武川一带而言，因海拔高，温差大，一年四分之三的时间会感觉冷凉，夜晚多有寒意。在武川生活过的人都会有体会，也更能理解这两句诗的意义。

《木兰辞》本身的真实性我们不妨也探讨一下。乐府歌词的来源有两种：一种是御用文人的创作，一种是民间采集。《木兰辞》来自民间。魏晋南北朝时期的民间诗歌都有写实的特点。如《十五从军征》《陌上桑》《企喻歌》《陇头歌辞》《陇上歌》《孔雀东南飞》《敕勒歌》等乐府经典无不是"诗"出有因的。这些诗歌所写的内容皆是真人、真事、真情、真景，可称为"民歌述史"。这些诗歌朴实自然，通俗易懂，鲜活生动又不失美感，如

清水出芙蓉全然不雕琢。与《木兰辞》共为乐府双璧的《孔雀东南飞》创作时间大约是东汉献帝建安年间（196—219年），内容为"庐江府小吏焦仲卿妻刘氏为仲卿母所遣，自誓不嫁。其家逼之，乃投水而死，仲卿闻之，亦自缢于庭树，时人伤之，为诗云尔"。《敕勒歌》更是直接描写阴山下敕勒川的壮美景色。这些诗歌都是如实地再现了那个时代的人物和风貌。《木兰辞》也不例外。再比如《李波小妹歌》唱道："李波小妹字雍容，褰裙逐马如卷蓬。左射右射必叠双。妇女尚如此，男子安可逢？"这首北朝诗歌写了一位叫李雍容的女子善于骑射且勇猛尚武。那个时期女子如此，何况男子呢？那么木兰生活在那样的年代，能够替父从军也完全符合那个时代女子的精神风貌。可见《木兰辞》是被当时百姓根据事实口述流传，后经民间文人润色，再被官署采集后稍加整理而成的。可以说魏晋南北朝的民歌就是人民史、百姓史。我们能通过这些诗歌看到那个时代的精神风貌和部分民间真实历史。

细观《木兰辞》本身内容，再详细了解那个时代的历史背景，今人推定木兰从军发生在武川是十分可信的。

北魏六镇兵民起义

BEIWEILIUZHENBINGMINQIYI

岁月蹉跎，时光荏苒，拂去历史尘埃，重温云烟往事。我们的思绪仿佛又回到那随着中华民族脉搏一起跳动的武川历史长河中。

北魏末年，官员贪腐盛行，民众穷困，人心浮动，汉民众和非鲜卑民众不堪忍受鲜卑的统治。北魏正光四年（523年），柔然主阿那瑰率众犯塞，掳掠大量人畜北去，柔玄、怀荒二镇遭受严重破坏，当地军民无法生活下去。此时，六镇空虚，大敌当前，怀荒镇兵民请求镇将开仓放粮，以便抗敌。然而镇将以朝廷无指令拒付，因此激怒兵民，杀死镇将于景，发动起义，由此拉开北魏六镇兵民起义的序幕，促使北魏走向灭亡。

北魏建六镇后，起初对镇将安排十分器重，镇将各级军官都是鲜卑贵族。六镇设有都大将、大将、都将、都副将、副将、监军、长史、司马、录事、参军等，都受到朝廷特别优待，被称为"国之肺腑"。北魏初期，军镇长官率领的军队由"高门子弟"组成。如历史上高凉王拓跋孤之子镶，任柔玄镇司马；拓跋镶的孙子又任怀朔镇大将；阳平王新城之长子安寿，"累迁怀朔镇任大将，都督三道诸军事"；河间公齐之子兰，于"高祖初，赐爵建阳子，卒于武川镇将"；又如独孤信的祖父俟尼，和平中，以良家子自云中镇武川。可见军镇要职大多数由皇亲担任，他们出守军镇是入仕的一条捷径。另外，官宦职位众多，升迁容易。如沃野镇，自镇将以下各官多至八百余人，至少有五分之二是官宦闲职。这种殊荣也不是一成不变的。北魏迁都平城（今山西大同）后，朝廷对边关的重视程度不及先前。魏太武帝大破柔然后，边镇战事减少，北魏朝廷更加忽略对边关守卫的重要性。于是中原迁入的宗族汉人以及鲜卑族之外的民族也可担任镇将以下军官。

北魏太和十七年（493年），北

魏孝文帝迁都洛阳后，边镇和中央集团分化为两个集团，而且斗争愈演愈烈，形势发展每况愈下。洛阳的鲜卑贵族可得上品文官，而留居边镇的鲜卑贵族地位日趋低落，六镇逐渐褪去往日瑰丽的色彩。

北魏太和二十三年（499年）魏宣武帝拓跋恪继位。他对边戍更不重视，边任益轻，唯底滞凡才，出为镇将。另外，他宠任奸佞，国政大坏。贵族豪门，竞尚奢侈，魏宣武帝曾下令严立限度，节制放荡，可是放荡的就是他本人。他迷信佛教，养西域僧3000余人，择嵩山形胜处造闲居寺，备极壮丽。贵族仿效，佛教大行。洛阳城建500余寺。州郡共造庙13000余处。宠臣元晖作吏部尚书，定价卖官，大郡2000匹，次郡减半，下郡又减半，其余各官都按等级出售。

北魏延昌四年（515年），魏孝明帝拓跋诩继位。胡太后擅权，荒淫残虐，无恶不作。她相信佛法能减轻罪过，大兴寺塔。前后凡二十四年，耗费80余万工。宗室权豪，也竞赛奢侈，穷极享乐。"擅山海之富，居川林之饶，争修园宅，互相夸竞。"其中，高阳王元雍和河涧王元琛堪称典型。元雍"贵极人臣，富兼山海，居止第宅，匹于帝宫。白殿丹槛，窈窕连亘，飞檐反宇，轇轕周通"。元雍有女仆6000，使女500，元雍吃一顿饭要费钱数万。河间王元琛与元雍比富，骏马10余匹用银槽喂养，召集王公宴饮，食器有水晶（玻璃）酒盅、玛瑙碗、赤玉壶，制作精巧，都是西域产物。章武王元融看了懊恼，卧床三天不能起，其实元融财物并不比元琛的少。自汉晋以来，诸王豪侈，未之

武川镇遗址

有也。元琛曾恬不知耻地对元融说："恨我不见石崇，恨石崇不见我。"石崇为西晋大贪官。魏君臣骄奢之状可见一斑，而边镇兵民却是另一番景象。

自北魏太武帝北破柔然后，柔然远遁，后投降北魏。边镇战事减少，守边官不再留意边防，而是专心敛财。孝文帝后，将官多贪财，霸占土地，克扣军饷，对镇兵及百姓进行残酷的奴役和剥削。各级镇将常选部下精壮兵，迫使其到边外掳掠，掳得的大部分财物被各官夺去。老弱兵或入深山伐木，或在田地上耕耘，或经营商业，一切利益全归各官所有，守边兵应得的军食军衣也被各官扣去。魏文帝迁都洛阳后，内迁贵族仕途通达，排斥守边贵族，称其为"府户"，当作仆役看待，一生不得上进。朝中权贵还刻剥各镇，少给衣食，各镇军官自然更加残酷刻剥守边兵。守边兵对守边军官切齿痛恨，守边军官对镇将和朝官切齿痛恨。同时，随魏孝文帝内迁的普通鲜卑人和宿卫军人，被看作寒人或武人。寒人永无入仕的希望，武人不列入清流，不得任高官美职，这些人也对朝官不满。这样，北魏鲜卑族内部分裂。到魏孝明帝时，鲜卑政权不仅受到外族的反对，就连大多数鲜卑人也不支持。

统治集团内部矛盾、民族矛盾、阶级矛盾交织在一起，加速了北魏王朝的灭亡。正光四年（523年），怀荒镇兵民爆发起义。正光五年(524年）三月，沃野镇人破六韩拔陵带兵士杀死镇将，号称"真王"。随后占领沃野镇，并派部将卫可孤向东进军，攻打怀朔镇和武川镇。沃野镇兵士起义后，其他各镇兵民纷纷响应，反抗北魏腐朽统治。四月，高平镇酋长胡琛，自称高平王，起兵响应破六韩拔陵的义军。卫可孤

北魏云纹瓦当

率军很快攻占武川镇，又进攻怀朔镇。北魏怀朔镇将杨均召集武川镇人贺拔度及其子贺拔允、贺拔胜、贺拔岳，召补为统军，配以一旅，守怀朔。据守长久，外援不至，杨均遣贺拔胜星夜突围至朔州（今和林格尔县土城子）求援。北魏朝廷命临淮王或都督北讨军事，征讨破六韩拔陵，临淮王许以出师。破六韩拔陵在五原打败临淮王。卫可孤又在武川白道先后大败抚军将军崔暹和安北将军李淑仁，临淮王因征讨不力被消除官爵。杨均派人刺探武川消息，闻武川仍为卫可孤部占领，弃城南逃，留贺拔胜父子留守

怀朔。孝昌元年（525年）三月，卫可孤继续攻克怀朔城，贺拔胜父子为义军俘获，被押回武川镇。

魏王朝接连收到败报，孝明帝召集群臣商讨镇压办法。无奈，魏孝明帝派70岁老将军李崇为大都督，率领广阳王元渊、抚军将军崔暹再来镇压，结果再次失败。崔暹败于白道北，迫使李崇与元渊退回平城，武川等六镇被义军全部占领。不久，李崇被免除官职，由广阳王元渊代其职。其时，东西部敕勒族也加入起义集团，北魏政权束手无策。

起义军首领卫可孤占领武川镇，在白道数次击败前来镇压起义军的北魏将领。这时期六镇兵民起义以燎原之火燃遍北方各地，引发河北、山东和关陇地区等多地起义。北魏孝文帝只好请求柔然主阿那瑰相助出兵镇压六镇起义。柔然军队由武川镇向西攻占了沃野镇，屡战屡捷。居住在武川镇内的宇文泰父子与贺拔胜父子的势力与阿那瑰相互勾结，里应外合，密谋击杀起义军卫可孤。据《北史·贺拔允传》载："度拔乃与周德皇帝（宇文肱）合谋，率

州里豪杰舆珍、念贤、乙弗库根、尉迟檀等招义勇，袭杀可孤。"《周书·宇文颢传》载："德皇帝与卫可孤战于武川南河，临阵坠马，颢与数骑奔救，击杀数十人，贼众披靡，德皇帝及得上马引去。俄而贼追骑大至，颢遂战殁。"武川南河的交战，双方损失惨重。起义军首领卫可孤和德皇帝宇文肱长子宇文颢均被杀身亡，贺拔度其后也战殁。柔然王子阿那瑰率10万骑兵猛攻武川，先后攻占了武川镇、怀朔镇。柔然军乘胜由武川西进沃野。孝昌元年（525年）六月，起义军首领破六韩拔陵战败，南渡黄河，退入鄂尔多斯高原，被阿那瑰所杀，六镇起义失败。20万起义军被北魏广阳王元渊截降。

柔然的袭击导致"六镇荡然，无复蕃捍"。投降的20万六镇兵民，被安置在河北冀、定、瀛三州，还有部分被分到幽州和恒州。

六镇起义虽被镇压，但它从此改变了中国历史发展的走向。河北爆发了葛荣领导的民众起义。怀朔镇兵鲜于修礼于孝昌二年（526年）在定州城（今河北唐县）发动起义。北魏统治者用重金收买鲜于修礼部将元洪业将鲜于修礼杀害，鲜于修礼的另一部将葛荣又将叛将元洪业处决。葛荣带起义军继续战斗，起义军发展到数十万人，号称百万人。

武川镇南河畔

武川南河一角

此后，由于葛荣内部分裂，葛荣又麻痹轻敌，被北魏精锐骑兵挫败。但葛荣余部遍及北方大部地区，坚持斗争九年之久，参加起义的有匈奴、鲜卑、敕勒、丁零、羌和汉人等百万人。

北魏孝昌四年（528年），北魏权臣尔朱荣散家财接纳豪强，侯景、贺拔岳、高欢等武川边镇军民投归麾下。葛荣起义失败后，北魏政权内部也发生了大乱。尔朱荣、胡太后、孝明帝在内乱中互相残杀。尔朱荣冲进洛阳杀胡太后，召魏官2000余人，陈列罪状，将其全部杀死。尔朱荣杀人太多，不敢住在洛阳，率军去了晋阳。魏在尔朱氏集团支配下，从统一走向分裂。北魏永安三年（530年），尔朱荣和孝庄帝在内讧中被杀，实权最后落入武川镇人宇文泰、高欢二人之手。宇文泰被尔朱荣收用后，升任关西大都督，维护朝政。东魏天平二年（535年），

宇文泰立元宝炬为帝（文帝），都长安，史称西魏（535—557年），北魏从此分裂为西魏和东魏。557年，西魏恭帝（拓跋廓）禅位于周，宇文觉即帝位，史称北周。

高欢为武川白道南口人，曾参加边镇起义，起义失败后投归北魏尔朱荣，任晋州刺史。他网罗六镇流民作为中间力量，奠定了高氏政权根基。东魏天平元年（534年）高欢拥元善见为帝，辅政东魏帝，官至东魏丞相，后其次子高洋也承父位于丞相。东魏武定八年（550年）五月，高洋取代元善见，建齐国，自立为皇帝，史称北齐。

北齐天保八年（557年），北周灭北齐。北周大定元年（581年），北周亡，杨坚代周建隋朝，结束北方割据分裂局面，为完成中国南北统一做出了贡献。

叱咤风云的武川军团

CHIZHAFENGYUNDEWUCHUANJUNTUAN

岁月蹉跎，时光荏苒，拂去历史尘埃，重温云烟往事。我们的思绪仿佛又回到那随着中华民族脉搏一起跳动的武川历史长河中。

六镇起义后，各地势力渐成割据局势，武川镇的一批优秀军人就是在这样的背景下逐渐团结在一起并在战争的洗礼中成熟起来的。当时，高欢势力很强大，拥兵雄踞河北、山东一带，其势力牵制了北魏，北魏皇帝为了平衡自己的力量，让贺拔岳平定关陇一带。贺拔岳引兵西屯平凉后，当地军事力量纷纷归附了贺拔岳，只有灵州刺史曹泥归附了高欢。贺拔岳以曹泥为患，想先讨伐曹泥。

《资治通鉴》载："魏贺拔岳将讨曹泥，使都督武川赵贵至夏州与宇文泰谋之。"宇文泰认为曹泥"孤城阻远，未足为忧"，侯莫陈悦"贪而无信，宜先图之"。贺拔岳没有听从宇文泰的建议，反而与侯莫陈悦共同商讨对付曹泥的办法。此时的侯莫陈悦早已暗投高欢，并与高欢手下的翟嵩密谋，预伺机杀害贺拔岳。贺拔岳浑然不知。史书记载："岳数与悦宴语，长史武川雷绍谏，不听。"后岳果被侯莫陈悦杀害。侯莫陈悦杀害了贺拔岳后，担心反受其害，不敢收归岳的部队。

贺拔岳的祖父贺拔尔头，曾任武川镇军主。贺拔岳、贺拔胜兄弟与武川镇其他军人都有同根旧情，因此武川籍的军人全部归靠贺拔岳手下。贺拔岳被杀害后，"岳众未有所属，诸将以都督武川寇洛年最长，推使总督军"。但是，寇洛自请避位。后宇文泰听说贺拔岳被害，十分痛惜。他经过深思熟虑，力排众议，及时赶到贺拔岳的武川籍军队里。武川的赵贵、寇洛、若干惠、雷绍、梁御等共同拥戴宇文泰为统领。被贺拔岳从东雍州刺史派作左厢大都督的武川李虎听说岳被杀害后，痛哭流涕，后又听说宇文泰"代岳统众，乃自荆州还赴之"。此后，宇文泰真正成为武川籍军人的统帅，凝聚起了武川军人的精神力量，开创了崭新而辉煌的历史。

贺拔岳遇害后，他的亲信原州刺史史归投靠了侯莫陈悦。侯莫陈悦派遣他的党羽王伯和、成次安将兵二千人帮助史归镇守原州。宇文泰则派遣都督武川人侯莫陈崇率轻骑一千人袭击。侯莫陈崇乘夜只带领了十人直抵城下，把其余兵众全部埋伏于近路。史归见崇兵少，不设防备。侯莫陈崇暗与城中的高平令、陇西的李贤兄弟内外呼应，一举擒获了史归及次安、伯和等众。宇文泰遂派侯莫陈崇掌管原州事物。

宇文泰主政关中后，"魏主命泰发二千骑镇东雍州，助为势援，仍命泰稍引军而东。泰以大都督武川梁御为雍州刺史，使将步骑五千前行"。后梁御到雍州后并未动兵，而是说服了前任雍州刺史贾显度归顺了宇文泰。

此时的杨忠正与独孤信率不足千人的士卒在武陶、淅阳、穰城征战。在穰城一战中，大败守将辛纂。辛纂逃入城门，"门未及阖，信令都督武川杨忠为前驱，忠叱门者曰：'大军已至，城中有应，尔等求生，何不避走！'门者皆散。"杨忠率众入城，斩辛纂，城中慑服。独孤

信与杨忠分兵定三荆，居半年之久。后独孤信与杨忠终因寡不敌众回到长安，丞相宇文泰爱杨忠之勇，留置帐下。

东魏兵强，经常主动出击西魏。其中一次战斗，宇文泰鸣鼓，士皆奋起，"征虏将军武川耿令贵杀伤多，甲裳尽赤，泰曰：'观其甲裳，足知令贵之勇，何必数级！'"从《资治通鉴》的记载中我们不难看出，武川军团中皆是勇武之士。

以宇文泰为核心人物的西魏政权建立后，在府兵的顶端设置了八柱国、十二大将军，这就是武川集团的核心人物。在当时战火纷飞的状态下，西魏是军政合一的，这八柱国、十二大将军都是出则为将、入则为相，智勇双全的人物。西魏的实际掌权者是武川人宇文泰，而北周、隋、唐三代皇帝都出自这个集团，且这三朝之祖都生于武川。西魏八柱国里有5个武川人，十二大将军里有4个武川人。史学界将这批起于武川，后定居关中，并与当地贵族集团结合的集团组织称之为"关陇贵族军事集团"。正如中央民族大学蒙曼教授所讲："关陇军事贵族力量是以武川籍力量为核心力量的。"

以武川军团为主要成员的关陇集团代表了北方人民勇猛尚武，同时又重视文化修养的精神风貌，可谓文韬武略，劲风扑面，一扫南朝萎靡之风，为整个中华民族注入了勇武豪爽的活力。正是这支力量改变了中国的历史走向，影响了中国近400年的历史。这段历史将在中国历史上永远闪耀光辉，历久弥珍。

龙 凤 之 乡

LONGFENGZHIXIANG

岁月蹉跎，时光荏苒，拂去历史尘埃，重温云烟往事。我们的思绪仿佛又回到那随着中华民族脉搏一起跳动的武川历史长河中。

春秋战国时期，赵武灵王"胡服骑射"的故事就发生在武川这片古老而神奇的土地上。秦时大将蒙恬镇守阴山，开始修筑长城。北魏时期，武川是六个军事重镇之一，镇守武川重镇的名将辈出，由此孕育出周、隋、唐的十位皇帝和九位皇后。

北魏武川镇的设立，成就了赫赫有名的武川军团，凝成了纵横沙场的关陇集团，铸就了拓跋氏、宇文氏、隋唐杨李氏的传奇人生，武川从此诞生十位皇帝，为中华五千年历史留下了重重的一笔。

历史上，在华夏浩浩的版图中，曾经有一个大致以长江为界的分裂时期，史称南北朝。南朝经历了宋、齐、梁、陈四个王朝的更替。北朝以鲜卑、柔然、突厥互相争战为主，宁日无多，王朝更替频繁。拓跋珪建立的北魏仅148年就分裂成东魏

和西魏。之后不久，东魏为高氏所夺，西魏为宇文氏所夺，分别立国为北齐和北周。

北周由西魏权臣宇文泰（代郡武川人）奠定国基。宇文泰病危，世子宇文觉尚幼，泰恐其年幼主政不力，故托孤兄子中山公宇文护辅佐。宇文护受命，立逼西魏主禅位，建立北周。宇文护自恃立国有功，渐至独断专行，骄横跋扈。宇文觉（孝闵帝）暗恨其兄独断专行，不甘大权旁落，徒生总有一日除去心腹大患之意。结果其意未遂，宇文护察觉后遂将宇文觉处死。宇文护又立宇文泰庶子宇文毓为帝，是为周明帝。明帝少时聪颖过人，胆识超群，遂独立自主朝政。宇文护对此怀恨在心，买通膳师下毒下御食，然明帝未察，食后中毒身亡。后因子幼，遗诏传其弟宇文邕，是为周武帝。邕文韬武略，文治武功，喜不之言，

愠不于色，堪称一代英主。即位后吸取前兄教训，以防重蹈覆辙，对宇文护采取先纵与、后擒取的策略，八年后诛杀宇文护。之后，邕韬光养晦，厉兵秣马，虎视陈朝，大有饮马长江、一统华夏南北长期分裂之气势。无奈年仅三纪，壮志未酬而亡。太子宇文赟即位，是为周宣帝。赟恣情声色，不理朝政，横征暴敛，年仅逾冠时就禅位于太子宇文阐，是为周静帝。三年后，杨坚篡周立隋。自此，北周共历五帝而告终。

杨坚开创隋朝基业，是为隋文帝。杨坚祖籍武川，其六世主杨元寿，曾任北魏武川镇司马。元寿玄孙即杨坚之父。魏征所作隋书《高祖纪》载：北魏元寿"代为武川镇司马，

子孙因家焉"。周书《杨忠传》亦云元寿"魏初为武川镇司马"。又载：周武帝命杨忠为帅伐齐，忠"出武川，过故宅，祭先人，飨将士，席卷二十余镇"。由此说明，在杨坚之父杨忠时，"过故宅"说明杨氏旧居犹在武川，"祭先人"说明在武川世代居住。因此，隋朝二帝籍隶武川当毋庸置疑。

杨坚即位后，麾旌直指江南陈朝。陈朝作为南朝宋、齐、梁、陈的最后一朝，由此覆灭。至此，从东晋算起，到陈朝灭亡止，封建历史上长达272年的南北分裂局面宣告结束，从而完成了华夏南北统一的宏伟大业。

隋文帝杨坚病重后，杨广在有

预谋的情况下，派密使将其父刺死，杨广窃国为帝，史称隋炀帝。杨广即位后贪恋美色玉食，沉迷声色犬马，凶狠残暴至极，终日饮酒作乐，基本不务朝政，终将隋朝江山断送。

唐朝开国皇帝李渊，即位后，是为唐高祖。其四世主李熙曾领兵家居武川。《旧唐书·高祖本纪》云："李熙为金门镇将，领豪杰镇武川，因家焉。"宋欧阳修所撰《新唐书·高祖本纪》亦云：熙，"金门镇将，戍于武川，因留家焉"。金门无须考证，但李氏家居武川正如史书所述，已成定论。

李唐王朝建立后，李渊母为独孤信（武川人，《周书》《北史》都有记载）第四女，即唐太宗之祖母为独孤信第四女。独孤信的长女嫁给宇文泰的长子宇文毓，七女独孤伽罗嫁给隋文帝杨坚。唐朝人著《周书》，在《独孤信传》中这样写道："信长女，周明敬后；第四女，元贞皇后；第七女，隋文献后。周隋及皇家，三代皆为外戚，自古以来，未之有也。"一家三女三朝为后，前所未有，后亦罕见。因而，将帅北部边关的镇守，再加上错综复杂的联姻关系，为武川帝王的诞生提供了极为有利的先决条件。

清代著名史学家赵翼在其所著的《廿二史札记》中云："周、隋、唐三代之主皆生武川，则自以当时此一区中为疆兵所在，故力争经营者起于此，其附从之功臣，亦易出于此。区区一偏僻弹丸之地，出三代帝王，周幅员尚小，隋、唐大一统三百余年，岂非王气所聚，硕大繁滋哉！"北周共历五帝，加上宇文泰（虽未当过皇帝，但实际是魏末周初的实际掌控者，其子后追尊为太祖文皇帝），共历六帝，隋杨坚、杨广二帝，唐李渊、李世民二帝。周、隋、唐三代，武川共诞生了十位皇帝。所以，武川冠以"帝王之乡"是受之无愧的。

武川古镇不但被史学界誉为北周、隋、唐三朝皇帝的"帝王之乡"，也是九位皇后的诞生地。如一母同胞的姊妹皇后：东魏孝武帝的皇后和孝静帝的皇后；自愿殉夫的西魏废帝拓跋钦宇文云英皇后；出家为尼的西魏恭帝若干皇后；北周宣帝皇后杨丽华；更有独孤信一门三后：其四女是唐朝开国皇帝的母亲元贞太后，七女是隋文帝皇后，长女是北周明敬皇后；唐高祖太穆皇后窦氏。先后共有九位皇后，或生长于武川或籍隶武川。

第一位皇后，东魏孝武帝的皇后。《北史·列传第一·后妃上》载："孝武皇后高氏，齐神武长女也，帝见立，乃纳为后。及帝西幸关中，降为彭城王韶妃。"东魏孝武帝时期的拓跋族已尽显颓势，孝武帝娶高欢长女为皇后。孝武帝年少气盛，不满高欢大权独揽，为重获皇权，翁婿以兵戎相见，孝武帝败，投奔了宇文泰，皇后高氏被遗弃长安，高欢又将她下嫁彭成王元韶。

第二位皇后，东魏孝武帝皇后的妹妹孝静帝的皇后。《北史·列传第一·后妃上》载："孝静皇后高氏，齐神武之第二女也。天平四年，诏聘以为皇后，神武前后固辞，帝不许。兴和初，诏司徒孙腾、司空襄城王昶等奉诏致礼，以后驾迎于晋阳之丞相第。五月，立为皇后，大赦。齐受禅，降为中山王妃。后降于尚书左仆射杨遵彦。"孝武皇后的妹妹孝静皇后，高欢次女。为寻求靠山，孝静帝元善见诏聘高欢次女为后。孝静帝元善见原以为岳丈秉政，闺女为后，自己可高枕无忧了，谁知不久高欢撒手西归，其内弟高洋逼其禅位，立国为齐，自己做了文宣皇帝。高洋派人令元善见饮鸩而亡，高皇后不得已又屈尊下嫁尚书左仆射杨遵彦，后杨遵彦也被杀，高皇后守寡至死。

第三位皇后，自愿殉夫的西魏废帝皇后宇文云英（？—554年），父丞相宇文泰。东魏孝武帝翁婿兵戎相见，孝武帝败，投倚关陇宇文泰。

孝武帝不愿做傀儡，宇文泰将他处死。又立魏宗室元宝炬为帝，即文帝。文帝驾崩后传太子元钦，为废帝。元钦即位便诏命宇文云英为皇后。宇文云英，武川人，没有册立任何嫔御。宇文云英品行端淑，深受元钦爱重，两人情投意合，相爱甚欢。元钦当太子时，她是妃子。元钦当皇帝后，她进位为皇后。在偌大的空空荡荡的后宫，元钦却始终没有再册立其他嫔妃。元钦即位后与掌管御林军的另外三个宇文泰的女婿预谋除掉岳父宇文泰，以期归政于己。但宇文泰权重，三连襟告密宇文泰。宇文泰闻之大怒，立将元钦废锢雍州，不顾宇文皇后泣告，将元钦鸩死。宇文皇后随元钦在雍州，寸步不离，最后见父命难违，便自愿殉夫也饮鸩而亡。

宇文皇后是第一位为丈夫殉情的皇后，也是历史上第一位一妻一夫制下的皇后。历史上没有宇文皇后的记载，只是在《北史演义》第五十一回"宇文后立节捐躯，安定公临危托后"中记载，宇文泰长女云英，已为帝后。

第四位皇后，出家为尼的西魏恭帝若干皇后，废帝元钦被鸩死，宇文皇后殉夫。宇文泰又立文帝第四子拓跋廓为帝，是为恭帝。若干惠，代郡武川人，辅助宇文泰擒窦泰、

破沙苑，战功卓著，官拜司空，爵授长乐郡公。若干惠之女若干氏花容月貌，天生丽质，被诏命为皇后。其后，晋荡公宇文护受命逼迫拓跋廓禅位，宇文泰第三子宇文觉登上了帝位。次年，拓跋廓被杀，若干皇后无奈含泪出家为尼姑，终身与青灯黄卷为伴，老死庵中。

第五位皇后，北周宣帝的皇后杨丽华，《北史·列传第二》载："宣皇后杨氏名丽华……不忌妒，四皇后及嫔御咸爱而仰之……"

杨丽华（561—609年），北周宣帝宇文赟的皇后，隋文帝杨坚长女，母献皇后独孤伽罗。

建德二年（573年），北周皇太子宇文赟纳娶杨丽华为皇太子妃。宣政元年（578年）六月，北周武帝宇文邕去世，宇文赟即位，是为北周宣帝，杨丽华被册封为皇后。

大象元年（579年）二月二十日，宇文赟传位给太子宇文阐，自称天元皇帝，立杨丽华为天元皇后。四月初一，宇文赟立宇文阐生母朱满月为天皇后，立元乐尚为天右皇后，陈月仪为天左皇后。大象二年（580年）二月，宇文赟下令在诸位皇后的封号中都加上"大"字。杨丽华为天元大皇后，朱满月为天大皇后，元乐尚为天右大皇后，陈月仪为天左大皇后。三月，又立尉迟炽繁为天中大皇后，史称"五后并立"。

皇后杨丽华性格柔顺，心胸宽广，与其他四位皇后以及后宫中的九嫔、侍御等关系亲密，受人敬重。宣帝宇文赟昏庸暴虐，喜怒无常，曾经给杨丽华强加罪名，但皇后杨丽华拒绝服罪，宣帝宇文赟暴怒，赐皇后杨丽华自尽。杨丽华的母亲独孤伽罗闻讯后，急忙进宫，叩头至流血为杨丽华求情，杨丽华才免于一死。

北周宣帝宇文赟病危，刘昉、郑译等人传旨，任命杨坚辅佐朝政。杨丽华担心继位的宇文阐年幼，大权旁落，得知此消息，心中十分高兴。大象二年（580年），北周宣帝宇文赟

去世，宇文阐尊杨丽华为皇太后，居住在弘圣宫。开皇元年 (581 年)，杨坚建立隋朝，是为隋文帝。开皇六年 (586 年)，隋文帝封杨丽华为乐平公主。大业五年（609 年），杨丽华随弟隋炀帝杨广巡幸张掖，逝于河西，时年四十九岁。隋炀帝回到长安后，下令置办礼仪，将杨丽华与宇文赟合葬在定陵。

第六至第八位皇后《北周书·列传第八》载：独孤信"以良家子自云中镇武川，因家焉"。又云其"美仪容，善骑射"，"好自修饰，服章有殊于众"。独孤信和宇文泰转战中山，追随关中，屡立战功，深得宇文泰信任。独孤信所生七个女

儿个个如花似玉，国色天姿，其中三个女儿贵为皇后。

第六位皇后独孤信之四女被尊为唐朝皇太后。唐开国皇帝李渊的父亲李昞，北周时历官御史大夫、安州总管、柱国大将军，袭封唐国公，娶独孤信之四女为妻。《新唐书·列传第一》载："初，元贞太后羸老有疾，而性素严……"这里所提到的元贞太后，即是唐开国皇帝李渊的母亲。渊父李昞死后，追谥其父为元皇帝，其母独孤氏尚健在，依秦汉旧制，尊母为皇太后，封号为元贞。

第七位皇后独孤信之长女北周明敬皇后。宇文泰四子宇文毓娶独孤信长女，此时晋荡公宇文护专权，

柱国大将军赵贵欲除之，但因密谋泄露，被诛杀。案情株连独孤信，因其名望太重，又系皇亲国戚，不便诛杀，便赐死于家中。独孤氏贵为皇后，眼见父亲独孤信被宇文护赐死而无能为力，郁郁成疾而亡，终年二十余岁。就是宇文毓也无可奈何，疏于防范，也被宇文护毒死。一对患难龙凤就此含恨九泉。

第八位皇后独孤信之七女隋文帝皇后。《北史·列传第二》云："隋文帝皇后周大司马、卫公信之女也。信见文帝有奇表，故以后妻焉。"独孤信果然慧眼识人，杨坚称帝，其七女即贵为皇后。杨坚飞黄腾达，独孤氏功不可没。

宣帝宇文赟死后，杨坚矫诏辅政，宇文泰诸子和对杨坚不满的将帅眼见大权旁落，或兴兵，或计谋，欲置杨坚死地而后快。杨坚惊恐失措，不得其计，性格果决的独孤氏设谋曰："骑兽之势，必不得下，勉之！"独孤氏一句话，使杨坚如梦方醒，当机立断，将七龄小皇帝宣帝宇文阐赶下台，又残忍地将女婿一家满门抄斩，自己登上皇帝宝座。

第九位皇后唐高祖太穆皇后窦氏，周文帝宇文泰长女襄阳公主所生，其系北周上柱国神武公窦毅之女。隋文帝篡周建隋，窦女闻之大恸，抚膺慨叹道："恨我不为男，

以救舅家之难！"窦毅夫妇吓得大惊失色，连忙掩其口道："汝勿妄言，灭吾族也！"但窦氏从此对杨家恨之入骨，以期为舅家报仇雪恨，自己既非男儿，就把希望寄托在择婿上。

窦氏门屏画孔雀择婿，充满了戏剧性。她要求对方人品好，武艺高强，箭中孔雀两目者，方能择为婿。李渊自幼跟随父亲冲锋陷阵，征战有年，弓马娴熟，射技精通，轻舒猿臂，皆精确中的。窦毅夫妇大喜，问及令尊，才知是唐国公李渊，果然是将门虎子，当即如约成婚。李渊称帝后，每提及太穆皇后，常悲情难抑，老泪滂沱，一直不忘结发之妻，再未立后，也算难得。

武川诞生的九位皇后，有几位极具戏剧性或演义性，但与武川皇族有着不可分割的亲缘关系。因此，武川既是帝王之乡，又是皇后之乡是确定无疑的。

监国公主与汪古部

JIANGUOGONGZHUYUWANGGUBU

岁月蹉跎，时光荏苒，拂去历史尘埃，重温云烟往事。我们的思绪仿佛又回到那随着中华民族脉搏一起跳动的武川历史长河中。

汪古，又作汪古代惕、瓮古、汪骨等。辽朝时称阴山室韦和阴山鞑靼。辽亡后，依附于金朝，金朝称之为白鞑靼，属突厥语系，是回鹘被唐朝驱散后从新疆迁徙到大青山地区的，主要由雁门北上的沙陀人、金初释放的回鹘俘虏等组成，成分比较复杂。在金朝时期，他们为金朝守卫长城，即金朝北方边界——金界壕，以抵御蒙古诸部落的侵扰，主要扼守金界壕的西段，即今四子王旗、达尔罕茂明安联合旗、武川县一带。《元史》载："金源氏堑山为界，以限南北，阿剌兀思剔吉忽里以一军守其冲要。"说的就是汪古部首领阿剌兀思剔吉忽里率部族为金朝守卫大青山以北金界壕的事。

13世纪初，成吉思汗统一大漠南北各部时，汪古部首领阿剌兀思剔吉忽里助成吉思汗灭乃蛮部，使蒙古赢得最终胜利，统一了漠北各部落。由于汪古部在这场战争中起了非常重要的作用，因此成吉思汗与汪古部"约世婚交友之好"。而汪古部继弘喜剌、亦乞别思部之后，成为蒙古黄金家族的又一姻族成员。成吉思汗在元太祖元年（1206年）建立大蒙古国后，在"授同开国有功者"九十五千户时，授封汪古部阿剌兀思剔吉忽里五千户，并与之结为世姻，将三女儿阿剌海别吉公主赐嫁给阿剌兀思剔吉忽里的幼子孛要合。《元史》载："阿剌海别吉公主明睿有智略，车驾征战四出，尝使留守，军政大事，谘禀而后行，师出无内顾之忧，公主之力居多。"成吉思汗封其女为"监国公主"，统领今内蒙古中西部黄河以北地区。20世纪70年代在武川县东土城乡发现的监国公主铜印就是有力的佐证。印正方形，长10.8厘米，宽10.7厘

石猴

米，通纽高6.3厘米，体厚约1厘米，重1400克，黄铜质。印背面有台级一层，长方形直纽，顶端刻一"上"字，下錾刻一"王"字。印文为阳刻篆体九叠文，3行共14字，刻"监国公主行宣差河北都总管之印"。河北为黄河以北，阿刺海别吉公主坐镇天山，管理着黄河以北包括阴山南北、长城内外的广大地区。而武川县东土城是阿刺海别吉常居之地。监国公主铜印出土于东土城当为情理之中。在武川县三次文物普查中，县境内金元遗址占70%，而东土城及

其附近的金元村落遗址更为密集。

阿刺海别吉受封监国公主，最早的史料见于《繁峙王氏世德碑》中的记载。围雁门是元太祖十二年（1217年），是成吉思汗西征的前两年，也就是说，在成吉思汗西征前，阿刺海别吉就已经称监国公主了。"凡征伐斩杀，皆自己出。"说明监国公主的权力之大。

元太祖六年（1211年），成吉思汗率大军南下，汪古部阿刺兀思剔吉忽里将所守的关口兵沙堡交给了成吉思汗所率东翼军。蒙古军队就是以他为向导，南出金界壕大举侵金。蒙古右翼军在成吉思汗诸子率领下，由汪古部驻守的金界壕入壕，经白道翻越大青山，分别袭取了云内、东胜、丰州、净州、朔州和武州，蒙古军队在掠取大量财物后撤回北方。

金朝因汪古部的背弃，在战争中失利，于是金朝派密使杀死了阿刺兀思剔吉忽里。从此汪古部的继承者与金朝决裂，举部归附了蒙古，其驻地也就纳入了蒙古汗国的版图。汪古部在以后蒙古的征西夏、平宋朝及远征西欧的战争中，一直跟随蒙古军作战。所以，汪古部在阴山前后仍然保留着原有的领地和居民，世世代代赐爵封王，享受着崇高的荣誉。根据史书记载，汪古部的首

领们先后被封为北平王、高唐王，谥忠武；孛要合首继北平王，死后追谥为赵武毅王。成吉思汗为了利用相继归顺降附的各部首领，一方面保留了他们的领地和居民，另一方面"仍约世婚，敦交友之好，号安达忽答"。汪古部正是享受这种崇高荣誉的特殊待遇，代代为元朝皇帝的"帝婿"。根据史料和《元史·诸公主表》所载，元朝公主嫁于汪古部诸王为妻者有16位之多，其中阿剌海别吉最为著名。她嫁到汪古部后，兴建了敖伦苏木古城，弘扬景教、传播福音，对东西文化沟通和贸易往来起到了重大的历史推动作用。阿剌海别吉是蒙古历史上著名的巾帼英雄，为蒙古文化增添了色彩，阿剌海别吉集蒙古女性的贤淑、温柔和美丽于一身，终其一生成为"母仪天下，相夫教子"的道德楷模，对于蒙古的繁荣和昌盛做出了不可磨灭的历史贡献。

孛要合死后，被追封为赵王。终元一代，汪古部首领世代封王。其统治中心是黑水新城（敖伦苏木城），相当于相国府。政治上，为元朝的统一起到一定作用；经济上，开发草原，繁荣阴山南北经济，在其领地之一的丰州设"劝农事"官，天山（大青山）、集宁是"互市"榷场。汪古部人吸收和发展了中原手工业技术，铸钢制陶业；宗教文化方面，最早与欧洲联系，为沟通中西文化做出了贡献。而阿剌海别吉"夫死，遂自领汪古部事"，可见阿剌海别吉依然是汪古部的代表人物，她不仅掌管汪古部政事，还可以降懿旨任命今山西、河北等地的官员。

监国公主印

如拖雷监国时，阿剌海别吉还有权任命王楫行省事于中都，据《元史·王楫传》载："戊子，奉监国公主命，领省中都。"可以看出，监国公主所管的范围，已远远超出了汪古部东部，其权限已及河北、山西等地。

元朝灭亡后，汪古部降明，赵王城被毁，汪古部人迁徙到新疆和西域等地。

汪古部人从唐朝末年自西向东迁来，到明朝初年逐步消亡，在辽、金、元三代漫长的四百多年时间里，汪古部人在今大青山一带生息繁衍，成为这里的居民和主人，和阴山北的各民族共创繁荣和发展，在中国历史上留下了不可磨灭的印记。

"茶丝之路" 的节点
——白道

CHASIZHILUDEJIEDIANBAIDAO

岁月蹉跎，时光荏苒，拂去历史尘埃，重温云烟往事。我们的思绪仿佛又回到那随着中华民族脉搏一起跳动的武川历史长河中。

白道在《辞海》注释里这样写道：白道为古道路名，在今内蒙古呼和浩特市西北部，为阴山南北重要通道，在历史上承载了"货通天下""汇通天下"的商贸交往和交流的重任。因路口土色为灰白，故名。北魏地理学家郦道元在《水经注》中描述赵武灵王修筑长城时，称南谷口建有"白道城"，地北有"白道岭"。这就是连接阴山南北的千古通衢——白道。

古之白道以呼和浩特市坝口子为南口入阴山，溯河而上，至武川县城南什尔登村为北口，路长 37 千米。民国时称归武大道，1954 年后改称呼武公路，其称呼沿用至今日。

据内蒙古考古发现，"草原丝绸之路"上，白道是阴山南北最重

武川城远景

蜈蚣坝顶

要的商、军旅通道，从山西出发的古丝绸之路，必经武川白道，越黄河天险西行，走库布齐沙漠、中亚，然后西行越五原，直至中亚。到了三国时，又增加了北新道，大致就是阴山白道北的那条草原茶丝古道。武川为今呼和浩特市向北、向西通行的商贸第一驿站。

茶丝古道所经之地，有白雪皑皑的崇山峻岭，有一望无垠的大漠荒芜和盐碱沼泽。商旅、使者冒流沙、风暴、冰雪以及响马匪徒的袭击危险，披荆斩棘开通了一条文明商路。

1965年，坝口子村民曾于古白道城址掘到4枚波斯银币，上面有丝绸痕迹，说明当时用丝绸包裹过。四周还出土了唐代瓦件。之后，又在白道南口发现波斯萨珊王朝银币，

说明在公元前4世纪，中西方就有通商往来。1984年，在武川县西乌兰不浪镇头号村出土了一枚东罗马帝国拜占庭早期的金币，其流通时代正当我国北魏时期。

北魏年间，北魏朝廷经常派人出使西域，西域各国也纷纷派人前来北魏通商，由北魏都城平城到西域，一定经白道入武川，再西行。白道沟通了东西、南北商贸往来，促进了地区间文化、经济交流合作。

明代资本主义萌芽显现端倪，明初，大青山南北，西至河套，东至兀良哈三卫的广阔地区尽为蒙古鞑靼人所占据，明朝拒绝同蒙古通商往来，明代民间很多蒙古人南迁内地，也有大批汉人流入塞北。蒙古族的畜牧和汉族的农耕技术得到

白道一隅

广泛的交流。明朝后期，汉族内地的铁器、茶叶、绸缎、布匹大量输入塞北，蒙古人的马匹、皮毛、牛羊也不断输入关内。蒙汉人民往来更加频繁，塞北地区农牧业生产有了很大发展。尽管如此，由于明朝官方阻挠，塞北农牧民生产、生活与内地汉族相比相差很大，使塞北农牧民生产生活受到影响。

嘉靖二十九年（1550年），俺答汗率蒙古骑兵10万人南下进逼京城，史称"庚戌之变"。庚戌之变后，双方陷入连年征战中。隆庆元年（1567年），穆宗即位，一面加强北疆防卫，一面把握与俺答汗和好机会。当时，在丰州地区汉人人口剧增，农业地区日益扩大，汉人

豪强赵全等渐形成一大势力，人口增到5万余人。

隆庆四年（1570年），俺答汗孙子把汉那吉带部属投归明朝。明朝以礼相迎，穿蟒衣貂帽，驰马从容。俺答汗得报大喜，遣使与明议和。隆庆五年（1571年）三月，穆宗下诏封俺答汗为顺义王，赐俺答汗绯蟒衣1件，彩帛8件。五月，明廷派遣特使出边代封，蒙古各首领均各有封赏，史称"俺答封贡"。至此，穆宗下旨在山西、宁夏、甘肃等地开放11个边境作为互市，允许蒙汉百姓自由贸易。从此，明朝和蒙古恢复了正常的贸易往来。在东起永平底，西到嘉峪关七镇数千里的边境上，"军民乐业，不用兵

革，沿边旷土皆得耕牧"，大青山南北的俺答汗牧民也得以安心耕牧，蒙汉商民往来贸易，边境城镇又呈现出安定繁荣的景象。

万历三年（1575年）二月，明廷依俺答汗之请，遣高官一员，送藏僧前往蒙古。十月，俺答汗在丰州建成寺院和呼和浩特城，明廷赐名为"归化"。

促成阴山地区和平景象，三娘子功不可没。三娘子，明代蒙古的奇喇古特（土尔扈特）部落首领哲恒阿哈之女。嘉靖三十七年（1558年），俺答汗迎娶三娘子。俺答汗晚年，汉蒙商民经常往来于今大青山南北。俺答汗去世后，三娘子主政时期是蒙古和明朝关系最为融洽的时期，明朝册封三娘子为"忠顺夫人"。北方归化城是以"通贡互市"的面貌出现在漠南。

清初，清政府实施闭关锁国政策，清廷颁布许多律令，限制各族人民交往。白道商贸流通受到很大限制，内地商人到内蒙古做买卖都是偷干。到清朝康熙年间，逐步放宽商贸流通政策。众多晋商云集归化城，渐渐形成庞大的商品流通贸易大市场。清朝的旅蒙商就是从白道经武川通往今蒙古国和俄罗斯的。从此，白道商贸活动开始繁荣起来。

狐皮帽子

到清雍正、乾隆年间，清廷进一步放宽移民政策，通行白道的政策也较为宽松，内地汉人越长城出塞外拥入大青山南北，人口激增，为归化城商贸拓展了新市场，经过100多年的发展，到光绪年间（1875—1908年）武川也随之出现

骆驼

了大量买卖字号。清末民初，一个边陲城镇应运而生。但城镇面积很小，仅0.5平方千米，以现在可可以力更镇东梁西南坡为中心。人口约1300人，商业人口占20%，驮运业人口约占70%多。商业分三类：

驼倌戴的帽子

"陆陈行""通事行"和"杂货行"。剩余为五花八门的小商贩。"陆陈行"以收粮、磨面为主，兼营缸房（制酒），油坊、干货（面食熟制品）。这一类较大商业字号有万德昌、德全昌、大德店、广丰店。较有盛名的是大德店，为归化城大德总店的分店。主要跟蒙古人做生意。牧区蒙古族牧民用各种畜产品经"通事行"换取白面、炒米、烧酒、绸缎布匹和各种日用品。这类字号有广成魁、元盛兴、义盛昌三家。"杂货行"经营绸缎布匹、文具纸张、衣帽鞋袜、糖果、烟酒、瓜子花生、各种山货等。这类有聚义城、久盛堂、兴盛美、义太城等几家。到中华人民共和国成立时，可可以力更镇除上述大字号外，还有义和祥糕点铺、四盛园饭馆、洋烟馆、富茂堂药铺、张满囤的永吉号药铺、曹善卿犁铧锅炉子、酱园、棺材铺、肉铺、杂货店、早点铺子、剃头铺、照相馆、镶牙馆、杨茂全车马大店等，加农村有130多家店铺。

城镇的发展促进了后山驮运业的发展。白道茶丝古道上的运输工具主要是骆驼。

说起白道上的驼运业，还应提及2000多年前出使西域的西汉张骞。张骞第一次出使西域13年，归来时长安轰动了，长安百姓、满朝文武及汉武帝见到了罕见的骆驼。张骞再次出使西域，骆驼就不再稀奇了，骆驼及西域宝贝已传入阴山南北。张骞出使西域30年，直至今日我们在武川见到的汉代瓦当、空心砖、石刻、石画像等器物，无不充满淳朴、厚重、大气的品质与风格。骆驼成功地焊接了西域与中原、农耕与游牧、骑手与农夫相连的链节。

骆驼吃苦耐劳，耐干旱，兼备大漠草原牲畜诸多优点，也兼备了农耕地区诸多牲畜的优点，如果把戈壁沙漠看作滔滔瀚海的话，那骆驼就是沙漠之舟。

清乾隆初年，武川开设的"通行事"（商号名），兼管白道上商贸物流事宜。因武川为归化城旅蒙商队第一驿站，故需驻兵放哨，以保护商队安全。

驼运业也首先从归绥城兴起。以归绥商行大盛魁为例，他经营驼运业，养骆驼四五万峰，仅他一家养的护驼狗就有1200条。归绥城大小商号拥有骆驼多达16万峰。

那时驼运业按养骆驼多少计算，划分为把子、房子、链子若干单位。大顶房子（毡房）由8把子骆驼组成，每把子分两链子，每链子有骆驼14—18峰，共由196—288峰驼、4匹马以及驼夫14人组成。小房子是四五把子，有140—180峰。把子是指关系好的几组链子组成的驼队，驼队受把头和领房子的指挥。领房子需辨方向、找水源，给骆驼看病，保安全。驼队行路是每天后晌太阳落山时出发，一夜跋涉，第二天晌午到水草丰盛的预定程头（地点），中途不休息。住下后，要生灶搭房，编班下夜，放养骆驼，一年不得安生。就是夏季坐场，驼倌剥驼毛，管照骆驼病情，缝补驼屉，准备绳索，没时间休息。驼队出门，如跑新疆即为一年。跟驼队的人一年四季都要穿越人烟稀少的沙漠，夏季头顶着炎炎烈日，冬季冒着漫天飞雪、刺骨寒风，还时常经受土匪的侵扰，非常辛苦，特别是驼倌，都是被逼无奈才受雇拉骆驼。

一支行走的驼队，迈着缓慢的步伐，拖着拉长的韵律，从行步声音中，人们能够感受到古老的苍凉。像一片黄丝绫划过天际，拂过沙粒，掠过座座城堡、村庄，不停地向目的地行进。骆驼一峰牵着一峰，首尾有驼铃呼应。如果逆着光线朝驼队望去，却又像一条锋利的黄线，

大青山北少女

驼队

将白道坝沟切割成两半。

晚霞成为背景，飞鹰、走兔、野禽成为陪衬。南来北往的一支支驼队沿着狭窄的坝沟、崎岖的山路缓缓行进。山谷中的巨石不停地阻挡着他们的去路。巨石不规则地沿蜿蜒盘曲的河岸排列开来，而且这些巨石奇异古怪，还真让人以为是哪位石雕艺术大师在作石雕展览，沟谷两岸奇峰对峙，绿植层现叠出。沟谷深处是一条四季不断流淌的河流，水流清澈见底，流水碰着河道中的卵石，溅起尺把高的浪花，汨汨水声昼夜不停。路移景换，足以消减驼队路途中的寂寞和困乏。

驼铃声声，打破茶丝古道的沉静。遥远的路途，又记录着驼工们离家别妻的辛酸苦楚，万里之遥的曲径之路，又不住地洒下他们多少泪水。民间流传着一句顺口溜："赶车、下夜、拉骆驼，世上三般没奈何。"

驼铃是连绵不绝的音符，垫高苍黄的大漠，延续沙堡的守望。骆驼它性格坚忍不拔，百折不挠，在戴着驼铃的领头骆驼引导下固执向前，从它"喃喃"的自言自语中看出，它们的内心依然柔软如沙，或许又会常常因时光从指缝中流走而黯然神伤。

骆驼是沙漠之舟，凭着四条坚硬的腿，用结满老茧的脚掌，踏着松软的泥土和沙砾，用它弯曲的脊背，驮着丝、茶、瓷器、畜产皮毛、奶食，穿行白道，在"大漠孤烟直，长河落日圆"的茫茫大漠，年复一年不停地行走着。驼队不但承载着加强大江南北，中外经济文化交流的使命，还架设了一座连通大江南北、中西人民友谊的桥梁。

武川镇作为由归绥城出发，向北或向西行的茶丝古道上的第一驿站，地方上一些商号不甘落后，纷纷购买骆驼加入驼运业行列。全城六七个大商号养有骆驼1800多峰。最大的要数八老财王可茂，养骆驼1260峰，最少的也有四五峰。

外省商人也不甘落后，有张家口、太原、大同府、朔州府、崞县、偏关县等地商人拉着骆驼往返于白道。这可以从商人筹资在白道蜈蚣坝顶修建的老爷庙碑上得到印证。

归绥城商贸市场和驼运业的发展，促进商家继续向北开拓新市场。清乾隆中期以后蒙古地区的商业贸易日趋兴旺，旅蒙商贾在蒙古地区设永久性商号。到19世纪60年代，仅漠北地区定居的旅蒙商号就多达500家，商人达20多万，商人们还在库伦、恰克图、乌里雅苏台、科

布多等地建筑了许多宽敞的店铺、货栈和住宅，形成了蒙汉等族进行贸易交换的"买卖城"。白道上驼队南来北往十分繁忙，沿路悠扬的驼铃声整日不绝于途。不少农家子弟也因此在白道沿途开设旅店、小买卖店为驼队服务。如坝口子、马家店、牌楼馆、前店子、中店子、后店子、水泉、西窑子、马莲滩等小店应运而生。每晚沿途大小旅店住得满满的。

这条茶丝古道从武川分成两路。向北经安字号、厂汉木台的陆合营、乌兰花、大库伦（今蒙古国乌兰巴托）、俄罗斯恰克图，为第一条路，也称后营；向西北经东土城、西乌兰不浪、固阳、宁夏、甘肃、新疆土城子，再到乌里雅苏台为第二条路，称前营。

两条路均路途遥远，行路艰难，往返一次约一年。因此，商家一般以两三顶房子组成一个驼队结伴而行。数百峰骆驼从白道穿行进入茫

茫草原。驼队行进在山谷间，旷野上，首尾难以相顾，全靠系在驼脖子上驼铃的响声判断前后驼队相隔距离。山谷内无间断的驼铃声回荡不停。归绥商号大本营因市场行情变化，欲通报已出发很久的驼队，还得派出狗去送信。

白道为大青山南北各民族经济文化往来提供了通行条件，承载拉动武川商贸经济和服务业发展的重任。漠北人民的牲畜皮、毛、肉，地上的白面、莜面、荞面等农产品经白道朝南运出。产于湖北、湖南、安徽、四川、福建的砖茶，产于江西、河南、山东的布匹生烟，产于河北、山西、陕西的麦粉、金属器皿、供佛用品，产于江浙、苏杭的绸缎，产于广西的蔗糖，源源不断集中运到张家口、归化城，然后再经过白道运往漠北、漠西地区。后来驼队还到了"茂斯噶哇"（今莫斯科）。同时，西行的驼队还将西亚产品运回内地。

茶丝古道线路逐渐延长，沿途

商业网点不断拓展，武川至今沿用过去带有商业色彩的村名的村子有130多个。如万兴元、庆和昌、三圣太、大豆铺、振兴元、四合义、广益太、大兴昌、大兴有、瑞生金、福来永、义和裕、安字号、营字号、九号，一直到乌兰花（民国时归武川）、旗下营（民国时归武川）等。据不完全统计，在清乾隆到道光年间，仅张家口一地，每年运往漠北的砖茶达40万余箱。运往漠北的绸缎、布匹、茶糖等生活用品，折银约2083万两。而由漠北转销内地的各种皮毛、药材等，折银约1767万两。

清乾隆四十二年（1777年），归化城厅在武川、毕克齐等地开辟商业市场。武川县城、二区乌兰花（"民国"归武川）、五区旗下营（"民国"归武川）成为商贸中心。"茶丝之路"上的经贸活动进入繁荣阶段。"茶丝驼路"站段固定，线路畅通，白道这一茶丝之路咽喉地成为中原与西北蒙地，以及沙俄贸易的重要通道。日寇侵入大青山后，白道上的商贸活动进入萧条时期，驼运业也因此受到限制。

茶叶一直是从白道外运的主要货物。特别是明清以来，除远销外，后山各旗蒙古族的需求量也很可观。蒙古民族善饮茶，尤其是砖茶。内地商人携茶、粮食、布匹和其他日杂生活用品来到后山，多为以货易

整装待发的驼队

货。砖茶有"二四""二七""三九"几种包装。"二四"即每箱可装24块砖茶，按市场价每箱价值33元，每块5斤半，值1元3角。砖茶色泽也有讲究，色红叶肥，味美耐泡，被视为上品，为普通蒙古人所喜爱。其中湖北、湖南所产砖茶最受欢迎，可当2元币通用。"三九"茶每块6角左右，可当1元币通用。还有种"千两茶"，形似柳干，出售或交换时，用锯切成砧板状，亦称作"活币"，流行于内、外蒙古。

粮食以糜子为主，主要销于山后各旗。蒙古族以炒米为重要主食，糜子是炒米的原料。相传，汉族商人以糜子换蒙古族人从远道驮来的盐，为省事起见，就用门扇来度量，一门扇糜子换一门扇盐。

日杂百货也可换取牛马羊及附属产品皮张、毛绒等，也可换银两。

1926年春，吉鸿昌为方便大青山人民通行，在白道坝顶主持修筑蜈蚣坝路，改善了通行状况。解放战争时期，国民党政府在坝沟设税卡，对过往商队盘剥甚重，白道上的商贸活动跌入低谷。

中华人民共和国成立后，驼运业退出历史舞台，白道上的马达声代替了驼铃声，商贸物流的效率大幅提升。20世纪50年代，国家投资修建呼武公路，全长45千米。近些年，呼武公路经过重修，通行里程也已缩短至36公里，大大推动了武川商贸物流的发展，白道成为内蒙古向北开放的绿色通道。中共中央总书记习近平在中央工作会议上提出"一带一路"战略，作为茶丝古道上第一驿站的武川又接受了新的使命，主动融入"一带一路"战略圈，让白道这条茶丝之路的节点在改革开放的新时代绽放出夺目的光彩。

清朝归武区新军起义烽火燃起到熄灭

QINGCHAOGUIWUQUXINJUNQI
YIFENGHUORANQIDAOXIMIE

岁月蹉跎，时光荏苒，拂去历史尘埃，重温云烟往事。我们的思绪仿佛又回到那随着中华民族脉搏一起跳动的武川历史长河中。

清朝末年，清政府腐败无能，经过鸦片战争和中日甲午战争的惨败，中国被列强瓜分殆尽，中华民族开始觉醒。

宣统三年（1911年）10月10日，革命党领导湖北武昌新军起义，起义烽火迅速燃遍全国。归武地区新军在周维藩统领的领导下，投入到推翻清王朝统治的洪流中。

武川与归绥山水相连，唇齿相依。随着武川人口的增加和战略位置的需要，清朝在武川增设行政机构并驻军。乾隆初年放垦了"十号地""土默（公）地""火烧（和硕）地""东新地"等牧地。随着农业区域的扩大和汉族人口增多，清廷将归化厅北区划出，增设为武川厅。光绪年间，武川厅、绥远城粮饷厅、归化厅、萨拉齐厅、托克托厅、和林格尔厅和清水河厅并称为"口外七厅"。武川厅治所一直寄设归化城，该厅二府衙门（东衙门同知府、西衙门典史府）寄设在归化城的北沙梁太平街一带。1912年改武川厅为武川县，治所在归化城九龙湾街，1915年迁回武川可可以力更镇。清同治八年（1869年），清政府在武川可可以力更镇城北筑大营盘一座，在营盘门前置炮台两座，用以防守要隘。

归绥是内蒙古西部归化城和绥远城的总称，一个建于明代，一个建于清朝。清中叶后，归、绥二城是三北地区军事重地。清末，归化、绥远二城分设都统、将军镇守。归化城设都统、道台、厅官，驻军有土默特蒙古骑兵一营。绥远城驻有满洲八旗兵。归绥道设置汉军外八旗后路巡防队八个营，置统领管理，但人数不多，分守"西极五原河套，东至兴和接察哈尔边界，北尽内蒙，南界托城，分布散居千余里"。

清光绪三十一年（1905年），清廷开始在各地编练新军。并且开始设续备军马步八旗，设统领一员，由大同镇统辖。清光绪三十二年（1906年），将续备军改编为后路巡防队，后因大青山后和河套地域空阔，马贼出没频繁，严重危害商旅安全，地方自建练防军，为统一指挥又改编为马步八旗巡防队，马队五旗，每旗设管带一员，第一旗驻代州，第二旗驻归化城，第三旗驻包头，第四旗驻武川，第五旗驻五原。另有步队三队驻大同，丰镇等地。马队兵员150人左右，步队约300人。

宣统二年（1910年）正月，山西巡抚陆钟琦派遣周维藩任归绥新军统领。周维藩，字介臣，安徽合肥人，早年留学日本，结识革命者，思想倾向革命。周维藩来绥任职后，以归化、绥远巡防队为基础，清理队伍腐败老朽者，挑选精壮又思想进步的青年官兵留任，同时又吸纳绥远城满洲八旗官兵和归化城土默特蒙古族青年入伍。又把新军中已担任职务的刘少瑜、曹富章等军官列为骨干。接着更换装备，淘汰了老式铅丸毛瑟枪，换成汉阳造大口径步枪2000支。在新军起义爆发前，积极筹措，通过关系，争取上司给新军增拨快枪500支。经过一年来的整训，一支新式军队就这样武装了起来，为归武新军起义，从思想、组织、装备和战斗素质上做了充分准备。

武昌新军起义后，农历九月初八日，山西太原被革命军控制。十月初十，大同发生兵变，绥远城将军堃岫闻讯惊惶不安，向上奏报："查归化各厅土匪纷动，本处兵单不敷分顾。敬祈急速设法，保重要关，以顾关北全局。"十月十五日、十七日，他又连续奏称："归绥两城，孤悬日甚"，"蒙旗陆军各队，为数无多"，"时迫事急，无路求援"。足见，清朝在归化城的统治已陷入严重的危机。

太原、大同新军起义的风声传到归武地区。清廷为分化北方革命军，迅速派遣山西巡抚吴禄贞带少量部队及第一镇第一协李奎元部旗兵集结于石家庄准备西进山西。此时，吴禄贞所带部队又被急调去大部配合毅军西攻潼关，自己部队的兵力却所剩无几，于是忙改派山西道巡抚所辖治的后路巡警队一部随其作战。武川的马队除留少部分驻守外，大部由管带统领吴鸿昌星

夜带往石家庄待命。不久，吴鸿昌又将其部交旗官曹进带领，自己率少数亲兵星夜返回归绥，又前往武川可可以力更镇安抚留守部队。就在吴鸿昌回到归绥前后，西口外的"塞外豪杰"在革命党人的联络下，在乡村组织起农民义军。宣统三年（1911年）1月19日，革命党人王建平、王亚平策动驻防归化城外的后路巡防队马队二旗300余人，在旗哨官曹富章、张琳的带领下准备起义。革命党人在武川的活动，得到武川西部土盖门大九号村"同盟会"会员石良屿的支持和帮助。

武昌起义爆发后，山西同盟会毛智和来到包头，与汉旗同盟会员郭鸿霖取得联系，商讨归武地区起义事宜。接着，革命党人杨云阶、

王定圻和蒙古族同盟会员云亨，也纷纷从北京赶到归绥，并在归绥新军中展开活动。新军统领周维藩在革命党人宣传动员下，决定发动起义。于是，周维藩派新军骨干刘少喻等去兴和、丰镇一带发动起义，又派张琳、张万禄、吴金山去包头、五原一带发动西路清军起义，派吴鸿昌驻守武川，居中策应，作为东西路的总联络据点。

绥远、归化二城官厅衙署将军堃岫、副都统麟寿、道尹咸麟等如坐针毡，彻夜不眠，齐集道署，商讨研究对策。11月19日（阴历九月二十九日），新军统领周维藩整日细心观察敌方城门动静，望见绥远城门紧闭，城门置炮多门，炮口指向新军营房，旗兵在城墙上戒备

森严。归绥形势危急,战火一触即发。周维藩对起义官兵说:"今日情况甚险,我等身居危地,不能受制于人。"当晚夜深人静时,他宣布起义。夜幕降临,新军依计分头做起义准备,周维藩派军官方仲纯、书记官刘莘农、哨官刘武泰、哨长唐佑臣等人守卫营坊道之营门,又派一部分新军连夜赶运库存武器弹药至武川东南大滩,以接应起义军后援。当夜12时,周维藩率本营新军、步一营管带罗在千率200余人,与先期在城外公主府北的岔道口接应的曹富章、张琳所带的300名起义军会合。起义军内部因行军路线不统一,暂时决定撤到蜈蚣坝顶,然后再分道向北和向东分两路进行。

途中被巡城守军发觉,匆忙还击后,"轻装、潜发,开拔后山"。

起义军原打算放火惊动居民,把煤油泼在礼拜寺巷清真大寺的门扇和车栅上,因天气寒冷,没有燃着。遂放了几枪后就向北撤退了。天亮后,起义的消息很快传遍全城。

起义部队乘夜色掩护,直奔大青山,抵蜈蚣坝关帝庙(乾隆三十一年,即1766年建,20世纪70年代毁坏)。起义军见这里地势险要,周维藩连忙命罗在千留一营兵力守在关帝庙中,扼守山口,以备清军追击,自己率领起义军100余人经哈拉沁沟北出武川哈乐、河子,开往武川三区大滩(现归察哈尔右翼中旗)。在当地郭英办的"万隆昌"店稍事休整。起义军另一路在曹富章、张琳带领下,200余官兵翻越武川蜈蚣坝,开往武川厅的可可以力更镇。

宣统三年(1911年)11月20日,农历十月一日上午10时左右,这天是个阴天,后山人们在置办十月一日和小雪节货物。起义官兵在曹富章、张琳等人的率领下进入可可以力更镇。据张学义老人回忆说:"起义军200余人从城南门开进城内时,人人还拖着长辫,排着队,看上去还有点纪律。"起义军到武川后，先后派人联系"太平社"（民国时改为商会）以及城北大营盘内新军统领吴鸿昌。此时，武川新军大部留在石家庄，留在武川境内的官兵仅有100余人，同时还分驻在巨龙太、乌兰花、西河子、广义隆（现属察哈尔右翼中旗）、西乌兰石浪、二份子、广义奎（今固阳县城）等处，镇内仅有40余人。然而归绥起义军进入可可以力更镇后，吴鸿昌下令守城官兵紧闭城门，严守城门和门前的两座炮台，封锁控制了东西、南北交通，与起义军形成敌对状态，很显然吴鸿昌已倒戈叛变。守在关帝庙的罗在千也因"有少妇在绥远，故恋恋思归"，加之起义军粮饷不济，饥寒难耐，致使军心涣散。

宣统三年（1911年）12月中旬，周维藩率一部分起义军东去，转战兴和、陶林、丰镇等地。之后又爆发了丰镇张占奎领导的"小状元"农民军起义。此后，周维藩领导的归绥起义军转战晋北地区，与山西革命军会合，继续进行反清斗争。后在山西被阎锡山收编，成为山西南路巡防队统领，所部被收编为第二师，自任师长。不久该师被裁撤，周维藩任阎锡山都督署参议。

留在武川的起义军，派出代表和地方绅商代表吴林智（祁县人，可可以力更镇"太平社"社首）、

郭鹏文（归绥人，"隆和义"商号财东）、王怀义（新疆古城人，"义盛昌"商号财东）等人，到大营盘与吴鸿昌协商调解，双方同意解除敌对状态。吴鸿昌自感力量悬殊，答应征齐军饷物资后，立即撤离武川境。

这支起义军在可可以力更镇待了两日。武川县城有住户200余户，1000余人。起义军总部设在县城关帝庙院内，也是"太平社"办公处。官兵分驻于街南北"大德店""德全店""隆和义"和"元盛兴"等几家粮店和商号内，受到各商号的盛情款待。但散居在商号外的官兵纪律涣散，各行其是，强拿强要商号东西，勒索钱财，还闯入民户调戏妇女。

起义军随后被包头革命党人从石拐迎入包头城。起义军进驻包头后，丧失警惕，遭包头五原厅同知樊恩庆等人暗算，将曹富章、张琳等八个"都督"全部杀害，分驻在各粮店的200余名士兵被包头巡防营打散，不到两个月这支起义队伍以惨败告终。

抗日烽火漫卷大青山

KANGRIFENGHUOMANJUANDAQINGSHAN

岁月蹉跎，时光荏苒，拂去历史尘埃，重温云烟往事。我们的思绪仿佛又回到那随着中华民族脉搏一起跳动的武川历史长河中。

抗战爆发

1931年9月18日，震惊中外的"九一八"事变爆发，东北沦陷，全国到处掀起抗议日本帝国主义暴行、反对国民党蒋介石不抵抗政策的运动。归绥街头数百名学生拉着"打倒日本帝国主义，抵制日货"等大型横幅举行抗议游行，一批武川籍青年也在其中。

1932年4月，中华苏维埃共和国临时中央政府发布《对日战争宣言》。在中国共产党抗战号召的影

得胜沟

响下，武川县可可以力更镇小学师生组织了两个抗日宣传队到各区进行抗日宣传，得到国民党爱国人士、武川县党部执行委员刘国民的支持，但活动遭到县城警察的阻拦，师生奋力反抗，并与警察发生了冲突，直到县长席尚文出面，事态才被平息。同年夏天，国民党武川县党部、驻军范步高营长与全体官兵，以及地方爱国知名人士成立了一支反蒋抗日剧团，在可可以力更镇演出抗日剧目，激发起官兵的爱国热情。

1933年秋天，就读于归绥师范的武川籍青年吴殿甲，在归绥城西组织七位同学成立抗日救国进步团体"小喇叭"社。他们在《社会日报》开辟了园地，刊名《民锋》，意为人民先锋，在刊物上宣传抗日主张。其刊物遍及归绥、武川等地，推动了武川县青年救亡运动向前发展。

1935年底，广大蒙古族群众和爱国上层人士，特别是在德王（德穆楚克栋鲁普）蒙政会任职的部分蒙古族青年，对德王与日本人勾结表示强烈不满。1936年2月21日在中国共产党党员乌兰夫同志政治宣传的影响下，由云继先、朱实夫、云蔚等人组织1000余名官兵在百灵庙起义。起义军当夜撤离百灵庙，乘夜色，踏冰雪，南下武川。次日，他们与傅作义将军派来的接应部队

在武川二份子会合。25日，起义部队在归绥发表起义通电，揭露德王投日行径，宣布脱离德王。百灵庙官兵暴动的义举激发了大青山人民的抗日斗志。

1936年10月，中华民族解放先锋队北平总部的郑天翔（今乌兰察布市凉城县人）来绥远，在进步青年中宣传抗日，并帮助绥远爱国青年知识分子组建了"中华民族解放先锋队绥远部队"。武川籍进步青年吴殿甲是该组织的骨干成员，他在归绥各学校进步师生中发展队员，开展抗日救亡运动。

日寇勾结德王和李守信，在百灵庙成立"伪蒙古军政府"，收编匪首王英，组建"西北蒙汉防共自治军"，配备武器弹药，兵力达4

傅作义将军

夏日的武川西部山区一角

万余人。

1936年10月，日军向大青山一带发动进攻。据董其武、孙兰峰将军回忆，中共中央派遣彭雪峰携毛泽东的亲笔信来到绥远，劝说傅作义要顺应民心、救亡图存，以东北沦陷为鉴。傅作义表示，坚决抗日，绝不做亡国奴。

1936年11月上旬，傅作义将军发动了红格尔图和百灵庙战役，史称"绥远抗战"。日寇在红格尔图遭到沉重打击，不甘心失败，指派王英部、伪蒙军第七师部署在百灵庙，增派日军200余人驻百灵庙，还抽调三个师的日伪军协助防守百灵庙。

17日，傅作义将军在武川县公忽洞、二份子设立野战医院和前敌指挥部，深夜天降大雪，部队身裹

白布向武川二份子、乌兰花集结。23日深夜战斗打响，次日8时，傅作义部收复了百灵庙。

12月2日，敌人集结兵力反扑失败，百灵庙战役共打死打伤日伪军七八百人，俘虏三百人，缴获大批武器弹药和军用辎重，傅部收复大庙。

百灵庙战役打响后，武川县石寄圃组织战地摄影队赶到百灵庙抗日前线，抢拍、补拍战地实况，编辑成大型纪录片《绥远殊死战——百灵庙战役》。该片在京、津、沪及香港等地公演后，引起强烈反响，极大地激发了全国民众抗日热情。

百灵庙大捷消息传出，各地报刊竞相发行号外，全国军民闻之，无不扬眉吐气，欢欣鼓舞，纷纷打电话和写信慰问，并捐款赠物。著

名华侨领袖陈嘉庚等携带钱、物来绥慰问前线将士，南汉宸携带毛泽东的亲笔信和一面绣着"为国御侮"锦旗来到绥北慰问。毛主席称绥远抗战为"全国抗战之先声，四万万闻之，神为之王，气为之壮"。12月1日，中共中央和中华苏维埃共和国中央政府发出《关于绥远抗战通电》，天津大公报知名记者范长江亲到武川前线采访。在大公报上发表《塞上行》和《百灵庙战后行》。

天津大公报载诗一首，祝百灵庙大捷。诗云：

塞外蓦地传佳讯，

初闻涕泪满衣裳。

环甲将士愁何在？

垂髫稚子喜若狂。

上海著名爱国人士黄炎培组织慰问总会携上海人士捐款10万元赴绥慰问。

1936年12月12日，国民党爱国将领张学良、杨虎城发动"西安事变"，以"兵谏"的方式，逼迫蒋介石抗日。中国共产党以大局为重，和平解决了西安事变，成为时局转换的枢纽，在民族存亡的危急关头促成了国共两党的第二次合作，为全国抗战奠定了基础。

八路军120师师长贺龙（左）、政委关向应在晋绥抗日前线（右）

根据地的创建

1937年7月7日，"卢沟桥事变"爆发。武川县成为大青山抗日游击根据地的中心地带。

抗战爆发后，武川县府乱象重生，县长畅维兴、县府政要、县城内财主纷纷带着金银财宝，携家眷乘马车向包头方向逃去。地方一时群龙无首，县保卫团团长郭怀翰、地方士绅石良屿不忍离弃本土，联合部分有爱国心的干部和保安队成立抗日武装。

1937年10月中旬，日寇大举进攻山西，傅作义部三十五军奉调回援山西。此时，日寇组织兵力向绥包进攻。国民党东北挺进军爱国将领马占山率部在武川东部区布防，该部骑六师刘桂五部驻武川县旗下营（现归卓资县）设防阻敌，还有国民兵李大超部和蒙旗保安队在归绥东设防阻击敌人。

深秋，国民党绥远省地方势力张钦、潘秀仁以及绥远高等法院院长于存灏（武川籍人）等人组织起"绥远省民众抗日自卫军"。自卫军设立总指挥部，统辖全省八路自卫军。武川组建起第四路自卫军，总指挥为郭怀翰，副总指挥邱明星，参谋长石寄圃，下设副官处、参谋处、军需处、军医处等，辖8个团。全军1400余人，绝大多数为武川十大区区兵，驻防庙沟和固阳高头梁一带。不久，郭怀翰率领的武川第四路军参加了马占山等国民党正规军在武川东线的防御，第一次接受了战争的洗礼。

为了便于抗日，绥远省政府主席傅作义任命邱明星为国民党武川县游击政府县长，负责部队军需，还为部队搜集情报等工作。

1937年10月初，德王带伪军四个师沿大青山北麓西窜，在武川遭到骑六军阻击，绕道北去占领百灵庙。李守信带伪军四个师沿平绥路西犯，在武川原辖地斗金山遭国民军李大超驻军阻击受挫。12日，德王、李守信率伪蒙军分别以重炮攻击武川和旗下营的驻军。国民党守军伤亡惨重，开始西撤到武川蜈蚣坝。14日，马占山部队冒着敌机的狂轰滥炸经武川大青山乡、可可以力更镇、得胜沟乡沿大青山向西撤退。郭怀翰率第四路自卫军返回武川西山，武川沦陷。

伪军李守信部包悦卿率伪蒙古军九师第二十五团占领县城。日寇

武川西南部山区一角

小野、石井来武川可可以力更镇接收政权。同时，日军平和中队300余人开进武川。继之，武川重要城镇、主要道路及重要山口均被日军把守。伪县府被责令改成治安维持会，会长陈占元，副会长王里，下派各差人若干。

武川沦陷后，日寇对武川人民实行血腥统治。1937年10月3日，日伪军乘汽车窜入井尔沟强征民工数十人到山西口泉挖煤。9日，日伪军再次进山烧毁民房，抢走牲畜，百姓无家可归，无奈钻进深山老林躲避。同年11月14日，日寇在武川设伪县公署，隶属巴彦特拉盟（驻厚和市，今呼和浩特市）。

日寇在武川设立特务组织警务科、情报室、宪兵、特工队。在县城、乌兰花、西乌兰不浪、旗下营、大滩设五个警察署和八个警察分驻所，驻守在狭隘道口，推行警察统治。

在基层设立区、乡公所，各公所建立自卫队，还在乌兰花、大滩、西乌兰不浪设办事处，作为县公署派出机构，将各公所分别置于三个办事处统辖之下。给全县人民发放良民证，征收粮食、回收武器、征兵、征劳工、纳税。征收税种约20种，成千上万群众被抓去服劳役，死伤无数。日寇还极力推行奴化教育，在学校、社会组织中宣传"王道乐土"，配之烧、杀、抢"三光"政策，给武川人民带来无穷的灾难。

1938年4月1日，国民党东北挺进军马占山率部由河套高隆渡口过黄河，向敌后方归化、武川及百灵庙挺进。10日夜，马占山率部袭击平绥线察素齐车站，俘众多伪蒙军。15日，马占山部在大青山与日伪军相遇，激战7昼夜，后突围到固阳。不久，返回大青山，再次与敌相遇，激战8昼夜突出重围。20日，马占山将军率部突围，其悍将刘桂五师长在固阳与武川交界地带黄油干子不幸以身殉国。8月，马占山感恩延安的资助，在撤退途经延安时，觐见中共领导人毛泽东主席，并受到毛泽东主席热情欢迎。后惜别延安。

大青山地区战略地位十分重

武川东南部山区

要，北麓与蒙古接壤，东南与晋西北相连，是沟通中国华北与西北的重要纽带。"七七事变"后，这里集中了驻蒙日军主力部队及伪蒙军主力。日军将其作为重要的军事枢纽，煽动蒙汉民族分裂，肢解内蒙古，企图在绥察建立"以战养战"的基地。我中共中央为有效牵制和打击敌人，保护晋西北敌后战场这个重要环节，推动整个晋绥抗日战争发展，保卫陕甘宁党中央所在地，打通国际交通线，决定开辟大青山抗日游击根据地。

1938年5月，中共绥远地下党杨植霖与当地士绅张有聚在土默川讨合气村组织起40多人的抗日团，张有聚任团长，杨植霖任参谋长。不久，他们来到武川县井尔沟活动，部队发展到100多人，马匹、枪支配备齐备。他们以大青山为依托，经常活动于东至旗下营，北至武川丘陵区，南至凉城，西至白石头沟广大地区。在旗下营、归武公路等地伏击日伪的火车和汽车，袭击坝口子伪警察所，缴获花筒机枪一挺和一些步枪、手榴弹。还打击归绥城东黑炭板村阻碍抗日的保甲团，促进了该地抗日工作。

1938年，中共中央和毛泽东从抗战全局出发，高瞻远瞩，特别注意到在大青山创建抗日根据地的重

要性，从1938年3月到6月连发6份电报，询问创建大青山抗日游击根据地事宜，电文中数次提及武川。

1938年5月14日，毛泽东致电朱德、彭德怀及贺龙、关向应、萧克，明确指出："在平绥路以北沿大青山脉建立抗日游击根据地甚关重要，请你们迅即考虑此事。"之后，毛泽东多次询问有关情况。

同年6月，八路军一二〇师抽

李井泉司令员率部挺进大青山

调三五八旅七一五团和师直骑兵营一个连，组成了八路军大青山支队。由三五八旅政治委员李井泉任支队长兼政委，三五八旅姚喆参谋长任支队参谋长，七一四团政委彭德大任支队政治部主任。另指派第二战区民族革命战争战地总动员委员会晋察绥工作委员会干部，以及由太原成成中学师生组建的抗日游击第四支队，三部分共计2300余人，一同挺进大青山。7月中旬北上受阻。8月底，八路军大青山支队抵内蒙古凉城厂汉营一带。9月1日，大队人员翻越大青山，抵武川三区大滩和甘沟子，把抗日红旗插上大青山。于此间，在武川县马场梁活动的蒙汉抗日游击队与八路军派来的联络员取得联系，杨植霖率部星夜前往距此30多千米的面铺窑子。在西边天空一片红霞映照中，游击队200余人与八路军大青山支队胜利会师。部队改编为"绥蒙游击大队"，杨植霖任政委，张有聚任大队长。改编后，部队返武川井尔沟整训。

1938年9月3日，八路军大青山支队夜袭陶林。8日夜又奇袭武川乌兰花（当时属武川一区）敌据点，大获全胜。9月下旬，八路军二营唐金龙营长率部在武川蜈蚣坝设伏袭击日寇向大青山北的运兵车队，取得击毁敌汽车4辆，歼敌80多人，缴获大批武器弹药的巨大胜利。

抗战爆发以来，日寇派出大批特务到大青山区搞破坏，国民党右派势力也在群众中散布谣言，诋毁共产党名声，阻挠我党抗日。

八路军大青山支队挺进大青山后，严格遵守和执行"三大纪律，八项注意"和党的抗日民族统一战线政策，以实际行动回击了敌人的反共宣传，赢得当地民众的同情和支持。同时打击了敌人的嚣张气焰。

9月下旬，大青山支队移师武川井尔沟。在柳沟门村前召开了支队党政干部会议，总结挺进大青山的经验教训，决定部队、绥察干部、四支队分兵进入绥中、绥南、绥西。八路军开辟了归（绥）武（川）公路以东，平绥铁路以北，集宁到土牧尔台一线以西范围内的绥中抗日游击区。姚喆带支队二营返回绥中，邹凤山带一部进入绥南，李井泉率三营开辟绥西游击区。绥西即归武公路以西，包括武川、归绥西部、萨拉旗、固阳县全部。部队进入武川后脑包、官地一带，敌人调集37

辆汽车，满载日伪军尾追而至。支队与敌激战一天，毙敌200余人，首战告捷。之后乘雨夜奇袭陶思浩、智取石拐镇取得了三战三捷的胜利。八路军又在武川西部石拐子附近反击敌人均取得重大胜利。将绥西游击区局面迅速打开，1938年10—12月，又开辟了绥南抗日游击根据地。

到12月，大青山抗日游击根据地，东起灰腾里，西到包头、固阳，南到黄河、长城，北到四子王广阔地区，将绥中、绥西、绥南三块游击区连成一片。武川成为大青山抗日游击区的中心地带，大青山抗日游击根据地初步建立。

根据地的巩固

大青山绥中、绥西抗日游击根据地的创建，引起日寇的震惊和恐慌，敌人乘八路军立足未稳，纠集7000余日伪军分三路发动了冬季"大扫荡"，妄图摧毁建立不久的大青山抗日游击根据地。

在绥中，日伪军以机械部队为先导，配合飞机侦查，分三路向武川东部大滩（原武川三区）、西河子（原武川二区）一带分进合击。八路军绥中部队在当地人民群众的支持下，迅速侦知敌人动向，

八路军在蜈蚣坝伏击日寇车队

得胜沟

果断撤至孔脑包、土城子一带。几路敌人因在夜间行动，误打了起来，互有伤亡，敌人在绥中扑了个空。在绥西，八路军绥西指挥机关转移到万家沟一带，三营骑兵连夜袭包头，日军回援。此后，三营在韩庆坝设伏，毙伤敌约450人，经过武川韩庆坝、马场梁等地与敌人的数次战斗，彻底粉碎了日寇对绥西的"扫荡"。大青山抗日游击根据地党政军经受住了严峻的考验。

1938年12月22日，大青山抗日游击支队七一五团主力奉命调回冀中，粉碎敌人对冀中地区的"扫荡"。七一五团主力调走后，留在大青山的部队仅500余人，加上四支队官兵和动委会工作人员，总计不到1000人。大青山抗日游击根据地党政军面临着数十倍敌人攻击的严峻考验。

大青山地区匪患猖獗，加上国民党顽固派的干扰破坏，我军面临腹背受敌。1938年底到1939年初，姚喆率领部队剿灭了绥中的惯匪康德胜、夏军川，绥西的惯匪红蚂蚁、三拐子等十几股土匪。八路军为巩固大青山抗日游击根据地，壮大革命武装消除了隐患，得到广大人民群众的充分信任和大力支持。

1939年夏，八路军大青山抗日支队依据中共中央《关于绥蒙工作的决定》的指示，组建骑兵部队，在游击区广泛宣传动员民众参军并支援军马。在武川等地广大民众的支持下，到1940年底，八路军大青山抗日游击支队由500人发展成有1680人，战马1471匹的骑兵部队。

1938年9月到1940年1月，

大青山骑兵支队与日伪军进行大小战斗75次，毙伤日军480多人，伪军360多人，俘日伪军190多人，缴获各种枪支206支，子弹万余发，战马363匹以及其他战利品，击毁日伪汽车7辆，破坏敌电台、桥梁和铁路等设施多处，保卫了根据地。

1940年5月28日，大青山骑兵支队从三个营扩建成三个团。1941年12月，晋西北军政委员会电令将四支队改为骑兵支队独立营，黄厚任营长兼政委。大青山抗日游击根据地在极端困难条件下得到巩固。

党组织在根据地的发展

1938年11月22日，《中共中央关于绥蒙工作的决定》中确定："以李支队的活动为中心，将大同至包头铁路沿线和大青山后直至后套一带设立绥远省委，受北方局领导。"1939年3月，白如冰带160多名干部从晋西北迁往大青山，驻

中共绥远省委在得胜沟的驻地

武归县万家沟。同年秋，国民党掀起反共高潮，自卫军不断与八路军制造摩擦，中共绥远省委和八路军支队司令部迁往武川得胜沟、井尔沟等地与李支队会合，中共绥远省委正式成立。

中共绥远省委主要工作是发展党的各级组织，领导和帮助八路军组建和发展骑兵，建立各级民主政权，搞好民族统一战线、蒙民工作和培养地方干部。活动区域在河套、绥中、归陶、绥东四个区域。杨植霖任中共绥中特委书记，下辖武川县委、武固工委、托克托县区委、萨拉齐县县委，不久改为绥西地委。武达平任中共归陶工委书记，辖武东县委（武川东部区，陶林西）、归武工委（辖归武公路东，铁路北，即归绥、武川各一部分组成）、陶林县委。归陶工委不久改为绥中地委。

1940年8月，成立中共武归县委，杨建林兼书记。1941年，高鸿光任中共武归县委书记，张少庭任组织部长，辖归绥西部、武川二、七、八区；同时成立武固县委，王弼臣任县委书记，辖固阳县和武川九、十区。1942年秋，日寇"大扫荡"后，中共武川县委书记为张少庭，同时，大青山区实行隐蔽政策和一元化领导，由此延至抗战胜利。

1940年初，在绥中地区，中共

绥中特委改称绥中地委，武达平任书记，下辖武东县委，后改称武川县委，李瑞成任书记。武川县委还建立区级党组织，设立武川县一、二联区区委，书记韩世杰，田均文、范建国参加区委工作；武川三区区委，书记刘耀南，郭宝山、张志远、邢存德参加区委工作；武川四区区委，书记李华英，另外还有陶北区和陶三区区委。

1939年起，中共绥远省委在建立基层党组织的基础上积极发展党员，先后派出干部深入到各乡村开展地下斗争，绥西地委杨业彭派朱其华以商人身份作掩护，到武川南乌兰不浪秘密开展党的工作，先后发展张罗子（史显）、张二虎（张禄）等为中共党员。1940年，朱其华被捕，牺牲于南乌兰不浪后柜村。同年秋后，张少庭潜入武归县井尔沟

西窑子、南乌兰不浪、种地窑等地开展工作。他以"小磨倌"身份为掩护，打入乡公所，积极发展进步势力。先后发展李一平为中共党员，并成立南乌兰不浪党支部，张罗子为书记，张二虎、李一平为支部委员。张罗子打入伪乡公所，担任副乡长。同年，张少庭潜入后黑沙兔村，开展陆合营地区工作，化名刘富财，给村里地主李银良当长工，以此为掩护，到陆合营敌据点收集情报，并派李一平将情报送交绥西地委。张少庭、张罗子还打入帮会组织"家庭民生会"，以行商为名，活动在黑沙兔、陆合营、坝口子、归绥市搜集情报，为党做了大量工作。

据1940年1月12日，贺龙、关向应、白成铭在给中共中央《关于绥远党建工作情况的报告》中统计，1939年3月至11月，绥远敌

八路军挖野菜充饥

张二虎

归武县委书记郝登鸿

占区有党员582名，河套有党员560多名，这些党员成为领导大青山抗日斗争的核心力量。

在绥远省委统一领导下，部分党员受组织委派，广泛深入武川等地，以小商贩、木匠、皮匠、毛毛匠、教师等职业为掩护，开展党的地下斗争。

1938年底，中共绥远省委先后派刘洪雄、郝登鸿、彭光华、宁德青等潜入归绥，开展地下斗争。他们在归绥学校、工厂发展了一部分党员。刘洪雄、郝登鸿先后通过特殊关系打入伪协和安民救国军徐秉初师，郝登鸿还当上该师某团副官，化名乾光；刘洪雄当上该师某旅旅长，还打入日本宪兵队任少校参谋，积极为我党工作。他们为大青山支队收集敌人政治、军事情报，在敌伪军队中发展进步官兵，启发和动员他们抗日。通过各种途径为大青山支队购买枪支弹药、布匹、棉花、皮衣、马鞍、马蹬具等军需用品。郝登鸿在撤退时成功地发动所在伪团一部官兵起义，成为一支中国共产党领导下的抗日武装，经常活动在归武地区。

1939年，中共绥远省委又派石国柱到绥中武川乌尔图沟天主教堂以学校教员身份为掩护，长期隐蔽，从事地下斗争。该地有比利时、挪威、瑞典、丹麦等多国传教士，主持该地教务的是比利时神甫葛维德。葛维德起初表现很不友善，后经过我党工作人员耐心细致的做工作，渐渐开始同情和支持抗日。还有很多教民多次冒死掩护我方人员，并且捐献马匹、物资和粮款，主动接收伤病员给予护理，不少教民还加入了抗日游击队。

抗日战争爆发以来，积极培养各族干部是我党非常重要的工作，共选派了100多名蒙古族干部到延安培训。1941年初，绥西地委蒙民部长贾力更带领这批蒙古族青年从绥西出发赴延安，途径武归县张启明沟时与敌遭遇，在把青年学生护送过山梁后，他不幸中弹，英勇殉国，为民族解放事业献出了年轻的生命。

抗战八年，中国共产党在绥远

地区的敌后斗争中始终发挥了核心领导作用，指挥大青山抗日游击根据地军民克服各种困难，最终走向胜利。

根据地的政权建设

1938 年 9 月，按照中共中央洛川会议《抗日救国十大纲领》的精神，晋察绥边区工作委员会在八路军大青山支队的有力配合下，以部队开辟的游击区为基地，广泛开展抗战动员工作和各级动委会的组建工作。动委会是抗日民主政权尚未建立之前代行政权的机构，他的组织形式是按"三三制"组成，即我党人员占三分之一，其他各党派和无党派占三分之二，由各阶层代表选举产生。

9 月 21 日，在绥中武川三区大滩成立大青山抗日游击根据地的第一个区动委会，也叫武川三区动委会。武川三区动委会的组成，除了总动委会派来的干部外，还吸收大批包括乡邻间长、有威望的绅商富户、开明地主、士绅、农民代表、知识分子、当地驻军代表、少数民族代表、宗教人士代表等各方代表参加，经过充分协商，选举产生了由多方人士组成的动委会。武川三区动委会组织，郭英任主任，龚仁寿、宋克瓒、樊建斌任副主任，下设组织、宣传、分配、武装、总务等部。除宋克瓒兼分配部长外，刘钰任总务部长，其他各部由当地的三名中学生担任。

武川三区动委会机构具有广泛的代表性，樊建斌是当地有名的士绅，拥护八路军抗日。刘钰出生于当地开明地主家庭，本人是学生，

绥西八区动委会会址灯笼素

曾在北平读书，思想进步，热心抗日，在群众中有很高声望。在动委会成立后，他们充分发挥了各自特长，在他们的努力工作和影响下，许多开明士绅和上层人士积极赞助抗日，配合和支持动委会工作。该组织的建立，把区内广大群众团结了起来。

武川三区动委会成立后做出几项决定：1.建立各乡村动委会并协助邻近各区成立动委会；2.广泛号召蒙古族同胞参加各级动委会和抗日团体，扩大统一战线；3.发展游击队，发展生产，征集粮食、衣物，保证八路军部队经费和粮食供给。

这年秋天，三区动委会把征集部队冬衣和粮食作为首要任务。他们按照中共中央对蒙古民族地区工作的有关规定，在不加重民众负担的前提下，按照有钱出钱、有力出力的原则，三区动委会全体人员分赴各地，很快征集到一批冬衣、粮食、钱款、鞋子和马匹等，顺利地解决了绥中部队的供给问题。

1938年12月，绥西武归县八区动委会在玻璃哈达成立，选举地方士绅王景堂任主任，总动委会干部李奇任副主任。下设分配部，郝秀山任部长；武装部，曹文玉任部长；总务处，刘永福任处长，区动委会游击队长为任德仲。在成立动委会的当天，特别邀请了国民党武川县

政府代表及附近的伪义和乡、义庆乡等乡的乡长参加。国民党武川县县长，"自卫军"第四路副总指挥邱明星，三路总指挥李正才、副总指挥兼参谋长王有功等也参加了成立大会。王景堂和李奇代表动委会与国民党参会人员谈判，达成如下协议：实行抗战救国，团结抗日的统一政策；划分双方部队征集粮草的区域，不准越界；保护老百姓，不准打骂群众，不准随意摊派税捐和乱要东西。

在八区动委会的努力下，八区还很快建立了井尔沟等九个乡动委会，健全了组织机构，为绥西部队征集了大量粮草、衣物，帮助部队度过1938年又长又冷的寒冬。

从1938年9月至1939年初，

讨论作战方案

绥中地区归武陶县动委会建立，继武川三区后相继建立武二区、武四区、陶武区、归武区动委会。绥西共组织武归八区、七区、九区，萨拉齐县五区动委会。

大青山地区各级动委会在总动委会领导下，深入乡村广泛宣传中国共产党抗日主张，动员群众为八路军捐献物资，不少开明士绅、富户等各阶层人士纷纷向动委会捐献粮食、皮衣和马匹，使八路军1400余人顺利度过1938年寒冬，迎来1939年的暖春。

1939年秋，绥远省委由于对政权建设认识不足，取消了大青山区的动委会，大青山区群众工作和部队供应遇到极大困难。恰在此时，姚喆参谋长身患严重的肺结核，只能躺在炕上考虑解决困难的办法，最后派出一些部队到地方做工作，才勉强解决了1939年冬季的棉衣和粮食问题。

期间，李井泉同志从延安返回大青山，带回毛泽东的指示，说动委会取不得，要重新搞起来。还要建立专员公署、县政府，搞统一战线要斗争。要精简部队，减轻群众负担。发动群众、依靠群众，在群众中生根，还带回中共中央给大青山根据地的2000元法币。中共绥远省委根据毛泽东的指示，重新布置

了大青山根据地的工作任务。恢复各级动委会，筹备建立区政府的工作，继续开展对敌斗争，寻找机会，打击敌人。

1939年冬，重新恢复起来的大青山区动委会发动群众组织各种群众性的救国团体，有农民救国会、工人救国会、妇女救国会、青年救国会、儿童救国会、蒙民救国会等。据1939年底统计，仅农民救国会会员就有4000余人。很多会员打入伪军、伪政府、伪保甲团、伪警察所内部搜集情报，掩护地下斗争和策反工作，他们是大青山游击战争中的群众基础。

动委会还积极武装群众，先后成立了12支游击队，人数650多人，枪110多支，枪支马匹均由民间筹集而来，有的游击队逐步编入正规部队，为八路军补充了兵源。游击

武归县八区政府遗址

队为政权的巩固和发展以及部队建设发挥了重要作用。

1939年下半年，绥远省委根据党中央指示决定逐步将动委会过渡到抗日民主政权。同年12月，绥西先后建立了武归县、萨固县，杨建林任武归县长。绥中成立了归武县，贾靖芜任县长。

为统一大青山抗日游击根据地各族各界各党派团结抗日的步调，1940年8月在绥西武归县小西梁村召开了绥远敌占区各族各界各党派抗日力量代表会议，会议决定成立绥察行政公署驻绥察办事处，推选姚喆任办事处主任，杨植霖任副主任。会议批准成立了绥西、绥中、绥南专员公署。会议还批准建立武归、归武等9个抗日民主政府。

绥西专署下辖武归县，县长王威，民政科长黄天祥，蒙政科长奇俊山，二区区长曹文玉，三区区长杨茂，八区区长郝秀山，一区区长（边山区）奇俊山（兼）、高凤来；武固县县长王璞；萨拉齐县县长王经雨。1942年秋后，成立萨武固包

八路军拆毁绥包线铁路

边区联合县，包盛标任县长；武固县和萨拉齐县没有分区，县政府直接在基层开展工作。

绥中专属下辖三个县政府：归武县贾靖芜、李康先后任县长，下辖一、二联区区长高鸿飞、副区长范建国，三区长郭殿俊、副区长靳洪深，四区区长郝喜旺；1941年申璧全、李容玉先后任归武县县长，1943年后肖新书任县长。1941年成立武川县，李康任县长。陶林县县长宋克瓒，陶武边区区长杨文江。另有三区和陶北区。

抗日战争时期，敌占区乡村政权基本由乡村中地主、士绅、富农等担任乡间邻长，其中甘心为日寇办事的极少，多数是被逼无奈。各级抗日政府建立后，要求乡间邻长、地主、士绅、乡政人员、保甲团、农村知识分子等尽量应付日本人，积极为我办事。随着抗日游击根据地巩固和发展，抗日游击政府的工作也顺利开展起来。

武川一、二联区有10个大乡、

38个小乡，游击队能在10个乡经常活动，征收物资。1940—1941年，每年征收粮食4万石（每石400斤），征集购买军马五六百匹，征集羊皮袄2500余件，征集鞋3000双。一、二联区上交的财物占武川50%以上。

据1941年的统计，在绥中武川、陶林、归凉三个县共征收救国公粮14万石，其中武川县8万石、归凉县2万石；征收田赋款，蒙疆伪钞200万元，其中武川县120万元，陶林县50万元，归凉县30万元。武川县和陶林县是绥中专署征收重点，武川县一、二联区是物资征收重点，购买军马共计1000余匹；征购皮大衣4000件，其中武川县3000余件，陶林县800余件，归凉县200余件；购买洋布1000余匹，其中武川县500匹，陶林县400匹，归凉县100匹。从这一点可以看出，抗日民主政府根据各方面工作的努力，在经济上取得巨大成就，为中国共产党领导的抗日游击战争取得全面胜利奠定了物质基础。

在1938年9月，绥西开辟为抗日游击区后，陆续进入绥西的有八路军大青山支队司令部、中共绥远省委、绥察行署办事处、绥西地委、专署、绥西三团、武归县委、武归县政府、武固县政府，还有武归县一区、二区、八区政府及游击队等，

庞大的人员吃、穿、用均由地方区政府供应。抗战八年，抗日游击政权为坚持和发展大青山抗日游击战争发挥了巨大作用。

统一战线是我党取得抗战胜利的重要法宝

建立抗日民族统一战线，奠定了抗战胜利的政治基础。八路军大青山支队正确执行中共中央关于抗日民族统一战线方针政策。对大青山地区同国民党、地方实力派、伪政权、农村城镇和少数民族，以及宗教人士、会门、社团、知识分子等一切爱国人士做团结抗日工作。据《民革》记载，在八路军大青山支队挺进大青山抵武川境时，国民党第八战区副司令官傅作义将军，电报通知在大青山的自卫军总部派部队到武川旗下营迎接由八路军大青山支队司令员李井泉带领的部队上大青山。

八路军大青山支队进入乌兰花镇，大力开展抗日的宣传动员工作，宣传了中国共产党的《抗日救国十大纲领》和关于"蒙汉联合共求解放"的思想。大青山支队处处保护当地百姓利益，对百姓秋毫无犯，深受百姓欢迎和支持。大青山支队撤出乌兰花后，抗日自卫军十四团进入乌兰花，他们抢掠奸淫无所不为。乌兰花镇的几位代表到大滩向大青

山支队求援，大青山支队派了两名干部去做工作，由于统一战线政策的影响和慑于大青山支队的声威，十四团接受建议和劝告，撤离了乌兰花镇。

同年10月，国民党自卫军第三路、第四路、第八路在武川庙沟召开了欢迎八路军挺进大青山联欢会，我方负责同志鼓励和支持他们的抗日行动。自卫军三、四、八路指挥部，会同专署，通令所属乡供应其粮食。傅作义还来电询问有关八路军与自卫军抗战事宜。

八路军大青山支队开辟绥西抗日根据地后，国民党自卫军在固阳的第八路军在刘子英、张国琳带领下，主动与八路军大青山支队接近，还请求八路军大青山支队派干部到该部做政治工作。八路军大青山支队在绥西活动时，他们给予了较多的方便。

1938年冬，国民党三十五军反攻包头，伪军李海龙要反正，与第四路、第八路并肩抗日。其间，武川第四路军与固阳刘万银领导的第八路自卫军密切配合，在武川当地俘获伪警察和保安队一个团。

国民党自卫军第四路军参谋处长侯昶，原为武川县一区乌兰花镇二完小校长，国民党党部委员。自1937年抗战爆发，投笔从戎，参加

抗日，一直与大青山支队保持良好关系。1940年7月在乌兰花与日伪作战中牺牲。

日寇为加强对一、二联区控制，在乌兰花附近的毛独亥驻扎伪蒙军第九师二十九团，三元井驻扎日军一个小队和部分警察，大庙驻扎伪蒙军七团，东八号驻扎日军一个中队，乌兰花驻扎伪靖安军一个大队辖三个骑兵连，还有伪警察、宪兵队、保甲团等武装。四子王府驻有日本三本顾问，乌兰花住着日本人小板。这些日伪军受武川县城的日本平和中队指挥。因四子王府群众与八路军有关系，敌人一面加以控制，一面拉拢上层人士。敌人推行"治安强化运动"，建立保甲连坐法，派出特务控制。经济上，日寇强征马匹、掠夺粮草，搜刮物资，强迫人民种大烟，增加收入，实现"以战养战"的目的。

在这种复杂的环境下，武川县一、二联区依靠中国共产党的统一战线政策，取得很好效果。

争取各民族、各阶层爱国人士抗日的同时，共产党还严厉地打击了一些顽固分子。1941年，蒙奸黄五子（贺喜格达赖，汉名黄五子），先后杀害了大青山支队四支队干部刘俊、大青山骑兵支队姚喆司令员的副官段亚东、绥蒙行署教育科长范明

华及范明华的通讯员赵玉兰。同时，云银祥（蒙古族，一、二联区助理员）为宣传抗日，筹集物资做了许多工作，也被他杀害。这个家伙很狡猾，常躲在日寇身边，1945年抗战即将胜利时，黄五子被逮捕处决。

1938—1942年，武川三区阿鲁忽洞村的刘钰先后支援我军粮食500余石，军马30余匹，还掩护地委和专属领导，为我军和区政府侦察敌情，传递情报，埋藏物资，经营军马。在他的带领下，周围富户也纷纷响应和捐献。大滩花圪台村谭成宽，在李井泉、姚喆领导的骑兵支队军粮十分紧张时，无偿支援小麦、莜麦472石，马料豌豆33石，战马63匹，食油8500公斤，白酒9000公斤，皮袄、皮裤600余件和其他军用品。还为大青山支队暗送情报，掩护伤病员，为大青山支队建设做出巨大贡献。

1941年冬，国民党自卫军十团二连一排长高占富找到武归县八区区长郝秀山提出要投降八路军。郝秀山将这一情况报告了八路军大青山骑兵支队司令员姚喆。为了团结抗日，姚喆决定高部番号仍为二连，并命他为连长，允许在八区活动，同意与八路军三团经常保持联系，八区政府供应其粮草。

为瓦解敌军，侦察敌情，削弱敌人的军事力量，1938年冬，八路军大青山支队先后派出王威等人做争取伪防共二师工作，师长韩伍同情抗日，为我军购买武器、弹药、医药用品等，帮助我军买马鞍300座，后被日军察觉，部分官兵遇害，韩伍带领余部进入武归县开展抗日活动。1942年，韩伍被奸细杀害，余部在王五红带领下继续在武归县坚持抗日。

1941年夏，陆合营伪第七师的28名伪蒙古军要找八区政府投降。郝秀山区长征得姚喆司令员的同意，允许其在游击区活动，行动自由，不整编，番号改为"蒙古军抗日游击队"，任命金排长为队长，与八区政府保持联系，粮草由区政府统筹解决。这支部队于1942年春在归绥鼓楼被敌人包围，全部牺牲。

在中国共产党统一战线政策的推动下，国民党党政军人员及自卫军、部分伪政权人员及大青山各族各界各阶层一致拥护和同情抗日，在抗日战争中做了大量有益的工作。他们为大青山抗日游击根据地的创建、巩固和发展创造了条件，也是争取抗日战争胜利的重要力量。

鱼水情深

1938年9月，八路军大青山支队挺进大青山后，武川广大青年踊跃参军。井尔沟后窑子村14岁的无姓名的小羊倌，一大清早含着眼泪

布音道尔吉（绰号二喇嘛）

拽着指导员的衣襟提出要参加八路军。指导员得知他是个孤儿，答应了他参加八路军的请求。小羊倌参军不久，部队遭到敌人的偷袭，小羊倌不幸在战斗中壮烈牺牲。

八路军攻打乌兰花镇后，主力一部从武川大庙酒馆向绥西挺进。武川八区的郝秀山、任德仲、潘三娃、邸旺等参加八路军。郝秀山又动员本村苏纪清、张平小、皮修香、于香、郝花小和王政科参加了游击队。武川八区青年曹文玉也在井尔沟找到二营唐金龙营长，参加了八区动委会工作。

自1938年底到1940年，大青山蒙汉群众纷纷参军，捐献马匹、马具。红召布音道尔吉一次向大青山抗日游击队捐献马40多匹。武归县小广庆隆村蒙民苏尼玛、潘家沟赵德政等蒙汉群众捐献皮衣、鞍具、

马匹。当地群众还自觉当起八路军骑马教练，指导骑术和饲养技术。

大青山抗日游击根据地创建后，征集、购买军需物资相当重要。支队指战员从吃到穿都需要地方供给，一些生活用品还需到城里购买。但敌人对进城的行人严密盘查，凡八路军所需物品一律严加控制，进城采购是要冒生命危险的。武川县井尔沟东窑子村贫苦农民张润喜主动承担起采购任务，冒着生命危险多次进入归化城，买回油、盐、酱、醋、辣椒、毛巾、药品、牙刷和布匹。

1940年初，绥远省委书记白如冰要回延安汇报工作，上级来电托他购买药品、分省地图、灰斜纹布和其他物品。大青山蒙汉群众经过努力，将这些物品购置齐全交给白

张润喜

八路军与人民群众

如冰带回延安。

抗日战争爆发以来,部队经常与敌人作战,常有伤残人员需医护。1939年初,八路军一批伤员在武川八区二道沟休养,有的伤员已经伤口化脓,红肿出血,经过蒙古族老大娘尤博尔的精心照顾,伤员很快康复归队。农民侯白小看到一位八路军伤员病重,他冒雪上山打柴给伤病员烧炕取暖,还把自己一床棉被拆做两件棉衣,送给两位八路军

张兰女

伤员防寒。同年冬,支队政治部主任彭德大患伤寒病住在西部山区李大妈家养病,李大妈精心护理,许多群众还带着鸡蛋、小米来探望。因为此事,李大妈唯一的儿子被土匪残杀,彭德大知道后拜李大妈为义母。

绥西三团在骆驼场有电台、枪械修理所、卫生所和被服厂,李齐沟、西梁、大塔、二、四道沟的群众都知道。日伪军多次扫荡,一些群众被敌人抓去拷问,任凭怎样毒打都守口如瓶,使骆驼场各项工作顺利进行。

武归县八区李齐沟贫苦农民张兰女带头并组织村中妇女为八路军做军衣、军鞋。1951年国庆前夕,张兰女、侯白小作为大青山老根据地的代表参加国庆观礼,受到毛泽东、周恩来、朱德等老一辈国家领导人的亲切接见。

抗战中,像这样有名的,如武川白宝生、韩三毛等和无名的英雄壮举不胜枚举,他们为抗日战争做出了巨大的贡献,在此不能一一赘述。自八路军挺进大青山到抗战胜利,牺牲在大青山的武川籍干部战士达102人。

八年的抗日战争,在敌我力量悬殊的情况下,因为有了各族群众全力支持这一坚强后盾,八路军才能够长期坚持下去并取得最后胜利。

我骑兵部队向敌人发起冲击

抗战胜利

从1938年底到1940年春，日寇对大青山抗日游击根据地的大"扫荡"达15次之多，袭击达30多次。其中最大的一次是1939年5月的大"扫荡"，日寇调集包头、固阳、萨拉齐日伪军数千人分五路向绥西大青山支队活动中心武归县万家沟"扫荡"。敌人封锁了山口，企图困死大青山支队。敌人还派日伪军进山搜山，大青山支队避实就虚，化整为零隐蔽在各山头，在武归县白石头沟伏击敌人，敌人"扫荡"月余，以失败告终。

1939年秋天，国民党顽固分子第四路军参谋长鄂友山，三路李政才、王有功等将9000余人集结在武归、西北山区，与八路军大青山支队制造摩擦。"自卫军"三路副司令王有功还与日本特务机关暗中勾结，密谋袭击大青山支队在万家沟的营地，使八路军大青山支队处于腹背受敌的境地。顽固分子还在武川县井尔沟暗杀我司务长，在白石头沟暗杀我侦察员，在武川乌兰不浪活埋我四支队干部等。在绥中，国民党游击县长赵淑普搜罗

追击敌人的八路军骑兵

"反正伪军"、零散匪徒千余人攻击动委会机关，他们在陶林县以西，武川以东的大青山支队活动中心地区抢夺地盘。"自卫军"十三团三连蓄意向我四支队派往武川乌兰花一带的工作组挑衅，并将四支队两名干部武生亮、杜松山残杀，我四支队奋起反击缴了他们的枪。

1940年正月初六，李井泉从延安返回大青山，带回中共中央和晋西北党委指示，彭德大率领绥西部队，袭击了在万家沟的顽固军司令部，缴获大量武器弹药和各种物资，生俘绥远省自卫军副总司令苗国华。时过不久，鄂友山收罗残部2000余人反扑。彭德大指挥绥西部队在明安滩与顽军决战，敌人大部被歼，鄂带残部溃逃至后套，彭德大在战斗中中弹光荣牺牲。彭德大牺牲后，武归县马场梁老乡将其装棺埋在马场梁杨家西沟，后又迁移至固阳境内。

绥中"自卫军"集中7个团，近千人与大青山支队制造摩擦。大青山支队在参谋长姚喆指挥下，消灭武川境的顽军两个连，其余大部被击溃，残部逃往后套。大青山支队"反顽"取得阶段性胜利，解除了后方的威胁，为大青山支队集中精力抗日营造了有利的环境。

从1940年到1942年，日寇对大青山实行军事"围剿"和经济封锁，大青山抗日游击战争进入极端困难时期。期间日寇在武川西水头、哈彦忽洞、白旗、井尔沟等地先后制造多起惨案，屠杀无辜群众170余人。大青山抗日游击根据地的军民没有被这些吓倒，而是进行了顽强的抵抗，在军事上采取机动灵活的战术，避实就虚，敌进我退，敌驻我扰，敌疲我打，敌退我追。据不完全统计，1939—1942年间，我军与敌作战420余次，毙伤日伪军2040多人，其中日军1000余人，缴获大量武器弹药和物资。大青山支队还采取分化伪政权人员政策，号召群众开展反并村、反保甲连坐、填封锁沟、拆封锁墙的斗争。敌人的严密封锁和"囚笼"政策，都未能阻止抗日军民的血肉联系。

1942年1—4月敌人调集大同、归绥、张家口日军3万人，把伪靖

日寇制造的惨案

解放区军民组织大生产

安警备队第一、二、三集团军分别部署到绥西、绥中和绥南各据点。增加伪靖安警备第四大队三个连驻武川三区大滩，同时向各地派出了大批便衣特务，以500人或700人的规模，轮番"扫荡"绥西。同时以千余人"扫荡"绥中，烧毁武川县一、二联区银夼山村庄30余处，大青山抗日游击战争进入极其困难阶段。

1942年1月日寇开始第二次"施政跃进运动"，在政治上，重点实行"囚笼政策"，加强对大青山区公所、乡公所、保甲等基层伪政权的控制。敌人收罗反动地主、地痞、流氓掌管基层伪政权，实行连坐法，成立灭共队。强迫群众组织伪保甲团，推行"爱路村"，沿大青山麓制造无人区，铁路沿线及通往大青山的众多山口、路口均挖掘了封锁沟和阻断壕等。在经济上，对大青山实行经济封锁和掠夺。强迫群众献铁、献铜，许多老百姓家中铜铁器皿被劫掠一空。发行公债，强行收购农牧产品，巧立名目增税赋。凡涉及"违禁物品"的人，一经日伪军发现，轻者全部扣押，重者杀头。思想文化上，日寇实施欺骗和奴化教育。

同年7月25日，日寇对绥中实施空前残酷的秋季大"扫荡"。我绥中党政军人员陷入严重危机。为保存力量，决定突围转移，经过周密侦察，分路周旋，最终胜利突围。

1942年冬，敌人不甘心失败，集中6000余兵力对绥西抗日游击根据地进行"扫荡"。我绥西部队和地方党政工作人员 800 余人在姚喆司令员带领下，化整为零，分散转移。留在绥中的党政军人员继续坚持隐蔽斗争，抓住时机打击敌人，稳定群众情绪。敌人"扫荡"时，大青山支队官兵人不脱衣、马不卸鞍，随时转移。由于日伪军施行烧、杀、抢的"三光"政策，村民或被杀或逃跑，部队供给相当困难。部队一部进入归武县小井沟一带，姚喆司令员带教导队一个班插入绥中。11 月中旬，敌人"扫荡"结束。机关部队和游击队重返绥西。在绥西，大青山大雪纷飞，滴水成冰，部队缺粮少药，弹药又无法补充，伤病员得不到及时医治。部队风餐露宿，化冰雪止渴，烧篝火取暖，以莜麦糊、土豆、灰菜籽充饥。待部队返回绥西，敌人将根据地党政军驻地破坏极为严重，骑兵三团到武川西北和固阳

活动。敌人封锁了各山口，粮食困难，弹药无补，伤病员得不到及时救治。在这种极度困难的情况下，指战员们用最火热的革命激情对待困难，用最坚强的意志迎接胜利的曙光。

1942 年 12 月 14 日，塞北区工委和绥察行署派绥中专员程仲一和武川县县长李康、陶林县长宋克瓒带领游击队 300 多人重返绥中，恢复绥中工作。几天后，李康县长在归武县板旦石沟被叛徒出卖遭敌人包围，李康、李熙及部分游击队员在与敌人战斗中光荣牺牲。1943 年初，姚喆司令派李容玉率 8 个人组成的武工队到归武地区。同年秋，县武工队已发展成为拥有 40 多人的队伍，成立了归武县政府，李容玉任代理县长兼县武工队大队长。

1943 年春，日寇在太平洋战场失利，抗日战争朝着有利中国人民

八路军拔除敌据点

八路军占领武川

方向发展，中国共产党领导的敌后解放区进入恢复和发展阶段。根据毛泽东主席"把敌人挤出去"的指示，中共塞北区工委决定恢复和发展大青山抗日游击根据地。

1943年冬，八路军骑兵一团进入绥南，骑兵二团也由偏关逐步向绥中发展。在极其困难条件下，绥西骑兵三团仍坚持抗日斗争，并逐步扩大活动范围。到1944年初，绥西、绥中、绥南抗日游击根据地连成一片。日寇逐步放弃部分据点，实行重点防御。大青山抗日游击根据地得到迅速恢复，武装力量逐步壮大。1945年初，绥中、绥西和绥南抗日游击根据地完全贯通。

抗战胜利在即，国民党向大青山抗日游击根据地发动大规模进攻。国民党鄂友三、王有功进入绥西，兵力达5000余人，他们与日伪军勾结，残害百姓，排挤、杀害八路军工作人员。仅1943年秋冬，鄂友山杀害无辜百姓百余人，鄂友山仅在武川县八、九、十区内奸淫妇女达百余人。

1945年2月，晋绥军区增派步兵九团开进绥西与骑三团并肩战斗。同年4月、7月先后派干部与陕甘宁边区联防军骑兵旅和晋绥军区二十七团北上大青山。7月在武川县八区秦达牧滩击溃顽军邬青云部400余人。在绥中歼灭顽军苏美龙部360余人。8月，在绥西全歼鄂友山2个团。大青山顽军基本被肃清。8月15日，八路军骑兵二团攻陷武川县城，日伪军残部缩回归绥。

1945年9月2日，日本无条件投降。伟大的中国人民抗日战争胜利结束。在中国共产党的正确领导下，大青山抗日游击战争终于取得了最后的胜利。武川人民在大青山抗日游击根据地的创建和发展，为战争取得最后胜利做出了重要贡献。

风雪孤村擒恶匪

FENGXUEGUCUNQINEFEI

岁月蹉跎，时光荏苒，拂去历史尘埃，重温云烟往事。我们的思绪仿佛又回到那随着中华民族脉搏一起跳动的武川历史长河中。

1950年农历腊月廿八，在武川西北部一个叫小花窑子的独家小村一场"擒魔"大戏即将上演。风搅雪形成一幕大帐将广袤的原野覆盖，天地间被涂染成一片混沌，七匹马和马上的人在茫茫雪原里深一脚浅一脚的艰难前行，昏沉的天际间风嚎肆虐，仿佛为一个恶人奏响挽歌。

这支公安大队的特别小分队中有时任武川县公安局长的赵立信，有国家公安部的特别侦察员、武川县公安局侦察科科长孙有光。此刻的赵立信局长正发着高烧，依然在风雪里急行军三个多小时。

早在11月11日，在绥远省首府归绥一间老旧的办公室里，时任绥远省公安厅厅长的张如岗会见了一位来自北京的神秘客人，此人正是中华人民共和国公安战线传奇英雄——孙有光。孙有光是公安部政治保卫局调查研究处高级侦察员，在中华人民共

和国成立前十四天，孙有光凭借他丰富的侦查经验和敏锐的职业直觉，截获了山口隆一和李安东发往东京的一封电报。电报显示天安门有可能遭到炮击。他的情报引起公安部部长罗瑞卿的高度重视，当天便面呈周恩来总理。在天安门广场进行的中华人民共和国成立开国大典举世瞩目，面对即将遭受敌对势力威胁的严重势态，年轻的共和国公安迅速出动，坚决予以扑灭，将这一场惊天巨祸化于无形。孙有光的名字刻在了共和国公安英雄的丰碑上。之后，孙有光又先后在京、津两地粉碎了国民党潜伏特务组织的数起破坏活动，一时声名鹊起。

现在，这位反特英雄出现在绥远省，预示着又有一场大戏将要上演。

次日，孙有光和妻子侯雪莲踏上了新的征程，去往武川的路崎岖难行，40千米的路程时而爬梁，时而下坡，时而涉水，时而串沟。这

条古道曾见证了几百年的货运盛世，如今萧索冷清，行人寥落。无人对这对荷枪实弹的年轻夫妻投以关注的目光。而孙有光满脑子都是一个人的名字——张廷芝，出行之前，张如岗厅长特别提醒他，此行到武川要注意张廷芝这个人。

张廷芝是个老奸巨猾的匪首，1908年生于陕西靖边县金佛坪村，其父以上五辈先后有8人中文武举人，祖辈一贯横行乡里，鱼肉村民，是靖边县第一大恶霸地主，方圆400多个村庄的土地大部分是他家的。靖边百姓任其奴役，怒不敢言。民国初年，张廷芝的祖父——张四疯子开始勾结军阀，购买枪支，组织民团自任团总。建碉堡，筑寨墙，扩充武备。张廷芝的祖父死后，他的父亲张鸿儒续接团总职务，继续残害靖边人民。张廷芝从小不务正业，抽赌嫖俱沾，十几岁涉足军旅，曾任过国民党军队的骑兵连、营、团长及陕北三边保安司令，刘志丹、高岗曾经是其部属。在反共战场上可谓"身经百战"。据传，其夜间睡觉肤触香火，每每为火灼醒以防自己鼾睡而失去警觉，睡觉时两支驳壳枪从不离身。听说他本人能双手打枪，百发百中，手下的匪徒虽

土匪杀害的无辜群众

已为数不多，但个个都是亡命之徒。

早在刘志丹、谢子长等同志在陕北组织红军、创建苏区时期，他就开始组织反动武装，坚决与革命为敌。1930年，刘志丹、谢子长在陕甘边地区开展革命活动，陆续聚集了一个团的人马准备暴动，但遭到了张廷芝匪部的袭击，兵运工作受到严重挫折。这就是张廷芝一手制造的罪恶的"三道川事件"。此后，他曾多次率部进攻苏区，杀害、打伤、抓走了许多红军战士和地方干部，共产党员刘景科就是被他杀害的。1935年10月，党中央到达陕北后，张廷芝继续配合国民党部队包围我陕甘宁边区，经常偷袭边区，杀害干部。1936年4月，张廷芝亲自指挥所部在清扬岔将我一个独立营包围，全营官兵顽强抵抗，直至战斗到最后一人。1943年冬，共产党的五名高级干部由苏联回国，在途经安边城南的吴家湾时，误以为进入根据地，被张匪所部匪军逮捕，遭到严刑逼供，张廷芝下令把他们全部活埋。整个抗日战争时期张廷芝双手沾满了鲜血，是一个死心塌地的反共分子。

1949年西北解放，张廷芝和其残部千余人从陕北仓皇出逃，途经陕甘绥时为非作歹，残害百姓。1949年10月和1950年6月，张

廷芝两次混入绥远起义部队，解放军对他进行了耐心的收抚教育，希望他能在共产党对起义人员既往不咎的宽大政策感召下痛改前非，重新做人。张廷芝自知其罪孽深重，1950年1月和7月，两次叛变为匪，先后偷袭区公所及合作社各一处，杀害干部12人，抢劫汽车及大马车30余辆，抢去骡马150多匹。1950年1月第一次叛变后，一度在包头进行特务情报活动，建立白萝葡情报站收集中华人民共和国党政军情报，勾结恶霸地主、伪保甲长，为国民党潜伏特务头子和叛匪头目转送来往情报。他所率匪部经过我剿匪部队多次打击，已基本被消灭，他本人却几次侥幸漏网逃脱。

绥远"九一九"和平起义后，一些对共产党不信任，对失败不甘心，对蒋介石抱有幻想的旧势力不断反水，加之蒋政权派员对上述人员进行策反，火线封官，一时专员头碰头，司令多如毛。武川成为绥远匪患重灾区，一个数万人的边塞小县活动着五六千名各色武装匪帮。这些匪帮几乎清一色骑兵，机动快速，加之原国民党骑兵十二旅被视为骑兵游击战之楷模，他们熟悉地形，眼线遍布，耳目众多。有的装扮成农户的长工短汉，昼伏夜出。有的啸聚山林，潜伏乡野，化整为

零，袭击政府机关，屠杀干部群众，劫掠运输物资，气焰十分凶嚣。

几天后，孙有光和妻子侯雪莲骑乘的两匹马踏入破败陋小的武川县城，公安局坐落在县城北门的一块台地上，这里曾是日本人和国民党监狱所在地。公安局长赵立信接待了孙有光。赵立信是个身材高挑，热情洋溢而又不乏冷静的年轻人。作为一个优秀的骑兵指挥员，赵立信临危受命，出任武川公安局长，组建了一支百余人的武川公安大队，这支规模相当于连建制的小队伍，除了从部队转入的四五十名队员，其余留用的旧警察和刚入伍的新兵，没有经过严格的战斗训练，别说打仗，有的连枪都没有放过。装备也都是战争年代从敌人手里夺过来的，每支枪仅有五六发子弹。在这种情况下，追捕张廷芝这样凶残又极具战力的匪首，确实不是一件轻而易举的事情。赵立信将以往的对敌斗争经验运用到反匪肃特的斗争当中，加强训练，提高士气，发动群众，摸清情况，周密布置，迅速行动，先敌而动。仅半年功夫，武川公安大队打出了威风，队伍也因此快速壮大。剿灭了大小几十股土匪，只有一个狐狸一样的家伙一次次从公安干警的网里脱逃。这便是巨匪张廷芝。

获取到张廷芝潜伏在二份子小花窑子的消息是农历腊月二十七，小花窑子这个独家村的闫子和购置了大量的素油、黄米、白面和烧酒，显然这不是他的家族人能够消耗的。这一情况引起侦察员的警觉。经侦察摸底，从他家一个羊倌嘴里得知一帮人就蛰居在小花窑子村，其中有一个陕西人。孙有光心中立即锁定了张廷芝。事不宜迟，孙有光冒雪赶回到武川县城，布置抓捕事宜，这时已经是下午3点多了。很不凑巧，公安队员大都配合工作队下乡了，只留下十几个人，负责县委、县政府机关的警卫任务。公安局长赵立信也已随工作队下乡，只有县委代理书记、县长曹文玉同志在机关主持工作。孙有光保持着正统军人作风，笔直地行了军礼，把上级布置的秘密任务向曹文玉做了汇报。曹文玉是当地人，抗战时期就在武川大青山一带打游击，对武川的情况很熟悉。他向孙有光详细介绍了小花窑子附近的地形情况，并让他从留在机关的公安队员中挑选3名精明强干的公安战士，连夜赶赴二份子区公所，找赵立信研究具体行动方案。临走时，把他警卫员的二十响驳壳枪交给了孙有光。

下午5点多，孙有光带着3名公安战士出发了。二份子在武川县城的西北方向，距县城约60千米。那天正下着大雪，西北风卷着雪片，发出呼呼的狂叫声，打得他们睁不开眼睛。白毛旋风把田野变成一个混混沌沌的白雪世界，20米之外便什么也看不清了。如果不是一个当地籍的战士路熟，冬夜在这样的暴风雪中行军非迷失方向不可。座下的战马在坎坷的羊肠小道上疾驰，几次打前蹄跌倒，踏入雪坑，爬起来迎着西北风继续疾驰，并且越跑越快。60多千米路，只用了3个多小时就到了。赶到二份子区公所，赵立信因胃病复发，刚从乡下回来，正打算天明回县城，一听说找到张廷芝藏身地了，人一下来了精神。孙有光把上级布置的任务和抓捕计划告诉了他，并一起进行了研究。他很赞成突然袭击这一方案。因为他带着病，孙有光本想让跟随的那两个公安队员一起参加行动，让赵立信局长在区公所等待，但他坚持参加行动。

追剿土匪

内蒙古骑兵在召河庙南山向敌发起进攻

这支临时小分队在二份子区公所吃过饭，喂过马，休息了片刻，就连夜出发了。因赵立信和两名公安战士的加入，小分队增加到了7个人。按照事先分析，张廷芝的活动规律是昼伏夜出，必须等到天明张廷芝回到小花窑子才能动手。

黎明时分，风雪渐渐小了，小分队赶到了大花窑子，在村东头悄悄叫开一家老乡的门，了解了小花窑子的情况和地形，这位老乡主动要求给他们带路，小花窑子在大花窑子东北，只有二三里地，是一条沿着山沟的路，没有岔道。小分队快马加鞭，直向小花窑子冲去。小花窑子村是个一家村，两串院坐北朝南，村前一道河槽，村后紧靠着山坡，西院是羊圈和柴草垛，东院住人。恰在此时，从房后的北山坡上下来一个穿白茬皮袄的人，慌慌张张地朝村里跑来。孙有光问那个带路的老乡是否认识这个人。他说："这村只有一家人，俺是给闫子和家种地的，这个人俺没有见过。"

孙有光立刻做出判断：第一，这人可能是夜间出去作案刚回来的匪徒；第二，可能是敌人的观察哨，他发现了我们，但没有鸣枪报警，看样子没带武器。赵立信身带两名战士和带路的老乡去村北山坡上，一面堵截、辨认那个可疑的人，防止他跑进村里向匪徒报信；一面居高临下，监视村里的匪徒逃跑和防备来援之敌。孙有光和三名战士，直入院内抓捕。说罢，赵立信等便向北山坡冲去，孙有光和另外三名战士转到村南，马蹄卷起一团雪带，直到东院南门下了马。孙有光对三名战士说："我们今天要捉的匪徒，不是一般的叛兵，而是陕北匪首张廷芝。进了院子，不论发生什么事情，一定要沉住气，见机行事，动作要迅速，尽量捉活的。不到万不得已的时候不要击毙他们。"孙有光掏出二十响驳壳枪，命令三个战士也做好准备。留下一名战士牵马守门，三个人悄悄地进了院。隔着玻璃窗，看到正房的顺山大炕上，坐着一个神态紧张、面色憔悴的中年妇女，怀里搂着一个未满周岁的孩子，边轻轻拍打边摇晃着。看她那疲劳的样子，像是一夜没有睡觉了。估计她可能是这个庄主的主妇，便迅速靠近窗户，看到屋里再没有别人，小声问她："你们这里有外人吗？"她没有说话，只是惊慌地用手向西房指了指。左边的那个战士抢先向西房冲去。西房是两间土房，一门一窗，门上挂着一个用谷草打成的破草帘，窗上挂着两片破麻袋。这个战士刚刚挑起草帘，很快又准备退出来。孙有光意识到：西房肯定有敌情，新战士准是初次遇敌，不知如何处置。现在草帘已经掀起，如果他把草帘丢开，发出响声惊动了敌人，会招致敌人起来持枪拒捕。在敌众我寡的情况下，如果出现这种情况，那将是一着不慎，满盘皆输的后果。事情已到千钧一发之际，一切决定于动作迅速，争取时间。想到这里，他一个箭步跨到门前，举起左手撑住草帘，他的行动鼓舞两个战士同时向前一冲，"砰"的一声把两扇半掩着的木门撞开，闯入室内。右边顺山大炕上躺着的五个匪徒，被这突如其来的响声惊醒，他们几乎是同时猛然坐起，惊慌地去摸身旁的武器。孙有光如一尊战神似的把二十响驳壳枪对准他们，枪口里透出的丝丝死亡气息让他们不知所措，几乎同时打开机头的"咔嚓"声如雷轰顶，高声对准炕上的匪徒们喊道："举起手来！不准动！我们是中国人民解放军，你们已经被包围了，缴枪不杀！"这一切把睡眼朦胧的匪徒们吓蒙了，他们的武器就在身边，抬手就可拿起。但他们也明白那支对准他们的驳壳枪口是只要右手食指扣动扳机，20发子弹全部射出去的瞬间就可以吞噬他们五具热乎乎的身体，他们缩回了蠢蠢欲动的手。但孙有光不想这样做，大青山剿匪斗争正在进行，郑殿卿等匪首还没有抓到，活捉张廷芝这伙匪徒，能从他们嘴里了解到敌特活动的新情况。因此，不到万不得已的时候，决不会轻易把他们打死。这时，留在门外的两个战士听到孙有光厉声警告敌人的声音后也跑进来了，四支枪对着五名匪徒。与此同时，赵立信等在我们房后的山坡上，也在厉声审问着那个被抓来的可疑人。战马在院前院后"咴咴"高声嘶叫着，好像在为战友们助威。炕上的匪徒们看着胸前的中国人民解放军胸章和左臂上的盾形公安臂章的大汉，听着院子里的人喊马嘶，知道他们的观察哨已被捉住，而且真以为我们有千军万马的大部队在外面，一个个吓得面如土色。他们都望着中间的那个老匪徒，这说明此人可能就是匪首。机警的孙有光立即捕捉到了这个信息，向前迈了一步，把枪口对准这个老匪徒的脑袋。活捉这个匪首对打击那些仍在负隅顽抗的群匪具有重大意义。于是对着睡在炕头年岁较长的家伙喊道："再不举起手，就先毙了你！"他哆哆嗦嗦地说："俺……俺……"一句话没有说完，就举起了双手，其他匪徒也跟着举起了双手。两个战士顺势把匪徒们的枪支弹药收起，有两支日本制三八式步枪、三支德国制二十响驳壳枪、一支美国制的加拿大牌撸子以及步枪子弹500余发。

小分队把五个匪徒逐个从炕上揪下来往门外推，这时赵立信让跟他去的两名战士也从山坡上跳到了院子里来帮助捆绑匪徒，屋里推出一个，他们捆绑一个。当屋里的匪徒全部被推出去的时候，他们都对他们的观察哨怒目而视，好像是在怨恨他没有尽到职责。小分队用一条绳子把这六个匪徒捆好串联在一起，逐个核对他们的姓名，却没有叫"张廷芝"的。枪口对准脑袋的那个老匪徒报的名字是"闫子平"。这个地主庄园的主人叫闫子和，当过国民党的骑兵第十一旅连长，据说是张廷芝的连襟儿。凭感觉知道这是张廷芝用了化名，这个叫"闫子平"的匪徒，可能就是张廷芝。"闫子平"操着陕北口音，指着窗前放着的一套钉鞋工具说："你们看，这是我的钉鞋工具，我是钉鞋的，

是被他们抓来背东西的。"其他五个匪徒也异口同声地说："是，他是被我们抓来背东西的，放他走吧。"此地无银三百两，愈是这样愈加突出了老匪的身份。张廷芝匪部曾几次被我军打垮、围歼，他却几次漏网，原来他就是用这个办法逃脱的。这时，赵立信也从后山坡下到了院子里，他听到张廷芝说他是"钉鞋的"，严肃地说："我们绝不会冤枉好人，到了武川县城，经过审查，你确实是'钉鞋的'，我们会放你走的。"其他五个匪徒还在继续为"钉鞋的"说情。一名公安战士厉声喝道："你们瞎编甚！明明他就是匪首张廷芝！"刚才还诡称是"钉鞋的"想蒙混逃脱的张廷芝，听到这句话，知道他走到了末路，顿时像泄了气的皮球，垂头丧气地低下了脑袋，便不再狡辩。就这样，小分队一枪未发，反共二十多年的匪首张廷芝及其带领的五名匪徒就全部落网了。那个在正房顺山大炕上抱孩子的妇女，看到六个匪徒全部被五花大绑起来，便走了出来，和那位带路的老乡一起站在台阶上，喜笑颜开地为我们送行。她一定是受够了这伙匪徒的欺凌。当小分队押着匪徒们登上小花窑子村南面的小山坡的时候，怒吼了三天三夜的白毛风雪竟停了，太阳正在从东方冉冉升起投

向无垠的雪原。

小分队七个人骑着马，踏着积雪，押解着六个徒步的匪徒，向武川县城方向前进。按照匪徒们步行的速度，这120里路怎么也得走两天。由于赵立信还发着高烧，经过研究，赵立信和他带的两名公安战士，带上缴获的武器弹药，先回武川。由孙有光等原来的四个人，押解张廷芝等六名匪徒步行返回武川。当时是农历腊月二十八，又刚刚下过大雪，也可能是人们怕土匪抢劫，从太阳升起到太阳落山，走了一天，路上也没有遇到一个行人。到了四区区公所所在地——西乌兰不浪村，天已经黑了。想住到区公所，可是区里的干部都不在，区公所的门也都锁起来了。没办法，押解队伍只好继续向县城方向前进。又走了五六里路，到了五家村时，人困马乏，张廷芝等六名匪徒也提出，实在走不动了。小分队决定在五家村东头一家车马店住下了。这个车马店，店主住北房，东房住客，西房圈牲畜，当天除了店主，没有别的客人。吃过饭，战士们轮睡在北边的炕上。残酷的对敌斗争让孙有光永远保持十分警觉，他让张廷芝等睡在南边的炕上，自己坐在当屋一条板凳上看守他们。孙有光感到自己肩上担子很重，寸步不敢离开，更不敢打盹，

直进行到天明，所幸当天夜里相安无事。心里舒一口气，孙有光押解着张廷芝等继续行进，于当日下午回到了武川县城。第二天就是春节，武川公安局完成了活捉张廷芝的任务，当即把这一振奋人心的消息通过电话汇报给萨拉齐县专员公署公安处和省公安厅。上级赞誉武川公安局"不畏风雪入匪巢，勇擒恶魔除大害"。同时指示，春节放假三天，一上班就由孙有光带队把张廷芝等六名匪徒送到萨拉齐县专署公安处。但武川的匪情特别严重，匪特并没有因为过年停止活动，正月初二上午就接到群众报告：叛匪又在武川县东南山里的保气沟村抢掠。治安股长孙子英和侦察股的副股长边日安同志带着20多名公安战士出击。在这次剿匪战斗中，孙子英和边日安等四位同志不幸牺牲。为掩埋烈士遗体，押送张廷芝等匪徒时间拖延了一天。正月初五，即1951年2月10日，孙有光带着五名机敏的公安战士，用一辆胶轮大马车载着张廷芝一伙，早晨从武川县城出发，经过60多千米的路程，于晚上8点将张匪一干人押解至归绥市。

根据张廷芝的历史和现行罪恶，1953年3月在归绥（今呼和浩特市）孤魂滩被执行枪决。

文物古迹

HUASHUONEIMENGGUwuchuanxian

历史文化遗存

LISHIWENHUAYICUN

从北魏正式更名武川始，古镇武川迄今已有1600余年的历史。其间历代王朝的盛衰兴替，北方游牧文化与中原农耕文化的交融，都在武川大地留下了斑斑印迹。

武川地区特别是大青山区，蕴藏着丰富的文物古迹，历年来发现和出土了许多文物。上起石器时代，下至明清，大部分都属于我国北方少数民族的遗迹，因而富有浓厚的地方色彩和民族特色。对于研究我国北方特别是阴山地带各民族创造的光辉灿烂的历史文化及其经济发展等方面，都有一定的参考价值。

史前文化遗存

在武川北部发现了远古时期的鱼类化石，说明在远古时期，武川地区有海洋；在武川西北部发现了距今一千万年前的三趾马牙齿化石及"集宁轭齿象"牙齿化石，说明这里早在一千万年前就已经是草原，经研究，三趾马是现代马的始祖；在武川西部和县城的周边发现了距今一万年以前的古生物化石，多埋藏于马兰黄土中，种类有原始牛、猛玛象、披毛犀、羚羊、赤鹿、野马、鼠、兔等，说明在一万年前，这里的气候热而干燥，是哺乳动物向高级阶段进化的时期，也是人类诞生和发展的年代。

在武川大青山乡二道凹村北一山丘上，发现了一处旧石器时代晚期的石器制造场，发现的器型主要有砍砸器、刮削器及石片，为大窑文化之特征，反映出当时人类以狩猎为主、采集为辅的原始经济生活方式。这一石器制造场的发现，证明武川在一万年前的旧石器时代就有古人类在此生活。该石器场是旧石器时代向新石器时代过渡时期的古人类活动遗址，是迄今发现的武川最早的古人类活动遗迹。

到了新石器时代，大青山区的原始人类活动范围逐渐扩展到大青山北麓，工具有了很大改进，出现了磨制石器和陶器。1990年考古工作者在武川大青山乡前柜村发现一处新石器时代的人类活动的遗址，地表器物主要有磨光石斧、彩陶片及夹砂陶片，在蘑菇窑村等地发现有磨光石斧。在大青山区还发现了石磨棒、石纺轮、石磨盘等磨制石器，属仰韶文化晚期，其时代相当于公元前四五千年。可见中原文化此时已传播到大青山北部，这些先民们已在此繁衍生息，他们是武川人类的先祖，是武川第一批农业生产的开拓者。

石斧

1987年秋，考古工作者在武川中后河分别采集到了用玛瑙加工而成的石核、石片、刮削器及尖状器，这种文化在大青山北麓的草原地带广泛分布，是一种以畜牧经济为主要特征的原始社会文化遗存。可以考证，那时人们已从中石器时代发展到金石并用时代。当地的原始居民以畜牧经济兼营渔猎经济为主要特征，以石刀、刮削器和石片进行简单的手工生产，人类从事生产活动的能力增强，社会发展的步伐加快。

布币

石器时代在武川境内就已有人类的活动，并留下了先民们繁衍生息的遗物。但迄今为止，夏、商、西周和春秋时代的文化遗存在武川尚未发现。我们通过查阅历史文献得知，《史记·武帝本纪第一》中记载：黄帝曾"北逐荤粥"。又《匈奴传》记载："唐虞以上有山戎、猃狁、荤粥，居于北蛮。"据《史记·索隐》考究，"荤粥"即匈奴的别名。又说："唐虞以上曰山戎，亦曰獯粥（獯音薰，粥音育）。夏曰淳维，殷曰鬼方，周曰猃狁，汉曰匈奴。"《诗经·商颂》里有这样的诗句："禹敷下土方。"春秋时有"戎狄"。总之，从这些记载里我们可以知道，在夏商西周时期，大青山地区已开始成为北方游牧民族活动的大舞台，先后活动在此的部族主要有：荤粥、吉方、土方、鬼方。他们同时也与中原有着密切的交往。鬼方曾是商王朝在北部草原的劲敌，发生多次战争。20世纪70年代，考古工作者曾在武川北部发现打磨穿孔的原始贝币，反映出中原文化与北方游牧民族的交融。

战国后期，随着社会的发展，匈奴部落逐步强大，占据了大青山南北辽阔的地域，他们"食畜肉，饮獯酪，衣皮革，被旃裘，住穹庐"，过着"逐水草迁徙"的游牧生活。20世纪80年代中期在武川西乌兰不浪镇出土的石刀范是匈奴文物的珍品。另还征集到一件匈奴人面纹柄装饰的青铜短剑及动物纹青铜椎，它们是典型的反映匈奴经济的实物资料，是匈奴文化艺术的瑰宝，并反映了活动于大青山的匈奴与中原诸国的经济文化交往。

据《史记·匈奴列传》载："赵武灵王亦变俗胡服，习骑射，北破林胡、楼烦。筑长城，自代并阴山下，至高阙为塞。而置云中、雁门、代郡。"可见，此时大青山北部活动的部族主要是林胡和楼烦。北魏地理学家郦道元在《水经注》中对赵长城进行了描述，今多人又据此进行了详细的踏勘，遗迹分布于大青山南麓，称为"大青山南麓长城"，也就是我们所说的赵长城。这段长城沿大青山南麓台地构筑，随主体山脉东西蜿蜒。赵武灵王修筑工程浩大的长城，必须调动大批的劳力和戍守的军队。为了保证军队和劳力的粮饷，又必须迁徙大批的农民来此垦殖，这对经济的发展是有利的，相应的也带来了许多中原地区比较先进的生产技术和生活用具。手工业和商业也有了一定的发展。1992年，在武川大青山区的庙沟乡出土了20余枚刀币，皆为弦折型燕国"明"字刀币。中原货币的发现，正是其经济往来的实证。

赵长城的修筑并没阻止或隔断匈奴与中原人民的经济往来，反而更加促进了双方经济文化的发展和交融。武川是中原和北方游牧民族交融的重要场所，这种交融往来也促进了武川古代经济的发展。

秦始皇帝二十六年（前221年），秦始皇统一六国，建立了中央集权的封建专制国家。但北方匈奴部族仍不断南下骚扰，对秦北疆地区造成威胁。秦始皇帝三十二年（前215年），"秦已并天下，乃使蒙恬将三十万众北逐戎狄，收河南，筑长城。因地形，用险制塞，起临洮，至辽东，延袤万余里"。蒙恬所筑长城是"因边山险，堑溪谷，可缮者缮之"。说明秦长城有些是利用了赵国旧塞修缮而成。

武川境内的秦长城，属阴山长城的一部分，自西向东，从固阳北面的昆都仑河上游进入武川境内，分布于武川西部和南部的崇山峻岭中。南与大青山南侧的赵长城呈丁字形交汇。这些长城在大青山上皆依山势地形而筑，或石砌，或土筑。墙内有障城、城堡，并在山头上筑有遥相呼应的烽火台，远者三五里，近者一二里。秦还在大青山的蜈蚣坝上增修了脊岭长城，称为"当路塞"，是为关隘和塞口的重要军事防御工程。这段横亘在白道隘口处的长城随蜈蚣坝东西蜿蜒，东到红沙口峭壁，西达乌素图陡坡，全长10余千米。蒙恬北筑长城，对北方农耕区域免遭游牧的匈奴人的侵袭和掠夺起到了极大的作用，确保了北方人民生活稳定和安宁。

西汉元朔二年（前127年），汉武帝遣车骑将军卫青从"云中以西至陇西……于是汉遂取河南地，筑朔方，复缮秦时蒙恬所为塞，因河而为固"。太初三年（前102年），"汉使光禄徐自为出五原塞数百里，远者千余里，筑城障列亭至庐朐，而使游击将军韩说、长平侯卫杭屯其旁，使强弩都尉路博德筑居延泽上"。

秦朝半两钱币

据史料记载和工作者的实地踏勘，汉初，卫青修缮并沿用了大青山的秦长城是为北线，也称秦汉长城。徐自为新筑的长城在武川西南部的大山中，是从原来秦长城的基础上向西北分叉出去的，往西北进入固阳县境内，经今达尔罕茂明安联合旗伸入乌拉特中旗境内。这条由徐自为所筑的长城也称"光禄塞"，也就是汉长城的南线，它是兴筑在五原塞以外的防御设施，因此它的东南端的起点应在今武川西南部的马鞍山顶上。汉王朝在修筑长城的同时还兴筑了许多的障城和城堡。在武川境内经考古确认的有四座汉代古城，分别是什兰哈达古城、什尔登古城、土城子和母号窑子古城。

什兰哈达古城的设置，控制着武泉水和南北通道。什尔登古城控制着从大青山南麓向北蜈蚣坝到后大草原的一条重要通道——白道。这条通道从战国开通，是中原内地与北部边远地区经济文化交流的命脉，也是历史上北方游牧民族南下逐鹿中原的必经之道。土城子和母号窑子古城是汉代在五原塞山后设置的两个重要的戍镇，其主要控扼着从敕勒川向北经塞水孔道到西北草原的通道。此外，在长城的沿线还修筑了众多大小不等的城障，把汉朝的势力范围推移到阴山以北的地方。大青山作为一道重要的天然防线，充分体现出它在历朝历代政治、军事、文化等方面的重要性。

秦汉时期，武川地区经济文化的发展，因注入了戎狄之俗而孕育了独特的文化体系，是北方民族文化进一步发展时期。在武川境内长城沿线的文物考古中，发现了许多说明这一特性的遗物，如匈奴青铜短剑和青铜镞；富有北方民族特色的陶盆、罐、钵、甑、釜以及建筑材料等。从这些出土文物可看出，秦汉时期，武川农业生产的水平有了很大提高，手工业也有了较大的发展。从遗址出土的家畜骨骼种类可看出，畜牧业此时已得到了全面的发展，商业也有了一定程度的发展，半两、五铢钱的发现，反映了货币流通及商品经济的发展。南匈奴内附汉室后，与阴山南北汉族杂居，和平共处。长城以南是汉族耕织的土地，长城以北是匈奴的游牧地带，保证了西汉前期大青山南北地区农牧业经济的蓬勃发展及商业、手工业的繁荣。可以说，匈汉共同开发了大青山区。

北魏陶壶

北魏时期文化遗存

随着匈奴的衰落及北匈奴远去漠北，鲜卑族从大兴安岭兴起，势力迅速发展起来。这一时期是北方游牧民族大迁徙和大融合时期。北方民族大量移入中原，并在各地先后建立政权，在历史上出现了"五胡十六国"的分裂局面。其中拓跋鲜卑由北向南发展，在大青山以南盛乐建立了北魏政权。这是我国南北朝时期的开始之年。

北魏建国后，道武帝拓跋珪经过几十年的扩张统一战争，在阴山南北地区征服了独孤、高车等诸多部族。北魏太和十七年（493年），拓跋珪之孙太武帝拓跋焘统一了中国北部，结束了长达130多年的十六国战乱局面。在北魏王朝的统治时期，阴山地区是北魏历代帝王巡幸关注的重要区域。据史料记载，为了防御柔然的南侵，从道武帝起，北魏政权在阴山以先后三次大规模修筑长城，以防守边疆。文物考古工作者在武川县境内的二份子乡东红胜村发现北魏长城，这段长城和位于达尔罕茂明安联合旗东南境召河西北4千米外与希拉穆仁草原的北魏长城相连接，完全是土陇，单一条长城线，无烽火台。从今达尔罕茂明安联合旗进入武川县境内偏西南延伸，在武川西乌兰不浪镇水泉村南坡止，全长12千米。此外，在长城沿线还设置了具有军事性质的镇边城堡。如1986年文物普查时，在武川县境内二份子乡发

北魏万岁富贵瓦当

现的北魏时期的镇边卫城——二份子城滩古城。古城位于大青山以北，面积约50万平方米，规模较大，所处的地理位置也十分重要，扼守着由武川境内通往北部达尔罕草原的最大山口。它与西面的怀朔镇及东西的抚冥镇基本分布于同一线上，有角楼建筑和马面，所以，应该是一座军事性质的城郭。在北魏时期特别是初期是非常重要的军事重镇。但是否是北魏之武川镇，还有待于做进一步的考证。

此外，在武川境内大青山的北部，还发现了北魏帝行宫阿计头殿和广德殿。文物考古工作者在阿计头殿城内发现了遗留大量的筒瓦、板瓦和"万岁富贵"瓦当，在城中偏北还有较高的建筑台基及大型的莲花花岗岩柱础及屋顶装饰残件。阿计头殿遗址位于武川西南的大青山腹地蜈蚣坝（白道岭）西北山梁上，殿南、东南、西南一带为大青山主脉所环绕，另有一较大的河流自武

川南经阿计头殿东南3公里出乌素图出口入大黑河，此即杜佑《通典》所指"白道中溪"（今武川抢盘河）。郦道元在《水经注》中也有翔实记载："芒干水又西南，迳云中城北，白道中溪水注之。水发源武川北塞中，其水南流，迳武川镇城，城以景明中筑，以御北狄矣。其水西南流，历谷，迳魏帝行宫东，世谓之阿计头殿。宫城在白道岭北阜上。"对广德殿行宫，郦道元在《水经注》中更是作了细致的表述："芒干水又西，塞水（今武川境内榆树店河）出怀朔镇东北芒中，南流迳广德殿西山下。余以太和十八年，从高祖北巡，届于阴山之讲武台。台之东，有高祖讲武碑，碑文是中书郎高聪之辞也。自台西出，南山上，山（榆树店南照壁山）无树木，唯童阜耳，即广德殿所在也。"

从郦道元的《水经注》记载中可知，孝文帝太和十八年（494年）巡幸阴山及北方四镇，是北魏皇帝最后一次巡幸北疆。当时，《水经注》的作者郦道元作为孝文帝巡幸北疆的随从大臣之一，目睹了阴山之中北魏行宫的雄伟、华丽与壮观，便对所处的位置、环境和规模等作了详尽的记述。

在第三次全国文物普查期间，文物工作者在武川境内大青山以北

哈拉合少乡榆树店村北梁上发现一古城，后经内蒙古文物考古专家多次踏勘考证，与《水经注》记载完全符合，认定为北魏广德殿行宫无疑。该遗址位于榆树店村北面的低山丘陵的缓坡上，南临榆树店河（古称塞水）和照壁山相接。城墙依山而筑，夯筑的土墙高大坚实，城墙上有马面、墩台等附属设施；城内散布有灰陶片和有北魏典型特征的前缘饰指压水波纹的檐板瓦。

位于阴山的广德殿是北魏太武帝拓跋焘在巡幸阴山时建造的。北魏政权在阴山之北建造行宫，主要是鉴于北方柔然的频繁入侵，北魏诸帝经常巡幸作为北境天然屏障的阴山，以此巩固和加强阴山防线。当时，为了北魏皇帝巡幸和驻跸的需要，就在阴山建了永久性的行宫。所以，阴山行宫既是北魏诸帝运筹帷幄、指挥军事行动的前沿指挥部，又是随军后妃生活的起居之地。从道武帝拓跋珪开始，明元帝拓跋嗣、太武帝拓跋焘、文成帝拓跋濬、献文帝拓跋弘、孝文帝拓跋宏等均在阴山行宫巡幸驻跸过。有史料载文成帝拓跋濬在位十四年中巡幸阴山就达八次之多，其长子献文帝拓跋弘于兴光元年（454年）生于阴山北行宫，这是生于武川的第一位皇帝。

今天北魏帝行宫遗址，仅存残垣荒埂，蓬草野荆，但它毕竟是北魏王朝争霸北方的又一佐证。它在统治北方长达百余年的时间里，从一个落后的游牧部落向封建化作了飞跃的过渡，农牧经济有了高度发展，对北方的统一起了很大的作用。

辽金元时期文化遗存

神册元年（916年），武川纳入契丹版图，军事上属西南招讨司，隶属于西京道丰州北境。辽为了对大青山后加强统治，在大青山以北地区增设了净州路天山县，武川为天山县南境。金代将原丰州大青山北部的净州路升为净州，属丰州支郡，仍属西京道辖治，天山县、武

金青釉鸡腿瓶

川仍在其辖治内。元朝将净州改为净州路仍驻天山县，武川在其境。蒙哥汗时，大青山地区成为汪古部的世袭领地。辽金元时期，生活在武川县境内的主要是契丹、女真、汪古部、蒙古及汉人等。所以，辽金元时期的历史文化遗存在武川境内发现有百余处，遍及县境山川，主要分布于大青山及抢盘河流域。辽代遗迹以大青山区为主，金元遗迹以"木怜道"沿线为多。这些文化遗存为我们探索辽金元时期武川乃至整个大青山区的历史发展历程提供了物证。

辽朝兴于东北的契丹族，以游牧、渔猎为生，北魏时期同中原来往密切，后来势力不断壮大，并开始了农耕和定居的生活。辽神册元年（916年），首领耶律阿保机逐步统一契丹各部，建立契丹政权，后称为辽。因此，大青山区留下了许多契丹族活动的遗迹。

从20世纪80年代到90年代初，在县境的西南部山区和抢盘河流域先后发现四座辽代时期的砖室墓及多处遗址，分布在山区的墓葬多为单室砖券顶，具有浓厚的草原穹庐风格，墓内随葬的器物多为中原产的寿瓷、白瓷等，反映出辽与中原地区密切的经济往来。

在得胜沟乡金矿采矿区还发现了辽代采矿遗迹——古矿洞，矿洞中遗留有简单的工具和一些瓷片。经专家认定，为辽代末代皇帝天祚帝逃亡大青山后设置的专门开采黄金的管理机构"山金司"的采矿点。

金三足香炉

史载：辽圣宗太平七年"五月，清暑永安山西南路招讨司奏，阴山中产金银，请置治，从之"。又"圣宗太平年间，于潢河北、阴山及辽河之源，各得金、银矿，兴冶采炼。自此以迄天祚，国家皆赖其利"。

以上说明早在太平七年（1027年），西南路招讨司即开始在大青山中开采黄金，国家因此专门设立"山金司"，管理黄金开采诸事。而辽代当时的财政收入也主要是依靠大青山"山金司"的采矿业。而天祚帝国破家亡逃往大青山后，图谋东山再起，便招兵买马，扩军备战，出于军事的需要，把"山金司"改为"统军司"。《辽史》载："山金司，以阴山产金，置治采炼，故以名司，后改统军司。"考古发现也证实了史料记载。武川大青山区现在众多的黄金采矿区，它的开采源头可追溯到辽代中期。

天祚帝在位25年，他逃到云中丰州，后又躲藏在大青山中近三年的时间，阴山南留下了辽代众多的遗址、遗迹。夹山（大青山）也因天祚帝而闻名史册。

保大五年（1125年），金灭辽后，在辽之丰州地仍置丰州。丰州辖富民县和振武镇，武川仍属富民县辖。金大定十八年（1178年），金将大青山后建立的天山县升为净州（今四子王旗城卜子古城），净州为丰州支郡。这里曾设过"榷场"。武川当时应属净州天山县辖。

金朝建国之初，为了防御和遏制北方草原崛起的另一游牧民族蒙古人的南下，同时为避免陷入南宋和蒙古南北夹击的不利境地，遂对蒙古采取守势，沿北部边界自东而西开始修筑金长城，亦称为金堑壕、金界壕等。该长城东起东北的莫力达瓦达斡尔自治旗尼尔基，终于武川县大青山北麓上庙沟南山。

延经武川县的为金界壕的南线，自达尔罕茂明安联合旗经坤兑滩伸入武川县二份子镇境内，大体呈南北走向，主要分布在县境内的西部区，全长70余千米。武川境内这段界壕是金界壕的最西端，是金界壕最后修筑地段，修筑时间约在金章宗年间（1190—1200年）。金章宗年间，仆散揆任西南路招讨使兼天德军节度使，"揆沿徼筑垒穿堑，连亘九百里，营栅相望，烽候相应，人得恣田牧，北边遂宁"。仆散揆所筑界壕就包括武川境内这一段。2010年长城调查时，发现武川境内的这段界壕是利用汉五原郡外长城北线改造而成，由堑壕、壕墙及墙体上的马面、女墙等组成。在墙体的内侧建有距离不等的边堡和障城，用于屯戍兵卒。从实地调查的情况

元铁象棋子

来看，是保存较好的段落，壕深加墙高的可达5米。界壕、边堡大部分遗迹清楚，走向明确，沿线所构筑的防御设施遗迹保存较好。为我们研究金代疆域确切的位置提供了依据。

在大青山区，发现了多处金代遗址，多出土反映日常生活用具的陶瓷器，有的属于当地烧造，制作比较粗糙，烧制温度不高，胎质也较粗。但也有来源于中原特别精致的瓷窑所烧造的器物。反映出当时的制瓷业发展水平以及与中原的经济往来。2013年，文物工作者在县境的西部区发现了金时期的一座瓷窑，这在内蒙古西部区尚属首次发现。此外，在大青山北麓还发现了许多的金代遗址，出土了很多的铁器、铜镜以及砖、瓦、瓷器等。这些实物资料都反映出金时期在大青山地区农业和商业经济的繁荣发展。

13世纪初，成吉思汗统一大漠蒙古各部，元至元十六年（1279年）

元绿油狮子灯盏

统一了全国，结束了我国历史上的分裂局面。元代汪古部是大青山地区主要的游牧部族，武川县的活动中心主要在东土城一带。1974年，考古专家丁学芸女士对武川县东土城及其周围进行了详细的考古调查，出土了"监国公主"铜印，经考证是成吉思汗下嫁给汪古部首领的三女儿阿剌海别吉用过的印，其权力不仅统领汪古部政事，还管理着黄河以北的广大地区。这一发现是我区蒙元时期的重大考古发现。

1985年文物普查时，考古工作者又在东土城周边发现了古城、村落等遗址20多处，征集了一批文物。经考证均为金元时期遗址。在东土城古城内曾出土一件写有"都府"的大瓷瓶，制作精致，具有极高的艺术价值，反映出当时制瓷业的高度发达。在东土城古城南约10千米的大青山脚下元代古村落遗址内，发掘出整套铁农具，说明此时农业经济占据了主导地位。史

清代双灵芝耳花鸟瓶

料记载，忽必烈时，常派汉人向蒙古人传授耕作技术，鼓励蒙古人牧养繁殖之外，也要种田。还在阴山以北地区大规模实行屯田，促进了当地的农业经济，大青山元代古村落遗址就是最好的证明。在武川县境内还发现了众多的元代石碌碡、磨盘和石臼等反映农业生产的器具。

蒙哥汗时，正式将净州路等地分封给汪古部首领为世袭领地，武川在其领地范围内，当时已经出现了大批的城镇。在1986年的文物普查中，文物工作者在境内发现了众多元代古城，如以东土城古城为中心向周边辐射的北土城、西土城、南土城、西红山、单府等古城，而东土城古城应该是元代"木怜道"这条交通线上一座重要的古城，既是政治、军事据点，又是经济、文化中心。由于和中原地区商贸联系密切频繁，武川乃至整个草原，农业、畜牧业、手工业及商业都有了巨大发展，这一

清彩壶

时期是大青山北经济发展最繁荣昌盛的时期。

明清时期文化遗存

从明代至清代，大青山北麓一直为归化城土默特部的牧地。明代散居于内地的蒙古族和汉族长期杂居，共同生活，逐渐融为一体。而居于塞外的蒙古族，仍然过着传统的游牧生活，保持着自己的民族特征。嘉靖中期，土默特部俺达汗势力强盛，不断向南发展，明王朝兴筑了东西横贯的万里长城，阻隔蒙古各部于长城以北地带。雍正元年（1723年）在归化城设置了理事同知，三年后隶属于山西朔平府，大青山北属其辖地。由于武川距归化城较近，又处于召河、百灵庙途中，因而设为驿站的可可以力更镇逐渐变成有店铺的商镇。大青山南麓的商人也逐步扩展到大青山北麓的草原地带。走的就是一条由归化城北出坝口子，经蜈蚣坝翻越大青山到武川直通北方草原的白色大道。

1926年，民族英雄吉鸿昌将军在绥远省都统署警务处任处长时，亲率兵役民工修复蜈蚣坝地段的公路，工程竣工后，为了纪念他亲书"化险为夷"四个大字，凿刻于蜈蚣坝顶公路的右侧石崖上留念。将天然大理石磨光表面凿刻而成。形式为竖写双线阴刻，右上款"'中华民国'十五年五月谷旦勒"，左下款"修筑蜈蚣坝道路工程纪念"。石刻现位于武川县城东南呼武公路17千米东侧，2006年被内蒙古自治区确定为重点文物保护单位。

清代中期武川县还兴建了很多的佛寺，如建于康熙年间的武川县大兰旗召滩村的班第达召，规模宏大，共有九九八十一间房，外观为跳台式三层楼，还建有一座与正殿等高的白塔，常住僧多至三百人，现仅存高大的塔基。

古镇武川，历史悠久。从一万年前的人类活动至北魏正式更名为武川，并建制为镇边六镇之一，迄今已有1600余年的历史。其间历代王朝的盛衰兴替，北方游牧文化与中原农耕文化的交融，都在武川大地上留下了斑斑印迹。

五 朝 长 城
WUCHAOCHANGCHENG

从北魏正式更名武川始，古镇武川迄今已有 1600 余年的历史。其间历代王朝的盛衰兴替，北方游牧文化与中原农耕文化的交融，都在武川大地留下了斑斑印迹。

广袤的北方大地，各民族自古就在这里生息繁衍，为祖国悠久的历史谱写了重要篇章，创造了光辉灿烂的文化，遗留下了丰富多彩的文物古迹。古长城便是其中之一。而在有着"北魏重镇"之称的武川境内就分布着五个不同朝代兴筑的长城遗址。早自战国时期，晚至辽金时代，共计约 300 千米。如今虽然已被历史的风雨剥蚀成了断垣残基，但仍以苍苍莽莽的气势，威武雄浑的壮阔，浓缩成了一种厚实的文化积淀，以永恒的苍凉和悲壮，永远留在中华文明的史册里。

秦汉长城

秦始皇兴筑的万里长城，西起临洮，东至辽东。西汉武帝时在敦煌郡外兴筑的塞墙列燧，西自今新疆维吾尔自治区境内，东端至今辽宁省境内。今内蒙古自治区及河北省境内的秦汉长城遗迹，属于中间地段，西起至额济纳河流域，向东横贯荒漠、阴山山脉、燕山山脉，至原很河流域，东西横跨约 2800 千米。《史记·秦始皇本纪》载：秦始皇三十三年（前 214 年）"西北斥逐匈奴。自榆中并河以东，属之阴山，以为三十四县，城河上为塞。又使蒙恬渡河，取高阙、陶山、北假中，筑亭障以逐戎人。徙谪，实之初县"。秦始皇三十四年（前 213 年），"适治狱吏不直者，筑长城及南越地"。这就是举世著名的秦始皇长城的可信记载。

公元前 4 世纪后叶，赵国的疆域由晋北扩展到现在的大青山南部。据《史记·匈奴列传》载："赵武灵王亦变俗胡服，习骑射，北破林胡、楼烦。筑长城，自代并阴山下，至高阙为塞。"郦道元在《水经注》中对大青山南麓台地的赵长城这样描述："顾瞻左右，山椒之上，有

125

秦汉长城

垣若颓基焉，沿溪亘岭，东西无极，疑赵武灵王之所筑也。"这条长城从旗下营入呼和浩特市东郊榆林乡经罗家营乡过哈拉沁沟口到坝口子村，再西到包头，直到狼山上。

秦始皇二十六年（前221年），秦始皇灭六国兼并天下，战国时兴起于北方的匈奴部族，虽遭赵武灵王打击，退到阴山以北的广大草原地带，但其畜牧业不断发展壮大，仍不断南下侵扰，对秦北方地区造成威胁。于是"秦已并天下，乃使蒙恬将三十万众北逐戎狄，收河南。筑长城，因地形，用险制塞。起临洮，至辽东，延袤万余里"。蒙恬所筑长城是"因边山险，堑溪谷，可缮者缮之"。说明秦长城是利用了赵国的旧塞修缮而成。

巍峨峻峭的阴山山脉分为三段。东段是大青山，中段是乌拉山，西段狼山。武川位于大青山的中部。秦汉长城全线大体可分为东、中、西三段。中段从南至北可分为南、中、北三线，武川境内的秦汉长城应属于中段中线。这段长城大约横贯于秦时九原和云中郡境，遗迹由宁夏北上，穿越乌兰布和沙漠北边的鸡鹿塞，进入内蒙古以后，逶迤在狼山北面岗峦之上，至石兰计山口，向东经固阳县北部。从固阳北面的昆都仑河上游向东，进入武川县南部的哈拉合少、得胜沟、大青山乡。从大青山乡的什尔登村过蘑菇窑子村、四合义村，再向东南顺坑坑沟、五道沟、雷达站奔魏家窑子村；又东经崞县窑子村由东南入呼市毫沁营乡，呈丁字形交汇于赵长城。秦汉为严控白道岭，又在蜈蚣坝这条阴山大道的关隘处修筑了一道长城，横亘在呼武公路17千米处，随蜈蚣坝东西蜿蜒，东至红山口谷峭壁，西达乌素图沟陡坡，全长十余千米。并在山头上筑有遥相呼应的烽火台。经查，从大青山北麓的什尔登口向南，远者2千米左右，近者1千米左右，相应似联珠，首尾无尽处，一直伸入到白道岭（蜈蚣坝顶）。汉初修缮并沿用了白道岭秦长城。徐自为新筑的两道长城，南面的一道在武川县哈拉合少乡，是从原来秦长城的基础上向北分叉出去的，往西北入固阳边墙壕村，经达尔罕茂明安联合旗入乌拉特中、后旗。北面的一道从达尔罕茂明安联合旗

的东面向西南折进武川县的哈拉合少乡与大青山北麓的长城汇合，这里有三段长城的会合点，应是"出五原塞"的起点。

秦长城自固阳县陈家村进入武川县哈拉合少乡胡岱窑村北，穿过山谷东行经花圪台村、五号村、良泉坝村，分布在小山脊顶上，又于良泉坝穿越武川县至固阳县间的柏油公路，折向东偏南行，至哈拉合少乡烧林沟村附近的大山西麓中断；之后在烧林沟村东南的得胜沟乡西部大山顶上长城遗址再现，长城自山顶向东面的小山伸延，经蘑菇窑村至大青山乡的什尔登村北。长城自此折向东南行，翻越大青山顶伸向南麓，经大兴有村、白彦山村、魏家窑村、崞县窑子村，至冯家窑

秦汉长城

村南伸入呼和浩特市境内；武川县秦长城自冯家窑村进入郊区毫沁营乡境内，沿大青山南坡的山脊向东南方伸延，经马场、羊场至呼和浩特市北郊坡根底村北与山前的战国赵长城相交，总计长105千米。其中以武川县得胜沟乡和哈拉合少乡秦长城保存较好。

秦长城多半修筑在大青山北坡，依山就险，因坡取势。修筑方法主要有三种。修筑于大青山上的一般就地取材，在石料丰富的山地为石筑，全部是石块错缝垒砌。在低山、坡势较缓地带采用土石混筑方法，长城两侧垒砌石块，中间填以土、石。在山隘谷口及平川地带采用砂土夯筑，每隔一段有一烽火台，烽火台多设在视野宽广的山巅，与长城垂直距离。离烽火台不远的高地上，有房子坍塌后留下的石墙圈遗迹。这是守城士兵的城堡，看到这些供驻兵戍守用的房子的遗址，人们会很自然地和史书上长城"亭"的建制联系起来。在重要的山口和关隘处，往往有障城，它是附属于长城的军事城堡。从固阳进入哈拉合少乡胡岱窑村北，东行经花圪台村、五号村、良泉坝村，于良泉坝穿越武川县至固阳县间的柏油公路，折向东偏南行这段长城墙体基本为砂土夯筑，残高0.5—1.5米，宽3—

4米，仅可看出是一道土垅，沿线烽燧甚少。长城遗址再现在烧林沟村东南的大山顶上，中间相距6千米，为险陡的山岭。这座位于得胜沟乡西部的大山，为大青山北部的分支，最高峰海拔2261米。这座大山顶上有一座石砌烽燧址，燧旁有一座石砌房屋基址，烽燧与长城石砌墙体相连，长城自北山顶起向东伸延。山顶上石砌长城墙体高大，外侧高6米，内侧高约3米，顶宽2.5米，长城自山顶向东面的小山伸延，经后北沟村、前北沟村至乡政府所在地酒馆村北，期间见有一石砌烽燧址，四边用石块垒砌，当中填土，残高为2米。长城继续沿小山脊顶向东伸延，经蘑菇窑村至大青山乡的什尔登村北。这段长城原用土石混筑，水土流失后仅存一条石垅，残高0.5—1米，有的地方仅可隐约看出痕迹。什尔登村位于大青山北麓有名的什尔登口子，为南北交通的要冲，在村北和南山坡尚残存有汉代塞址痕迹，长城自此折向东南行，翻越大青山顶伸向南麓，经大兴有村、白彦山村、魏家窑村、崞县窑子村，至冯家窑村南伸入呼和浩特市郊区境内。这段长城基本用砂土夯筑，残高1—2米，翻越大青山后全用石块垒砌。沿线加筑有列燧，自什尔登村南到大青山顶间，每间隔

0.5—1千米有一座烽燧址。合计秦长城武川县段全长约95千米。沿线分布的障塞址除上述什尔登口子一座外，在胡岱窑村北的山谷口东侧有一座，合少乡土城子村有一座，得胜沟乡古城湾村有一座，其中除古城湾村城址内散布陶片不多外，其余障塞址内地表散布遗物均甚丰富。

武川县秦长城从冯家窑村进入郊区毫沁营乡境内，沿大青山南坡的山脊向东南方伸延，经马场、羊场至坡根底村北与赵长城相交，全长约10千米。这段长城墙体用石块垒砌，基宽3.5米，残高2—2.5米，其中在坡根底村北山上有一小段保存较好，高约5米，傲然屹立，颇为壮观。与赵长城汇合处山坡地段为土石混筑，长城两侧垒砌石块，中间有碎石和土，宽2.2—2.5米，残高0.2米。与赵长城即将结合处的长城，呈略高出地面的土垄，下山坡后与山麓地带东西而过的赵长城汇合。

秦代兴筑的长城在坡根底村与赵长城相交后，继续向东伸延，经东干丈忽洞村伸入卓资县旗下营镇境内，汉初还曾沿用这段长城。

秦长城武川县地段，是自良泉坝向西北伸延经胡岱窑村北伸入固阳县境，这一段长城经过山区，逶迤在山岭之上，长城沿线所见烽燧址，均为汉代加筑，秦代初筑长城时不曾筑有烽燧；现今沿线见有两处地方的烽燧址较为密集，此即为列燧，是在南北交通要冲的山谷上兴筑，既是屯守险要，也是向后方传递信息之用。再者，长城沿线内侧所见的障址，应是秦代兴筑的，墙垣规模均不大，戍守时间不长，因而遗物不多。其中有的经汉代改筑或是另在山谷口外另筑障塞，作为屯守据点，远距长城数里之外。如武川县胡岱窑村北的障址，现今所见障址墙体长宽约40米，残高0.5—1米，障址内地表散布陶片均为汉代，而在障南约10米处地表散布有不少秦代瓦砾，可以推断该古城秦建又经汉代改筑；武川县土城子村障址，是在长城之南约10千米的河谷西侧山坡上，此河谷向南穿越大青山通至呼和浩特平原，因此在此谷口外筑障屯兵扼守。秦王朝派蒙恬占领阴山北假地带后，先是"筑亭障以逐戎人"，而后经过十余年才建成万里长城，因此在长城沿线所见的亭障址规模都不大。关于秦长城修筑的时间，《史记·秦始皇本纪》载：三十三年，"又使蒙恬渡河，取高阙、陶山、北假中，筑亭障以逐戎人"。"亭障"即长城，这段长城沿阴山山脉西段狼山北坡东行，穿越固阳县中部色尔腾山北坡，经武川县大青山，在呼和浩特市北郊红山口东侧坡根底村与战国赵长城相交。呼和浩特市这段长城为蒙恬于秦始皇三十三年（前214年）新筑长城。秦长城是我们中华民族的瑰宝，也是世界建筑史上的奇迹，更是我们中华民族辉煌的历史，灿烂文化的象征。

汉外长城

汉武帝太初三年（前102年）时，筑五原塞外列城及居延边塞。《汉书·武帝纪》载："遣光禄勋徐自为筑五原塞外列城，西北至庐朐，游击将军韩说将兵屯之，强弩都尉路博德筑居延。"同书《匈奴列传》较详，称："汉使光禄徐自为出五原塞数百里，远者千余里，筑城障列亭至庐朐，而使游击将军韩说、长平侯卫伉屯其旁。使强弩都尉路博德筑居延泽上。"徐自为所筑五原塞外列城，通称为外长城，即今武川县西北伸延至乌拉特后旗西北部，再伸入蒙古国境内的汉外长城遗迹。据上引《汉书·武帝纪》及《匈奴列传》记载，这条外城在当年就被匈奴人所破坏，称："其秋，匈奴大入云中、定襄、五原、朔方，杀略数千人，败数二千石而去，行坏光禄所筑亭障。"于是汉王朝不得不另筑一条新长城，这就是汉外长城的南线，北距北线2.5—40千米，它的西端不再是庐朐，而是与居延边塞相接。路博德所筑居延边塞的东北端有列隧与外长城南线相连，西行至今苏古诺尔北折向西南行，沿额济纳河上溯，至居延海西南方与从居延海东南方伸延过来的支线相交，再沿河向西南方伸入今甘肃省金塔县境，其中在两线相交附近各有一段是有墙体。于是，今内蒙古地区所见汉外长城遗迹西至额济纳河流域，西北至乌拉特后旗西北部的中蒙边境。

根据上述史料记载，汉外长城遗迹分为南北两线。

北线

东南端起点在今武川县哈拉合少乡后石背村后的大山顶上，大山北坡下为西乌兰不浪乡阿路康卜村。山顶上见有汉代建筑基址，地表散布有少量汉代陶片。汉代长城墙体已被改筑为金代界壕，但在山顶上有小段不曾叠压在一起，金界壕在山坡西侧另挖壕筑墙，而自阿路康卜村北起，长城向西北方向伸延，经乌日塔、庆和昌、三合民、火烧羊圈、二份子村东、三份子村西伸入达尔罕茂明安联合旗境内。自阿路康卜至二份子村东之间的汉长城，金代改筑为界壕，现今许多地段可见高达3米的墙，一般均高1.5—2米，墙体外侧加筑有望台。但在界壕附近分布有一系列的烽燧址，建筑在地势较高的山坡上，有的地表上还

汉外长城（北线）

可见到汉代陶片。且从界壕的墙体断面上看到，它是经过加宽增高的，原墙体为夯筑，加筑的是覆土未夯。由此可知，它应是利用汉外长城改筑而成的。汉外城北线在武川县二份子村与三份子村之间向北伸进达尔罕茂明安联合旗后，北行经坤兑滩乡上苏吉村，再北行经红格塔拉牧场二队，折向西北行经百灵庙后河、巴音敖包苏木，再西北行经红旗牧场乌兰布拉格，至呼热苏木村西伸入乌拉特中旗境。

汉外城北线在武川县境内全长约41千米。南距外城南线2.5—40千米，墙体大部分地段为夯筑土墙，个别地段有用石块垒的，基宽3—6米，残高0.5—3米。沿线分布有障址。

南线

东南端起点在今武川县西乌兰不浪乡西南部的马鞍山顶上。此山顶海拔2026米，较北线东南端起点所在的后石背图山高出200余米，位于其西偏北约7.5千米。马鞍山山高陡险，在此可俯瞰周围群山万壑，远眺数十里外山川景色，是军事上的重要制高点。秦长城在马鞍山南坡下东西横过，与汉外长城北线大致呈丫字形相会，相距约1千米，但当中为陡峭山岭，并未筑有墙体相连。汉外城南线起点兴筑在山顶较平缓处，先向北展延，经西二道边村西山梁，折向西北走下大山，进入丘陵山区，西北行经二份子乡老银哈达村、土城子村，至杨树功

汉外长城（南线）

村南伸入固阳县境内。汉外城南线自武川县进入固阳县大庙乡石兰哈达村北，再向西北伸延经东公此老乡圪臭壕、卜塔亥乡瞭将台等地，至边墙壕村北伸入达尔罕茂明安联合旗境内。

汉外长城南线在武川县境内，全长约 31 千米。墙体兴筑方法因地制宜，在武川县境内为砂土混筑，保存较好。墙体残高 0.5—3 米，基宽 3—4 米。

《汉书·匈奴列传》记载汉武帝太初三年（前102年），"汉使光禄徐自为出五原塞数百里，远者千里，筑城障列亭至庐朐。而使游击将军韩说、长平侯卫伉屯其旁。使强弩都尉路博德筑居延泽上。其秋，匈奴大入云中、定襄、五原、朔方，杀略数千人，败数二千石而去，行坏光禄所筑亭障。又使右贤王入酒泉、张掖，略数千人。会任文击救，尽复失其所得而去"。这条由徐自为所筑的长城，或称作光禄塞，也就是上述的汉外长城或外城。它是兴筑在五原塞以外，即是在五原郡和朔方郡的北面的防御设施，因此它的东南端起点应是五原郡辖地的东北边境。有人说它的东南端起点在武川县庙沟，其实上庙沟村所见的长城，乃是金界壕，它自上庙沟西北行穿过土城子村的汉代障址，自东南斜穿障城西北部而去，可知其说不确；或有人说光禄塞与秦长城相交，即从秦长城上分出一条线之意，实际情况也并非如此，无论南线或北线都不与秦长城相交。

汉王朝在修筑长城的同时，还修筑了许多的城障列亭，而阴山作为重要的天然防线，在重要的孔道关隘的地方都建有戍城。在武川县境内与秦汉长城有密切相关的四座古城分别是西部区的土城子古城和母号窑子古城；中部区白道岭孔道口的什尔登古城；东部区的什兰哈达古城。土城子古城和母号窑子古城是汉代在五原塞山后设置的两个重要的古城，扼守着从战国时就已开通的塞水河谷孔道。什兰哈达古城控扼着武泉水河谷的南北孔道。什尔登古城的设置，控扼着从呼和浩特市出坝口子经白道岭（蜈蚣坝）到武川，通向后山大草原的一条重要通道——白道。这条道从战国开通，至今对阴山南北的经济发展起着巨大的作用，是内蒙古西北部边

远地区与内地经济文化交流的命脉，历史上曾是北方游牧民族南下逐鹿中原的必经之道。充分体现出大青山区历朝历代在政治、经济、军事、文化等方面的重要性。

汉朝在长城沿线城障列亭的设置，进一步巩固了北方的统治，使阴山北麓出现了相对安定的局面。也说明，汉王朝北部防御的布局，不仅限于防守长城一线，而且构成了长城与郡县之间，边郡与边郡之间，边郡与中央朝廷之间的总体防御系统。

金界壕

金太宗天会三年（1125年），金灭辽后，在丰州所辖地界内，设置了富民县和振武镇，武川仍属富民县辖。据史料记载，金王朝在镇压了北方部族的反抗后，采取了两项重大举措，以巩固北方地区。一是把东北路招讨司机构从泰山迁到金山，以加强边防地区的管理；二就是修筑界壕。金为了防御和遏制北方草原崛起的游牧民族骑兵的南下，沿北部边界自西向东修筑了军事防御工程——金界壕，也叫金长城。大约始建于金太宗（1123年）年间，至金章宗承安三年（1198年）前后竣工，历时70余年。

金代的边堡界壕，是我国中世纪历史上引人注目的军事工程，它

营建规模大，结构坚实宏伟，防御设施严密。在金朝的政治、军事上有着重要的历史地位。2010年8月武川文物工作者对经过武川县境内的这一段金代界壕进行了调查。初步掌握了它的走向、结构等一系列配套防御工程。

金界壕共有两条，一条起于大兴安岭北麓，由根河市向西穿过呼伦贝尔草原，到达蒙古国肯德省德尔盖尔汗山以北沼泽地，史称"明昌旧城"或"兀术长城"。另一条自莫力达瓦达斡尔族自治旗起，经突泉县向西入漠北，至锡林郭勒盟后，再向西南沿着阴山延伸，止于武川哈拉合少乡上庙沟村南山。

分布在大兴安岭北麓的一条为岭北长城，长约700千米。分布在大兴安岭以南的界壕，它的东西两端只有一条主线，而中间有很长的两条主线，称为北线和南线。而北线和南线的东段都是从莫力达瓦达斡尔自治旗尼尔基镇东为起点，经阿荣旗、扎兰屯市南部，向西伸入扎赉特旗，再西经科左前旗，在满族屯乡分为北线和南线。

北线自科尔沁右翼前旗满族屯乡向西南延伸，经树木沟进入科尔沁右翼中旗，穿越大兴安岭进入东乌珠穆沁旗，走向西北而伸入蒙古国境内，再在阿巴嘎旗北部进入我

国境内，经苏尼特左旗、苏尼特右旗，西南伸入四子王旗境内，在四子王旗查干敖包苏木境内与南线汇合，再向西南伸入达尔罕茂明安联合旗境内，再折向南至武川县大青山北麓上庙沟南山消失。

延经本县的南线界壕大体呈南北走向，自达尔罕茂明安联合旗经坤兑滩乡圆房子、边墙村，伸入武川县二份子乡境内。界壕南线进入武川县二份子乡二份子村东，在三份子村西向南延伸，至西红山子乡火烧羊圈折向东南延伸，经庆和昌进入西乌兰不浪镇境内，东南行至后乌日塔折向南行，穿过河床再东南行至阿路康卜村，越过村南山梁至哈拉哈少乡后石背图、前石背图、至山谷口外的磁窑村折西南行，经良泉坝、边墙底村，至庙渠子村折向南行，越过小山梁再穿越哈拉合少乡土城子村汉代古城，再东南行至上庙沟村西南的大青山北麓终止，也就是金界壕南线的西南端终止点。境内长约70千米。

自武川县二份子乡以南至后石背图村后的金界壕南线，乃是利用汉五原郡外长城北线改造而成，因而呈西北至东南方走向。2010年长城调查时，在后石背图村后的大山顶上，见有长城基址断续遗迹，它不与金界壕同在一个山坡顶，且见

有少许汉代灰陶片，说明这里是汉外城北线东南端起点，金界壕在其坡下通过。金界壕在石背图东侧通行地段，现存有断续的墙而无壕，出石背图沟口至磁窑村，界壕改向西南方延伸，始见有壕遗迹。自二份子村以南至前乌日塔之间地段，在界壕的外侧分布有稀疏的汉代烽燧址，距界壕十米或数十米以外。

界壕南线自磁窑村至庙渠子村之间地段，均分布在今公路西侧，壕、墙都很明显，望台分布较稀疏。《金代长城》一文所绘金长城终点图上，所绘界壕是由庙渠子向西南行，经腮忽洞村西再向东南行，至上庙沟村西终止。但经实际考察，界壕系自庙渠子村折向南行，翻越村南小山垭，从土城子汉代古城中经过，南下并折向东南至上庙沟南山为止。而并不绕经腮忽洞村西。因为从腮忽洞村经土城子村至庙沟村，是一条河床，平时是交通大道，雨季时河床内有洪水，两岸多是断崖绝壁，也无法沿河岸挖掘界壕，且这种界壕也无防御作用。

金界壕的使用时间较短，但它和历代长城的修筑方法及设置有所不同。金界壕由壕堑、壕墙以及墙体上的马面，女墙等组成。界壕采用屯土筑壕，呈堑壕状，以防战马冲越。据壕取土在内侧筑墙，界壕现虽已颓坍，但从保存较好的段落看，壕深加墙高至少超过4米，高的可达5米。墙体上筑有马面，高出墙身，伸出墙外，可使戍卒居高临下利于射箭，加强防御。依据地区的战略重要性，配有单壕单墙，单壕双墙，双壕双墙等不同类型的防御设施。建筑材料多为土筑或土石混筑，只有部分位置进行夯实。王国维在《金界壕考》中提到："界壕者，掘地为沟堑，以限戎马之足；边堡者，于要害处筑城堡以居戍人。"由此可见，金界壕之界壕的主要目的不是阻止敌人进入，而是增加敌军进攻的难度和延缓其进攻的速度。与其他朝代高大的边墙阻挡敌人有着本质的区别。

在武川境内的这段界壕，其界壕、边堡大部分遗迹清楚，走向明确，沿线所构筑的防御设施遗ága保存较好。且武川是金界壕南线的终止点，为研究金代疆域确切的位置提供了依据。

金朝的这段边堡界壕，主要是防御北方各少数民族，特别是蒙古族的进攻而修筑的。金代边堡界壕具有设置完善，布局合理，防御工事强而配置合理的优点，同时又可大量屯兵，进可攻、退可守，曾起到过一定的防御作用。是我国古代防御工程史上的典范。

北魏长城

拓跋鲜卑首领拓跋珪创建北魏王朝时，蒙古高原上的柔然人亦崛起，成为北魏王朝北方的强敌，常举兵南下侵扰，直到北魏太武帝太平真君八年（477年）柔然汗国遣使议和归附，双方才停止军事行动。北魏王朝在北方边境地带兴筑了一系列的镇戍，著名的六镇便是其中主要的屯兵镇守城郭，并先后三次在北方边境及都城附近修筑长城。

《魏书·太宗纪》载：泰常八年（423年）"正月丙辰……蠕蠕（柔然）犯塞。二月戊辰，筑长城于长川之南。起自赤城，西至五原，延袤二千余里，备置戍卫"。同书《天像志》亦云："（泰常）八年（423年）春，筑长城，距五原二千余里，置守卒，以备蠕蠕。"赤城即今河北省赤城县，五原东今内蒙古乌拉特前旗境。长城从今赤城以东的山脉向北，绕过独石口而西去，经漠北进入内蒙古，然后经兴和县、化德县、商都县、察哈尔右翼后旗、察哈尔右翼中旗、四子王旗、达尔罕茂明安联合旗、武川县、固阳县，终于包头市的五原县。这是北魏最早修筑的一条长城。

2010年，文物工作者对武川境内的北魏长城进行翔实的调查，发现从四子王旗、达尔罕茂明安联合旗进入武川境内的北魏长城在西乌兰不浪镇的水泉村北的小山梁上终止。也就是说该段长城的西端止点应该在武川境内，长12364米。这条从草原入武川境内的土垅边墙，宽2.5—3米，高0.5—1米。单一条长城线，无马面、烽火台。而在武川境内发现的二份子乡北魏古城，应是北魏长城线上一座具有军事性质的镇边戍城。

北魏长城建成后，在长城的沿线，还需要一系列的军事结构，强有力的组织，确定其具体职能和所管辖的范围，才能完成防御任务。由此，北魏政权在长城沿线内侧先后设置了六个军镇，用以弥补长城的不足。在明元帝下令修筑长城之后十年，先后设置了沃野、怀朔、武川、抚冥、柔玄、怀荒六镇，作为长城防线的支撑点和战略依托。此后，又陆续建立了近百个军镇，分布在从辽东到河套的广大地区，形成一条点面结合的坚固防线。

北魏长城的修筑和军镇的设立，使北魏北疆的防御体系得到了加强，遏制了柔然南下的侵扰，保证了北疆的安宁。

阴 山 白 道

YINSHANBAIDAO

从北魏正式更名武川始，古镇武川迄今已有 1600 余年的历史。其间历代王朝的盛衰兴替，北方游牧文化与中原农耕文化的交融，都在武川大地留下了斑斑印迹。

白道，位于阴山山脉的中段，是古今大青山南北的主要通道。因其地表白色而得名。它不仅是控扼阴山南北的咽喉要道，也是自古以来运输北方的茶丝和皮毛的重要通道。所以，在历史上有着非常重要的作用和不容忽视的地位。

"白道"一词，始见于北魏地理学家郦道元所著《水经注》，"芒干水，又西南，迳白道南谷口，有城在右，萦带长城，背山面泽，谓之白道城；自城北出高阪，谓之白道岭。沿路惟土穴出泉，挹之不穷"。

白道自呼和浩特市坝口子北入阴山，溯河而上，蜿蜒西北行，途经今沙湾子、焦赞坟、红土窑子、肖家店，上行经山沟东岸一段石灰岩构成的宽约 20—30 米的山路，直上白道岭（蜈蚣坝）制高点，再北行至马家店，经牌楼馆、中店子、水泉，直到大青山的什尔登隘口，也即白道的北端口，全长约 35 千米。《太平寰宇记》援引《冀州图经》云："阴山道，按《冀州图》云，云中周围十六里，北去阴山八十里，南去通漠长城百里，即白道川地。南北远处三百里，近处百里，东西五百里，至良沃沙土而黑，省功多获。每至七月乃熟。白道川当原阳镇北。欲至山上，当路有千余步。地上白如石灰色，遥去百里即见之。即是阴山路地。从此以西及紫河以东，当阴山北者，惟此道通方轨。自外，道皆小而失次者多。"

《太平寰宇记》在文中详细地记述了古白道所处的地理位置。文中所指的云中在今托克托县古城村，原阳镇即两汉时期的原阳县，其分布范围在今呼和浩特市南郊，而白道川就在原阳镇的北端。

这条驰名的交通要道，虽然在北魏郦道元所著的《水经注》中就

已提到，但真正称为白道是在宋代之前。白道所经的大青山称为白道岭，而金代则称为汪衮，意为神山。元代这条古道便成为岭北地区通往内地重要驿站木怜道必经之地。《平治甸城山谷道路碑》上记载了延佑年间丰州官员如何重视维护，以保证这条驿路交通畅通。近现代将汪衮（翁衮）讹化为蜈蚣坝。

历史悠久的白道，两侧古迹甚多。这些遗址、遗迹都与这条古道有直接关系。

白道城遗址，位于坝口子即白道的南口，它控扼着进入阴山白道的南口，据考古调查，白道古城在汉代就已建成。而在白道的北端碛口——武川什尔登隘口也发现一汉代古城遗址。古城遗址在北山峪口南1千米处，灰土层中遗物相当丰富，均为汉代陶片。在距古城西南约500米的一座小山顶上，建有一城堡，当地人称"瓦窑圪旦"。在约0.05平方千米的长圆形山顶，地面上碎瓦残陶密布，主要为绳纹陶片、残瓦当及甑底残片等，考证与前述遗址为同一时期，可能是汉代屯戍之所。古人在阴山白道的南北碛口设城戍守，显然考虑到交通和军事方面的意义。遗址东北和西北，为一列回环山峦，横亘东西，山间有古边墙一道，随山势延展。应该

是秦汉内长城遗迹。这条长城在史料中也有明确的记载："秦已并天下，仍使蒙恬将三十万众北逐戎狄，收河南，筑长城，因地形，用险制塞，起临洮，至辽东，延袤万余里。"汉武帝时，又遣使车骑将军卫青"复缮秦时蒙恬所为塞"。在武川境内西延伸入固阳，东和大青山南麓的赵长城交汇。郦道元在《水经注》中称这段赵长城为白道南谷口长城。这段长城在大青山间依山而行，东西长达数十千米，是白道南谷口的屏障。秦汉长城在坝顶横穿古白道。在白道西侧约100米处，有一古城遗址，城址处山地丘陵中，东南与西南为大青山主脉环绕，沿东南出白道口。古城分南北两城，城墙系土筑，城南可见当年车马古道，盘山而下。城址散布有台基柱石，砖瓦残片，其中板瓦、筒瓦居多。还有五乳钉的"万岁富贵"字样的瓦当，是典型的北魏特征，经考古认定为北魏帝行宫。在《水经注》中也有明确记载北魏帝行宫的描述："白道中溪水"，"西南流，历谷，逶魏帝行宫东，世谓之阿计头殿。宫城在白道岭北阜上"。它坐落在古白道边，与白道必然有密切关系。而"白道中溪水"，就是今天的乌素图沟中的河水，它"发源武川北塞中，其水南流，逶武川镇"。在

白道南岸半山一台地上建有关帝庙一座，俗称老爷庙。建于雍正八年（1730年）。现存庙碑上曾提到康熙率大军西征平定噶尔丹时，大部队是从白道岭过阴山的。现白道的制高点，有人称是康熙营盘的传说和驻跸的遗迹。碑文还记载了白道作为咽喉要道对商业往来的重要作用。"行货往来，轮蹄络绎，悉由此遄发，殆不啻两营之咽喉。"在白道来往的富商大贾们多是山西和归化城的，这些人有的是走后营，去大库伦（今乌兰巴托）甚至茂斯嘎哇（今莫斯科），有的走西营去新疆一带经商。而北方的游牧民族的牛马羊驼，皮毛畜产，多由白道进入内地。无论战时还是平时，山北民族与内地的经济贸易，货物多由此道交流。内地商人主要以骆驼为交通工具，

将丝绸、布匹、茶叶、火柴、烟类、粮食等通过白道，运往大库伦一带，远者到达"茂斯嘎哇"，当时称为"走后营"。往西通过固阳、宁夏、甘肃至新疆地区，当时称为"走西营"。有的学者称白道为"北丝绸之路""茶叶之路"，可谓切中要旨了。1965年，坝口子村民曾于故白道城址掘到四枚波斯银币，上面有丝绸痕迹，说明当时用丝绸包裹过。四周还出土过唐代建筑瓦件，银币可能埋在唐代建筑物的窖穴中。唐代中西交通畅通无阻。唐灭突厥后与西方诸国之间的经济文化交流日益频繁。当时，波斯是西方大国，唐初即有使者来唐。唐咸亨年间，波斯王子卑路斯曾来长安，并有不少人居住在中国。波斯萨珊王朝银币的出土，正是这种密切的经济文化交流的佐

白道两侧

白道远景

证。波斯银币在河南、新疆、陕西都有过发现，大多在丝绸之路上。在远离这条商道的土默川——白道南口发现波斯萨珊王朝银币，与通白道不无关系。可以更多地说明东西交通方面的问题。

白道被称作"茶叶之路"符合实际。茶叶一直是从白道外运的主要货物，特别是清以来，除远销外，后山各旗蒙民的需求量也相当可观。尤其是砖茶，在阴山北的人们生活中占据着重要地位，甚至具备了货币的资格。内地商人携茶、粮食、布匹及其他日用杂品纷至沓来，以易当地所有物产。除用粮食、布、杂物直接易皮毛外，砖茶则以一定价值，可交易当地所有物品。

历史悠久的白道，无论在政治、经济还是文化方面，无论对于统治阶级还是人民群众，都具有不容忽视的重要意义，从战国时期直至近现代，它都发挥了重大的历史作用。它既是一条军事战略要道，也是南北文化交流的通道，同时，也是古代草原丝绸之路的重要组成部分。

白道是中原地区通向蒙藩、新疆，甚至更远地区的重要通道。首先，它促进了中原地区同少数民族甚至外国的政治交往及经济和文化的交流。从战国开始，中原地区统治者，就多次由白道出大青山，征讨、安抚北方游牧民族，并在阴山北麓筑城建镇，安官设吏，布防守。在频繁的交往中，北方少数民族南下与汉族融合，在政治制度、生活习俗、生产方式等方面效仿汉族，以致夷狄汉化，汉染夷风，形成了具有广泛意义的民族大融合。

找回失落的关帝庙遗踪

ZHAOHUISHILUODEGUANDIMIAOYIZONG

从北魏正式更名武川始，古镇武川迄今已有1600余年的历史。其间历代王朝的盛衰兴替，北方游牧文化与中原农耕文化的交融，都在武川大地留下了斑斑印迹。

呼和浩特市向北17千米的大青山蜈蚣坝顶，群山之中镶嵌着一座庙宇，叫关帝庙，俗称"老爷庙"。该庙虽在全国庙宇中排不到前列，但在长城以北地区还是颇负盛名。

关帝庙建于清朝雍正八年（1730年），建庙时间在《创建得胜坝乐亭牌记》中有详细记载。该庙历经280多年的风雨侵蚀，战争洗礼，于乾隆三十一年（1766年）、道光四年（1824年）、光绪二十三年（1897年）多次修葺，1966年以"破四旧"名义拆除。

关帝庙位于白道蜈蚣坝顶，白道是阴山南北的必经之道，也是商旅必经之途，同时历史上又是兵家必争之地。有庙牌记载："盖闻归化城古丰州之地也，得胜蜈蚣坝，城北之衢路也，又系外藩蒙旗与新疆库伦之通衢，羁旅之要路。"由于它所处位置的特殊，历史上还有

响马之类的劫匪常来此地劫掠，城内和后山召河等地富商组织商团护路队跟随运输队负责保护商队通行。另外，坝顶道路艰险，坝沟九曲回肠十八弯，沟谷河水四季不断由北向南流淌。

白道商旅通行，自清朝康熙中后期随其在大青山后山现私垦，汉民大量流入而兴盛起来。雍正年间归化城大盛魁等商市兴盛，因此沿着白道南北商贸活动也变得更加繁盛。白道路上南来北往的驼队，花轱辘牛车、马车、骑士、商旅行人络绎不绝。因此，地方商会为进一步疏通南北经贸往来，企盼平安互市，在雍正八年（1730年），决定捐款在蜈蚣坝顶修建一座关帝庙，借关羽之神威镇邪除恶，招财纳福。

蜈蚣坝为蒙古语的音译，即敖根达巴，意为圣岭，在呼武公路17千米处的大青山盘山道顶端，四周

关帝庙

如黛群峰，百岭千山，连绵逶迤，山色一碧。

关帝庙就坐落在坝顶照山梁北半坡。而白道正沿着盘曲的峡谷溪间由北向南至马家店山脚折向东南，然后顺着照山梁脚下一条长满青苔的白灰岩古道，经庙和戏台门前穿街而过。

关帝庙戏台北墙后石砌护台石堤

照山在蜈蚣坝顶村对面，山势高耸陡峻，怪石嶙峋，蔚然深秀。山巅轻烟薄雾，云蒸霞蔚。阴坡白桦林木茂密，古木参天，浓荫蔽日。亭亭玉立的白桦、山杨宛如华盖，层林涌翠。大庙西北角有三棵古松，有六七十厘米粗，10多米高，枝叶繁茂，亭亭如盖，松声萧萧。照山北坡及对面为悬崖陡峭的高山，东、西两面点缀着满坡的山杏和山樱桃。每年四月，山樱桃开着粉红艳丽的花，次第绽放，红波荡漾，真是"人间四月芳菲尽，山寺桃花始盛开"。山间悬泉淙淙，波光粼粼，从密林中穿梭流进沟谷。

河岸上长满了山榆、红柳、山杨等树木。榆树、柳树舒展着嫩绿枝条低垂，微风袭来，变得如少女秀发随风飘荡。杨树昂首挺立，绿荫蔽日。地上绿草茵茵，山花烂漫，花香飘逸。林间鸟鸣啾啾，令人心旷神怡，不负"凤凰遥对鱼龙池，神仙居墅度年华"的美誉，真是"入山无处不花枝，桃园秀枝横逸展"。沟谷间彩蝶、蜻蜓在河面和岸边飞舞嬉戏，飞燕热情追逐，杜鹃鸟、百灵鸟尽情歌唱。

盛夏时节，偶有文人墨客到此做客，玉箫传情，红叶缄愁，不失为才子佳人幽会之所。

深秋，坝沟北坡红红的山樱桃果实挂满枝头，沟南坡白白的树干顶着一蓬蓬金黄色树叶遮盖满山坡，给庙宇增添无尽的魅力。

在庙东十几米远处的古道河沟上架设一座石桥，桥下溪流汩汩，汇入山谷大河。古道上车马行人、商旅驼队沿着井陉古道，踏着青苔的卵石路络绎不绝从庙门前经过。现存庙碑上记载所述："兹因古丰有青山，地居乾坎。此山层峦叠嶂，蔚然深秀。山岭上素有关帝庙一座，前临山崖，断崖千尺，后依峻岭，木秀繁荫，真所谓神景之地也。"

在建庙中有许多传说。相传庙址最初选定在中店子河东山尾处，后又经风水大师勘定移至牌楼馆。众商家推举的主事人请建庙工匠焚香奠基，垒砌了石头基础，又搭建起庙宇木头全架。就在准备垒砖修盖的前一天夜里，忽然沟内狂风大作，飞沙走石，工棚里的工匠们正聚拢在一起合计建庙相关事宜，听得工棚外真真切切，刚支起的木架房发出"嘎吱！嘎吱！"的响声。翌日天明，风停天晴，众工匠见自己支起的木架庙房踪影全无。主事人焦急万分，工匠们愁云满面，此时从蜈蚣坝顶村来了位村民说："在坝顶照山梁北坡半山腰一夜间长出一排整齐的全木架房。"众人十分诧异。主事人与众工匠半信半疑，急忙向着四五里远的蜈蚣坝顶跑去，果真如此。众工匠喜出望外，急着去量木架房尺寸，丝毫不差，只是木架房坐落方向发生位置改变，改为坐南朝北，在北方这种坐落方向的庙宇的确还是罕事。众人看看主事人，主事人环顾众工匠风趣地说："这是关老爷显灵，愿在此安身，我等还不快快大礼参拜，敬请关老爷驻神。"当即众工匠在庙门前跪倒一片，忙碌着找香火和黄标纸敬香烧纸、叩头，赞扬关老爷怜悯商旅、行人之心，专为选定新址，实乃大恩大德。同时承诺，昼夜施工，保质保期，早塑金身，以便早晚敬香，

石桥

保佑同行安全。

　　承诺已定，工程如期施工，但工期短、任务重、人手少，搬运砖石等建筑材料问题变成众工匠一大难题。从山谷底堆满材料的地方到坡上庙址虽只有100米左右的距离，但是山高坡陡，行路十分艰难，何况中途还隔着一条水流湍急的河流。正在这时，一个羊倌赶着百余只羊路经此地，并在庙对面山坡上停下放牧。众工匠眼见顿时心里一亮，便想起了个新点子，合议试着用羊驮这些砖石至庙址，让大羊驮两块、小羊驮一块。翌日天明，建庙工地十分繁忙，工匠们不停地筑基砌砖，山谷底的羊倌和附近的村民也大多赶来帮着用麻绳系着数量不等的砖、

分别给大、小羊驮上，往山上运送。在众工匠和山民的共同努力下，加班加点，大庙工程顺利进行。

　　据传说，有人发现就在大庙将近完工时，有一天暮色降临，夕阳淡淡的余晖洒在波光粼粼的大河上时，有条30多米长，40多厘米粗，灰白色的巨蟒从照山西侧山坡将头伸进大河上喝水，巨蟒后半个身子还依山伏在坡面上。后来人们称照山为神山，并且越传越神。

　　庙宇依坝顶村对面照山梁北坡而建，又高出蜈蚣坝蜿蜒石陉古道路基20多米以上的一块台地上。工匠们昼夜不停施工两个多月，将庙宇群体全部完工。庙宇深藏在照山北坡密林中，显得十分神秘。

庙宇群体由东向西依次为钟楼、鼓楼、正殿、藏经楼、五间和尚用膳和住宿房，均依照山北坡而建。庙宇群体高低、大小设计安排得当，气势雄浑壮美，幽雅别致。精美绝伦的雕刻和耀眼的红、黄、绿、蓝、紫等各种色彩映入眼帘，再加上照山北坡山水、树木、花鸟等来自大自然景物的衬托，庙宇显得更加神韵悠长。

关帝庙供的是三国时蜀汉大将关羽，他一生忠勇善战，其事迹被封建统治阶级所渲染，并加以深化，尊为"关公""关帝"。

关帝庙正殿门面宽约20米，从殿基到殿前檐高约6米，再加殿顶脊拱也有约10米高，殿入深约10米。正殿气势雄浑壮美，砖木结构，青砖黛瓦，斗拱飞檐，雕梁画栋，另有龙凤、瑞兽饰在殿的廊柱上。朱色斑驳窗棂，雕花镂空，饰有花鸟鱼虫，朱红色殿柱，梁上彩绘着图案，光彩亮丽，古色古韵。大庙建好后，主事人找来名人贤士题写门匾和勒碑刻铭以流芳百世。游人至此，抬头仰望庙门楣匾上写着镶金行书字体的"疆无敌帝"，虽经岁月侵蚀，但仍流金溢彩。殿门的两根朱色柱上有幅楹联："义存汉室三分鼎，志在春秋一部书"，横联是"亘古一人"，令人流连忘返。

正殿东侧相隔2米左右分别是鼓楼和钟楼。彼此也相隔2米。该两楼基分别由凿刻成1米见方石块，砌成将近10平方米大小的正方形台基构成，4根约4米高，50厘米粗的柱子承托着楼盖，顶盖铺着黛瓦，柱是朱红漆彩绘，梁也绘有各色图案，五光十色，光彩夺目。

殿西侧有5间耳房，分别是主寺和尚和徒弟们住宿和用膳的房间。建筑也十分讲究，也有雕刻和绘画之类艺术饰物。

殿西墙石基西侧，汩汩泉水从山洞渗出，经庙两侧石基边流走，长年四季流淌，泉水盈耳，清泉甘甜，游人弯下腰用指尖轻触，清凉顿时沁人心扉，喝一口甘甜的泉水直透心脾。

从殿门进去，门口站有两尊手持兵器、威风凛凛的塑像，那正是周仓和关平。殿中摆着一大方供桌，陈列着香炉、供品等物品。桌后有5尺高的神坛，神坛上有丈余高的关羽塑像端坐其上。关羽生的赤面长臂，目若巨星，气宇轩昂，不免让人联想到他过五关斩六将、叱咤风云之神威。庙内两山墙下对称地摆放着两排70多厘米高，40厘米宽的木制架子，东边架上插着"回避""肃静"的两面牌，还有五色令旗。西边木架上插满刀、枪、剑、戟等兵器。

在两排木架后的山墙上画有彩绘，内容是关羽生平事迹，"桃园三结义""温酒斩华雄""三英战吕布""单刀赴会"。殿门东侧山墙下摆放有一个较低的木架，上面单独横放着关羽的青龙偃月刀，长丈余，重40千克，全是精铁锻造，在刀刃距刀柄60多厘米处，有铜钱大小的一个弧形凹痕，传说是关羽用手指甲试刀刃软硬时不小心留下的一块印痕。

从庙内返出，庙门檐台全是由凿刻成1米宽，1.5米长，50厘米厚的长方形石条铺砌而成，显得十分庄严厚重。站在庙门口的石阶檐台上，向北俯视古道路基约低于庙门20米。由此顺着台阶下去到庙门前古道，石阶全是由长3米，宽60厘米，厚30厘米的花岗岩长方形石条铺设而成，有近30个台阶。台阶两侧是两排15厘米粗，1米多高的方形雕花石柱，柱与柱之间由栏杆和厚约10厘米的石板组合成护栏。隔着庙前古道，北侧有块台地，筑有一个十分考究的戏台。归武古道就从庙门前和戏台中间沿长满青苔的卵石小径穿行而过。

戏台坐北面南，与庙门隔路相望，戏台背后是深达丈余的沟谷。戏台门面宽约18米，入深约15米，高4米多，加脊约5米。建筑风格也是雕梁画栋，青砖黛瓦。戏台前

可容三四百名观众。戏台门面与庙门相对。戏台东侧20余米处的石桥，全由石条筑就，拱形桥洞，六七米的跨度，桥洞高而狭窄，非常坚固。桥的两端有石柱围起的护栏。桥下流水潺潺，桥上车马行人络绎不绝。

戏台西北角筑有三间呈东西方向，坐北朝南的功德碑园。园内竖有近30块石碑，石碑材质为大理石。碑文笔法遒劲，撰文行云流水，庙碑雕着精美的花纹图案。碑文的内容，有的记载住持僧人的世系和师承情况，有的记载兴利除弊的业绩，有的记载庙宇的修葺情况。碑的反面刻着捐款人的名字和款额，有钦命三品官员，有翰林学士、地方官员以及各地商号。署名前还刻有"福缘喜庆""万善同归""千秋典册""流芳万载"等字样。

庙宇对面山崖西南尾部拐弯处有个石洞，称为大仙洞。洞口石崖上刻有"妙药大仙、普救众生"。洞内放有大仙石像。每年农历五月十三庙会期间，求药、祈求生儿育女的乡民来此敬香烧纸、叩头膜拜。

顺着大仙洞再往西拐弯处，是1926年春绥远省警务处吉鸿昌处长带领官兵整修的蜈蚣坝公路。中共武川工委书记温财旺恳请吉鸿昌题词，并将"化险为夷"题词刻在马家店村东石崖上，以此记功，并警

吉鸿昌题"化险为夷"石刻

示行人。呼武公路由此崖下经过，抬头即可望见醒目的大字。

当年，该庙宇门庭荣耀，整天庙上香火不断，香烟缭绕，叩头祷告者络绎不绝。夜幕低垂，庙上、饭馆里、买卖摊点灯火通明。沟谷台地上，人们点着篝火，照得河谷如同白昼。饭馆里喝酒划拳，觥筹交错。下不起饭馆的人围坐在篝火旁吃着自带的干粮。地摊上，耍猴的、耍把式卖艺的应有尽有，吆三喝四，叫声不断。还有的在地摊上摆着绫罗绸缎、各色丝线、针头线脑、小玩具，琳琅满目。每日下午3时、晚上7时，戏台前围满了看戏的观众。台上乌纱蟒袍、凤冠霞帔，粉墨登场。三天三夜，通宵达旦，一派热闹景象。

为保障庙宇香火旺盛，长盛不衰，还请来众商会商议维持庙宇活动人员生活所需，以及修缮等相关事宜，恳请归化城大召派遣和尚来此驻寺，并管理庙宇各种活动。为保障和尚生活和日常庙宇香火等所用，置产业地，起先有百余亩地，后扩至千余亩，范围南至坝口子，北至二道凹，西至马家店，东至坝顶，经营该庙土地的农民向寺庙缴纳地租，另外还有商旅行人的捐赠。

老爷庙历经280多年，曾多次修葺。1938年9月，八路军开辟大青山抗日游击根据地以后，在蜈蚣坝成功伏击日寇。日寇为报复，闯进庙里，将虔诚谨慎的僧人满红用刺刀残忍的扎死，血溅山门。此后，归化城大召又派来有禅、真禅住持。

老爷庙住持信奉藏传佛教，为蒙古族，1964年，关帝庙最后一个住持僧人真禅去世。1966年拆庙，这里的活动停止。

踏访永和泉班第达召

TAFANGYONGHEQUANBANDIDAZHAO

从北魏正式更名武川始，古镇武川迄今已有1600余年的历史。其间历代王朝的盛衰兴替，北方游牧文化与中原农耕文化的交融，都在武川大地留下了斑斑印迹。

在哈乐镇西南卯独沁偏东一隅有个盆地，盆地上林木茂密，古树参天，四面青山葱茏，绿树郁郁，淙淙细流，汩汩有声，一处庙宇群体深藏在这片密林中，显得幽深而神秘。这就是与归化城七大召中大召齐名的"尊胜寺"，康熙三十六年（1697年），由康熙帝赐名，也称永和泉班第达召。据现存于该寺宣宗道光二十三年（1843年）重修碑记载，该庙始建于康熙元年（1662年），由清廷拨款，西藏派遣第五世札雅班第达呼图克图活佛住持修建。庙宇规模宏大，在大青山地区影响深远。

早在元朝征服西藏时，蒙古族就开始信奉藏传佛教（黄教），到了明隆庆年（1567年）间，俺答汗及民众要求信奉藏传佛教呼声日盛。清廷对蒙古族信奉藏传佛教很感兴

哈乐镇九龙山前的永和泉召滩

永和泉召滩全景

趣，认为："兴黄教，即所以安众蒙古也，所系非小。""建一寺，胜养十万兵。"所以拟在土默特部和大青山地区广建召庙。一天，西藏达赖五世（当时已和清朝通好）受皇帝之命，派遣札雅班第达呼图克图从西藏的孟赫召出发，经过长途跋涉到达喀尔喀蒙古札萨克图汗部，收徒160余人，传扬佛法。根据清廷康熙帝旨意派遣人员到中国北部寻找建庙最恰当的地方，意在归化城周边适宜的地方建寺庙，弘扬佛法，安定边境。

呼图克图，蒙语意为"大有福者"，或称"圣人的化身"，是清廷授予藏传佛教大活佛的封号。

札雅班第达呼图克图领命后，带领弟子们深入大青山四处踏勘建寺新址。连日来，众师徒不辞劳苦，跋山涉水，踏遍大青山，择下不少待定新址，甚感欣慰。一天，天空晴朗，烈日炎炎，师徒一行不觉来到大青山东北哈拉沁沟一带。这里青山环绕，是一座东西宽2.5千米，南北长5千米的盆地。盆地上长满参天杨树和榆树，枝繁叶茂，其树干顶着一蓬蓬嫩绿的树冠，像一把把支起的绿色遮阳伞，遮满了盆地。一条湍急的河流南北贯通盆地，沿着蜿蜒曲折的河道日夜不停、年复一年地由北向南流淌。河流穿过密林，汩汩有声。酷暑时节，师徒一行穿梭于密林间，林间地上草木葱茏，山花点点，凝神屏气间，阵阵微风带着泥土的芳香轻轻拂面。静静听来，鸟语虫鸣萦绕在山谷之中。

恍惚间，一棵大树挡在前面，师徒便停下脚步，靠在树干小憩。这么多人停在树下还不觉拥挤。人们又新奇地打量起这棵树。树干有四五人也搂不住，树高有20余米，枝繁叶茂，树冠足足有40平方米见方，枝干长得千奇百怪，好似猛兽张牙舞爪要抓人，令人毛骨悚然。

班第达召遗址

就在人们观察大树的功夫，几个徒弟已拎着水葫芦到盆地北的大山处取水回来，随即递给师傅，师傅接过水葫芦喝了一口，清甜、绵润、凉爽的感觉沁人心脾，师傅咂咂嘴笑着问："该水取自何处？"徒弟们指着北面的高山说："就是从那座高山脚下取来的。"师傅顺着徒弟手指的方向望去，一下子就被山周围的自然景色吸引住了，他站在原地，凝神贯注地打量着那座山。

永和泉北面那座大北山，高大伟岸，苍劲雄浑，风姿独特。四面百岭千山，十分俊秀。这座北山南坡陡峻，奇峰林立。远远望去形似九道山梁被轻烟薄雾笼罩。这些山梁又个个争秀斗奇，一副不安分的样子依偎在北山上。不时还能看见从那八个山坳中渗出的泉水与大北山东侧脚下盘曲的河流自然形成的九条河流，在山脚不远处汇合成一条大河，河水四季不断，由北向南流淌。再看山顶有片红色的岩石镶嵌在顶部，好似天宫作美，精心装

点一般，又还被轻烟薄雾笼罩，雾气腾腾，如仙鹤入瑞霭祥云之中，不由感叹造化神奇。那山的东侧隔河六七里有虎头山与之相陪衬。四面群山层峦逶迤，满目青翠。师傅远眺大山北，久久不肯离去，远近山峰，时隐时现，山头青蓝色薄雾笼罩，如入仙境。师傅发自内心对这个地方赞不绝口，说："好地方！是连日来寻找过的地方中最好的一处。"师傅还对天文地理、风水、阴阳八卦等知识颇有研究，综合各方面知识认真推敲，心里暗下决心要把寺址定在这里。为保险起见，又吩咐弟子进一步到大山下仔细观察山周边环境。大约一个时辰后，徒弟们将观察到的情况向师傅做了汇报。正在这时，一个当地采药的农夫路经此地，师傅便将农夫叫住，上前与农夫攀谈。问道："此山叫什么山？"农夫回答说："这山叫九龙山！你看那山，有九个山峰，峰峰高耸不相上下，而且山山相恋相拥。从山上流下八股山泉，加北山东侧谷底河流共形成九条河，故称九龙泉，就连永和泉这个地名也因此而来。"意即永久和平安家，反映出当地百姓对和平的心愿，师傅听后细心琢磨，觉得这地方很有来头，再一想有个"龙"字，甚为震惊，心想难怪这里风景这样美，小

小地方竟敢与当今皇上高攀，岂不是当今皇上所担心的事要在这里重现。想到如今南方刚刚平定，北方噶尔丹雄踞此地，正伺机出动。如今天下初定，国家即将完成南北统一，人民亟待休养生息，必须速将这里的情况向皇上禀报。掐指算来，距皇上预定访察日期已临近，万万不能误了国家大事，立即吩咐弟子收拾行当，起身回京复命。

他们返回京城，将这里山川地貌等情况向朝廷做了详细汇报。康熙皇帝决定，由朝廷拨款在九龙泉交汇处建一庙宇，再在庙旁边建一白塔来供奉神灵，保佑大清国国泰民安，扶正驱邪。同时在九龙泉各

个山口各建一小庙，以镇邪驱魔之意，以保证大清国天下太平。

不久，各地工匠纷纷聚集在九龙泉前面的盆地上。从大青山运来的松木源源不断地运送到永和泉盆地的密林中。工匠们就地取材，取土烧砖，伐木制作梁柱。庙宇建设工期两年，建筑格局与归化城大召连为一体。（归化城有无量、延寿、崇福、崇寿、隆寿、宏庆六寺，外加尊胜恰好七寺，寺中设有札萨克喇嘛。这七寺也称七大召，而七大召除尊胜寺在山中外，其余均归归化城中。）庙宇建筑风格按照归化城无量寺（今呼和浩特市大召）格局修建。规模宏大，为后山之最。

据受访者描述绘制的班第达召

先建了东院，后又在寺西新建一大院，供僧人、香客起居之用，后人称东、西大院。在正殿西北角建有一座白塔。康熙三年（1664年），东院庙宇提前完工。东、西两大院庙宇和牌坊加上山口处小庙共81间，占地面积近2平方千米。

庙宇坐西面东，意即"紫气东来"。一条由北向南与一条由西北向东南流淌的河四季不断地经庙门前流过，意即佛法光大，万古流传。庙宇深藏在密林中，给庙宇披上神秘的面纱。东院院门口正中筑有山门。山门正对着的是正殿。由山门入内，殿两侧是对称的呈东西走向排列的两幢前殿，分别是藏经、藏香火的殿堂。在院中还摆放着口径约2米，深约1.6米的圆口大香鼎。正殿庙基由巨石块垒砌而成，有4米多高，庙基和正殿二层式大庙外观形成跳台式三层楼，香客入庙烧香拜佛、许愿，需登十几层石阶才能到达正殿庙门。庙基呈方形，长宽各60余米，庙基上一楼底层正面宽30余米，入深30余米。正殿一层四面均由相隔4米的8根50多厘米粗、6米多高的松木柱子竖直排列开来，仅这一层外围柱子就有28根，加室内置的柱子总共有50根。整个大殿雕梁画栋，飞檐翘角，圆筒黛瓦，朱色斑驳的窗棂、门窗雕花镂

空，饰有花鸟鱼虫，殿门廊柱珠光宝色，门楣上挂着镶金行书"尊胜寺"的门匾。岁月流逝，栉风沐雨，庙宇依然流金溢彩，十分壮观。殿内底层供奉有七手八脚等五位神像，每尊神像高约2.6米。神像前摆放着香案、香炉，跪拜席垫供敬神者用。

第二层，比一层稍小，面宽20多米，入深也在10多米。四面由相隔4米的6根50多厘米粗的柱子承托着庙宇楼盖。这里也有若干神像。门窗雕刻绘画与一层大致相仿。

另外，在大殿每层房檐的四个角均饰有庙铃，风吹来，铃声作响，甚是庄严肃穆。从大庙正殿出来，门口两侧置放有两尊石狮，鬃毛竖立，精神抖擞，双目凝神，威严怒视，令人生畏。大殿两侧是前殿，呈对称形，比正殿一层略显小些，青砖黛瓦，门窗精雕细镂，屋顶飞檐翘角，显得富丽堂皇，为存放香火和经卷的地方。寺庙建成后，清廷赐檀香木《大乘经》和《小乘经》，并册封札萨克、温札德喇嘛各一名。

在正殿西北角建有一座12米高，占地6平方米的白塔，塔基呈方形，由二十几层雕刻的石阶砌制而成，呈退台状，塔基上建有一椭圆形小庙，有一尊神塑像端坐其内，在小庙顶又筑有太阳、月亮等各式图案的建筑。从外表看十分考究，

端庄典雅，极为美观。塔顶四个角系有四根铁链朝四个方向与地下埋设着的巨石相连。

在山门内供奉着四大天王，他们是南方增长天王、东方持国天王、北方多闻天王、西方广目天王。他们还被称为"风、调、雨、顺"四大天王，每尊还对应着一句带"地"的成语。南方持剑者为"风"，曰"开天辟地"；东方怀抱琵琶的为"调"，对应"惊天动地"；北方手举一伞者为"雨"，曰"遮天盖地"；西方广目持蛇为"顺"，对应"钻天入地"。四尊天王全部站立，端庄有神。

时隔不久，由于香火旺盛，东院房不够用，又在紧挨大庙南并排建了亭阁式牌坊、楼阁、幽雅别致的西院，还有供和尚居住和用膳的地方。

庙宇建好后，归化城大召派出喇嘛住寺，主持该地宗教事务。

呼图克图是清廷授予藏传佛教大活佛封号，宗教地位仅次于博格达。呼图克图具有"转世"的身份，须经清政府正式加封，载于清政府理藩院册籍，呼图克图是该寺地位最高的喇嘛。

班第达是喇嘛的高级学位。凡被尊为班第达者，须在经义、经典方面都有特殊的造诣。札萨克喇嘛

召庙前的神树

是寺庙中地位在活佛之下有着较高地位的喇嘛，具有最高行政权。康熙三十六年（1697年）班第达召扩建，清廷赐名"尊胜寺"，升赏用满、蒙、汉三种文字镌刻在门匾和碑石上。尊胜寺有札雅班第达呼图克图，因此该寺也称班第达召，俗称班迪召。

班第达召自立庙到中华人民共和国成立初多次修葺，据立于道光二十三年（1843年）的石碑载："班第达召自我朝康熙之年奉圣主的赐名札雅班第达呼图克图，至三十六年青兮尊胜寺，建立之源迄今历年已久，至乾隆四十三年鸠工重葺，焕然一新。"又载嘉庆十年（1805年），道光八年（1828年）及二十三年（1843年）均及维修。寺庙自"圣主赐名"后香火鼎盛，常住僧人多至300人。东院庙院毁于1958年，西院毁于20世纪70年代初。

北魏六镇之武川重镇

BEIWEILIUZHENZHIWUCHUANZHONGZHEN

从北魏正式更名武川始，古镇武川迄今已有1600余年的历史。其间历代王朝的盛衰兴替，北方游牧文化与中原农耕文化的交融，都在武川大地留下了斑斑印迹。

　　鲜卑部族原是我国东北地区一支属于东胡族系的少数民族。自东汉时始出现于史册。一世纪末，匈奴分裂为南、北两部，鲜卑乘势南下，尽据匈奴故地，势力迅速发展起来。这一时期是北方游牧民族大迁徙和大融合时期。北方民族大量移入中原，并在各地先后建立政权，在历史上出现了"五胡十六国"的分裂局面。在十六国中，前燕、后燕、西秦、南凉等都是鲜卑建立的政权，历史上称为北朝。整个北朝的统治者都是鲜卑族。鲜卑民族又先后分

为慕容鲜卑和拓跋鲜卑两部，其中拓跋鲜卑由北向南迅速发展起来，登国元年（386年），鲜卑族政治家拓跋珪建立魏国，史称北魏。拓跋鲜卑从大兴安岭兴起后，来到大青山区，就以现在的武川境地世代为家，定居下来。魏王朝建国后，漠北的另一支民族柔然族也迅速崛起，并且经常寻机劫掠北魏边民的财物，甚至深入内地，严重威胁北魏王朝的政权。天兴元年（398年），魏道武帝拓跋珪开始在北部边境阴山以南自西向东建置沃野、怀朔、武

武川镇远景

川、抚冥、柔玄、怀荒六镇。广阳王元渊曾说："昔皇始（道武帝年号396—398年）以移防为重，盛简亲贤，拥麾作镇。"可见北魏边镇大约在道武帝时代就已设置。当时统称为"北镇"。但都还没有固定的治所。北魏明元帝泰常八年（423年），为进一步强化北疆防御，拱卫都城，遂于二月开工，修建东起赤城，西至五原，延袤二千余里的北边长城，横亘在茫茫的草原上。尔后在长城沿线"备置戍卫"筹划建置军政一体的新机构戍镇。大和八年（494年）七月，魏孝文帝巡视怀朔、武川等北部边疆，下诏六镇及御夷城人，年满八十岁以上而无子孙兄弟，终身给其廪粟，七十岁以上家贫者，各赐粟十斛。"六镇"之称，始见于记载。

武川这一地名，最早出现在《周书》。北魏天兴元年（398年）七月，道武帝拓跋珪迁都平城，十二月继皇帝位，改元天兴。这一年，北魏决定充实都城，"徙六州二十二郡守宰豪杰吏人两千家于代都"，其中将部分豪门世家将领如：宇文泰的祖父"陵随例迁武川焉"，这是武川一名在历史上最早的记载。

天兴二年（399年）春正月，高车犯塞，道武帝亲率十六军兵分三路北讨，在牛川一带（锡拉木伦河上游），围歼高车三十余部，一战告捷，他凯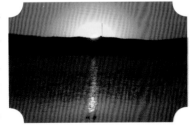旋牛川召开庆功大会，并刻石记功，奖励将士。会后道武帝将所归附的

武川新城

高车之众集中起来，为他修筑鹿苑"广轮数十里，凿渠引武川水注之苑中"。武川一名又一次出现，而且牛川也成为道武帝骁勇用武之地。一跃而登上皇帝宝座，牛川无疑便成了道武帝的发祥地。为了炫耀道武帝的武力和战功，牛川被传颂为武川。这个"武"字，自然成为道武帝起家建国的精神支柱。十年后，连他的帝号也被尊为宣武帝，在他去世之后，才被谥为道武帝。从天兴元年（398年）开始，武川一名，不仅屡见于史，而且镇名在史料当中也已出现，进一步证实武川一名产生在这一时期。

闻名的"武川镇"是北魏何年建置的呢？早在皇始元年（396年），北朝已有"拥麾作镇"一名。道武帝在皇始元年（396年）拥兵南下中原，当时阴山北地无防守，成了他南下的后顾之忧。为了巩固后方，他在阴山以北地方，设置了"以移防为重，拥麾作镇"的防御措施。这种"镇"没有固定的防守阵地，其特点是指挥部的大麾移到哪里，哪里便是"镇"，具有一定的流动性。所以，依据《北史》建筑时间应在太武帝延和二年（433年）。《魏书·地形志》朔州条云："延和二年置为镇，后改为怀朔，孝昌中改为州。"这里明确指出，怀朔镇建于延和二年（433年），那么，其余北方五镇也应相继逐步地组建起来。延和二年，建镇工作结束后，太武帝即"诏使巡抚六镇，以防寇虏，经略布置，甚得事宜"。（《北史·来大千传》）太武帝于延和二年冬十二月至次年正月，车驾从阴山北出发，"次于女水，大飨群臣，班赐各有差"。（《魏书》）

关于武川镇城的建筑年代，郦道元在《水经注》中明确说明：武川镇城，"城以景明中筑"。景明，北魏宣武帝元恪年号，景明年间，即500—503年。说明武川镇城的建筑年代要比建镇时间晚的多。在建镇70年间，镇无治所，"以移防为重，拥麾作镇"。筑城后的景明四年（503年）十一月，宣武帝诏令尚书左仆射源怀为使持节，巡行北方

武川新城一角

六镇。"怀衔命抚导，存恤有方，便宜运转，有无通济。"（《北史·源贺传》）六镇建镇之初，北魏国力强盛，采取攻防结合、流动作战的方针，镇将在所辖防区内流动巡防，当无固定城址，此即太武帝诏令中不设治所之本意，也是武川镇建镇后多年来未有固定镇的原因。北魏末期，国力衰弱，边任益轻，以防为主。故而宣武帝才下令修筑城池，武川镇才有了固定的镇城。

关于北魏六镇之一的武川镇城方位，史料当中都有明确的记述。《水经注》中记述为"芒干水（大黑河）又西南，迳云中城北，白道中溪水（抢盘河）注之。水发源武川北塞中，其水南流，迳武川镇城，城以景明中筑，以御北狄矣"。唐代《元和郡县图志》载："武川城，今名黑城，后魏六镇从西第三镇，在（天德）

军北三百里，自北出石门障即光禄城，右入匈奴大路。"其后，在清史籍中多有记述。如《清一统志》："武川镇城在归化城西北。"《山西通志》："怀朔在乌拉特部北，武川在茂明安部南。"依据史料记载，近现代考古、历史学家也都从不同角度进行了考证，均认为武川镇城在今武川县境内，但在具体位置上看法却颇不一致。内蒙古文物考古界前辈和武川文物工作者，在五十年代的调查和近年的文物普查中，在武川县境内发现了四座北魏古城，即土城梁古城、二份子古城、下南滩古城和榆树店古城。因此，探讨北魏武川镇故址位置，应是在上述四座古城遗址中。

土城梁古城调查于20世纪60年代，调查者根据城中地表遗留物和《水经注》的记载，将古城初步断定为北魏武川镇故址。但通过近年来文物考古工作的不断发展，对土城梁古城有了进一步的认识，确认为北魏行宫阿计头殿。

二份子古城位处交通要道，扼守着大青山北部通往达尔罕茂明安草原的交通要冲，即"匈奴大道"。这条大道今天称为"草原丝绸之路"，其畅通应该在秦汉时期。在《史记·五帝本纪》中有"黄帝北逐荤粥"的记载。赵武灵王筑长城自代并阴山下，至高阙为塞。汉武帝沿长城北巡，当年匈奴呼韩邪单于从长安返回漠北时，经白道到达茂艾不盖河时，也走的是匈奴大道。可见二份子古城位置的重要，所以，北魏政权在此修筑的应是北魏长城线上一座具有军事性质的镇边卫城，而非武川镇城，且与《水经注》的记述也相差甚远。

近年文物普查所发现的北魏下南滩古城和榆树店古城，虽说下南滩古城与《水经注》记载似有相吻合的地方，但经深入考证，也无法最终确定。而榆树店古城经专家多方考证，完全和《魏书》《水经注》中记载的北魏"广德殿"的方位和形制相吻合。所以，榆树店古城应是北魏行宫广德殿，而非武川镇。

根据《水经注》一书的记载，武川镇城的故址，应该位于白道中溪水的上游。白道中溪水在何处，就成为我们确定武川镇城的关键了。20世纪70年代，有学者根据《水经注》的描述，考证今武川县境内的抢盘河即《水经注》中所记述的白道中溪水，并对抢盘河流域的东土城古城进行了考查，认定为北魏武川镇城故址。依据为："镇城地处大青山北，交通咽喉要冲，依山傍水，雄踞北方前卫阵地。西连怀朔镇，东接抚冥镇，正南是抢盘河谷，是出入大青山最开阔的一条天然通道，进可攻，退可守，在军事地理上占有极为重要的战略地位。所以历来为兵家必争之地。其二是这座古城虽经1600余年的风雨侵蚀，城内被风沙湮没较深，然而城址依然留存，墙体周长约2千米，地表碎陶片及碎砖块甚多，有魏晋时代的布纹瓦，宋、辽时代的太平通宝和政和通宝。元代的遗留物也很多。"以此结论，东土城古城应建在北魏而毁于元、明。进而可以说，东土城古城即北魏武川镇城故址。

不管上述观点正确与否，北魏武川镇的存在是铁的事实。武川镇在北魏时期有着辉煌的历史。它在北疆存在了近百年，其影响力是深远的。它是历史上著名的关陇集团的发源地，是北周、隋、唐三个王朝的发祥地。

故人旧事

HUASHUONEIMENGGUwuchuanxian

北 魏 清 官 雷 绍

BEIWEIQINGGUANLEISHAO

在这里，我们仿佛能看到西魏权臣宇文泰行走在改革的最前沿，仿佛能听见三朝皇后之父独孤信被逼自尽的不甘，仿佛能感受到北周重臣赵贵的忠肝义胆。

雷绍，字道宗，北魏武川镇人，擅长骑马射箭。18岁时在武川镇府

做事，一次到洛阳，看到京都人的文明礼节及风度深有感触，回来对

同僚们说:"过去只知道在边疆守战,靠武艺战功求取富贵,没想到文化学识才是人生之宝。人来世上不学知识,就像住在洞穴里一样,什么也不懂。"于是辞去镇职,告别母亲,外出拜师求学。一年内学完《孝经》《论语》。当他读到"人行莫大于孝"一句时,感慨道:"我离开家乡不能奉养老人,这不是晚辈应有的做法。"于是返回故乡,耕种土地奉养老人。母亲去世后,守孝哀伤,以至容貌消瘦不堪,但因此出了名,被武川镇将召补为镇佐。

后来,雷绍到关西大行台贺拔岳部下任长史、京兆太守。在任期间,公平理事,境内人和安定。雷绍多次听到贺拔岳与侯莫陈悦饮宴时候的对话,通过察其言观其行,认为侯莫陈悦居心不良,曾经提醒贺拔岳:"您与他要谨慎相处。"贺拔岳没有在意,结果被暗中已经投靠了高欢的侯莫陈悦杀害。之后雷绍与寇洛等人共同迎接宇文泰主持军务。后因征战有功,任大都督、凉州刺史。

北魏永熙三年(534年),晋爵为昌国伯、渭州刺史。宇文泰一直以老朋友相待。雷绍平时乐善好施,所得俸禄和奖赏都分送亲友和部下,结果死在渭州竟没钱送终。雷绍信仰佛教,遗嘱其子:"我死之后,如果按本乡葬法,必定要杀大马陪葬,这对死者没有什么益处,你就去掉这一做法,以随身衣服入殓,简约从事。"运回长安安葬时,宇文泰"素服临吊"。朝廷追赠雷绍为太尉。

西魏王朝的权臣宇文泰

XIWEIWANGCHAODEQUANCHENYUWENTAI

在这里，我们仿佛能看到西魏权臣宇文泰行走在改革的最前沿，仿佛能听见三朝皇后之父独孤信被逼自尽的不甘，仿佛能感受到北周重臣赵贵的忠肝义胆。

宇文泰（507—556年），字黑獭（一作黑泰），代郡武川（今内蒙古武川）人，鲜卑族，西魏王朝的实际建立者和权臣，也是北周的奠基者，掌权 22 年。西魏禅周后，追尊为文王，庙号太祖。武成元年（559年），宇文毓以称王不足以威天下，故改称皇帝（北周明帝），同年追尊宇文泰为文皇帝。

宇文泰的高祖父宇文陵仕于后燕，拜驸马都尉，封玄菟公。皇始元年（396年）八月，北魏太祖拓跋珪领军进攻燕都中山（今河北定县），燕军大败，次年十月，魏军克中山，后燕将吏士卒降者二万余人，后燕大败，宇文陵亦率甲骑五百降魏，拜都牧主。天兴元年（398年）十二月，北魏徙六州二十二郡豪杰于代都平城（今山西大同市）一带，以加强北部控制，宇文陵也随之迁至武川，至此世居武川。

宇文泰是南北朝著名的军事家，政治家。他是西魏的实际掌权者，所创建的功业深深的影响到了他以后的中国数百年的历史走向。他出生乱世，养成了"骤然临之而不惊，无故加之而不怒"的性格，且在生活上不尚虚饰，崇尚简朴，他的这种勤俭简朴的执政风格也被北周和隋继承。

宇文泰改革军队统辖系统，建立府兵制。这个制度为隋唐所沿用。形式上采取鲜卑旧八部制，立八柱国，除宇文泰为最高领导者外，元钦为虚职，实为六柱国统六军。每个柱国大将军下设有两个大将军，共十二个大将军；每个大将军下有两个开府，共二十四个开府；每个开府下有两个仪同，共四十八个仪同；一个仪同领兵千人。这样，六柱国合计有兵四万八千人左右。这就是历史上著名的府兵。宇文泰在军事上主要依靠来自北镇尤其是武川的镇人，他们以后成为西魏、北周政治上的支柱。

宇文泰从谏如流、善于学习，在进入关中后，十分重视汉人治国理政的方法。大统七年（541年）九月，宇文泰颁行了由苏绰起草的六条诏书，"先治心，敦教化，尽地利，擢贤良，恤狱讼，均赋役"。六条诏书颁行后，宇文泰令各级官吏学习背诵，并付诸实践。十一月，又颁布了十二条新制，和大统元年（535年）三月颁布的二十四条新制合在一起，共三十六条。六条诏书和这些新制的内容十分广泛，包括政治、经济、思想、文化各个方面，并据此采取了一系列措施。

在政治上宇文泰奉行以德治教化为主，法治为辅的统治原则，落实"先治心"这一首要政令，要求各级官吏用儒家学说修身，躬行仁义、孝悌、忠信、礼让、廉平、俭约等，恪守这些儒家道德规范。面对人民，宇文泰积极推行"敦教化"，灌输孝悌、仁顺、礼义，用这些儒家伦理教化人民。

在用人上奉行遵循"擢贤良"这一思路，唯贤是举。就算出身微贱的只要德才皆备、有能力也可身居卿相。宇文泰的这一选官思想打破了魏晋门阀贵族为士的传统，富有改革精神，为大批汉族士人进入西魏政权开辟了道路，保证了西魏吏治的清明。

宇文泰主张法制不苛不暴，官吏犯法一视同仁。一方面要求用法如一，无有偏重。另一方面又要求慎重用法，要做到断案者慎罚，尽量减少冤假错案。更与今天的法治精神不谋而合。大统十三年（552年），宇文泰下令废止延续了两千余年的宫刑。结束了封建制度里违背人性的残酷刑法。

宇文泰重视农业这一国之根本，采取措施，积极劝课农桑，奖励耕植。首先恢复被破坏的均田制，使那些由于土地兼并、战乱、天灾而丧失土地、流落他乡的农民和土地重新结合在一起，为农民的生产活动提供条件。西魏均田制和北魏相比，在役制上变动较多，对服役年龄、时间、人数都做了重新规定。服役年龄从北魏时的十五岁改为十八岁；服役时间则根据年成丰歉而定，丰年不超过一月，中年不超过二旬，下年不超过十天，使役期大为缩短；人数上则规定每户农家服役者限于一人，避免过多地动用民力，妨碍农业生产。同时，宇文泰还颁行了户籍制度和计账制度，即预定次年徭役概数的计账之法，使赋役的征发较为合理，还对绢的长度作了统一规定，以四十尺为一匹。

宇文泰除了制定颁行上述经济政策外，还明确规定了地方官吏在发展生产方面的职责。每到岁首，州县长官必须督促百姓，无论少长，但能操持农器者，皆令就田，务必不失农时。对于那些游手怠惰，好逸恶劳，不事生产者给予处罚。由于宇文泰衡量牧守政绩的标准之一就是劝课农桑，因此地方官吏大都重视农桑生产，经济逐渐发展，西魏社会逐渐出现了一个仓廪充实的小康局面。

在思想文化上宇文泰以儒家学说作为思想武器，去除鲜卑族的一些落后习俗和摒弃当时思想领域中风靡一时的空谈玄理、崇佛论道一类的腐朽风习。在京师长安设立国子学，通过学校教育，培养大批具有儒家思想观念的人士，作为政权的支柱。还根据先秦典籍《尚书》中的《大诰》一文的格式，制定《大诰》一篇，作为文章的样式，于大统十一年（545年）宣示群臣，明令自今后文章须皆依此体，力图以此矫正浮华文风。

宇文泰对北边少数民族柔然和突厥主动修好关系，采取和亲政策，保证了边境安宁，加强了和少数民族的友好往来，促进了各民族的友好交流，对东魏和南梁采取攻势。宇文泰的一系列卓有成效的改革及政策为北周统一北方，为隋统一全国奠定了坚实的基础。

唐太祖景皇帝李虎
TANGTAIZUJINGHUANGDILIHU

在这里，我们仿佛能看到西魏权臣宇文泰行走在改革的最前沿，仿佛能听见三朝皇后之父独孤信被逼自尽的不甘，仿佛能感受到北周重臣赵贵的忠肝义胆。

李虎(？—551年)，代北武川人，字佐，官至太尉。是西魏府兵八位柱国大将军之一。李虎的三世祖李熙，官至金门镇将，曾率领豪杰镇守武川，因而在武川定居安家。

王钦若等编修的《册府元龟》里记载：李虎"少倜傥有大志，好读书而不存章句，尤善射，轻财重义，雅尚名节"。唐太祖所处的北魏末年，政治形势复杂。关东地区（包括河北，河南，山西一带）已经被高欢所控制，高欢视贺拔岳为心腹之患，名义上和贺拔岳称兄道弟（两人都曾是北魏天柱大将军尔朱荣手下得力干将），暗地里鼓动关西另一股军事势力侯莫陈悦借召开军事会议之机杀害了贺拔岳，李虎知贺拔岳遇害，悲愤万分，痛哭流涕，发誓要为贺拔岳报仇。此时，贺拔胜派手下将领独孤信入关中收编贺拔岳的部众。这时另外几股势力也在向平凉进发，准备收编这支部队。一路是北魏皇帝派遣的使臣元毗将军，一路是高欢派出的侯景将军，还有一路是夏州刺史宇文泰将军，这几路人马星夜赶往平凉，谁速度快谁就能占得先机。后贺拔岳的部队由宇文泰接管。

李虎在荆州听说宇文泰当了领袖，也很振奋，便赶往关中，半路上被高欢的部将截获，送到了洛阳，皇帝见到李虎大喜，原来皇帝早就与高欢不睦，一直想找一支能够抗衡高欢的力量，这时候他看中了宇文泰这股势力，就把李虎加官晋爵，拜为卫将军，仍然派到关中协助宇文泰，李虎因高欢之祸反而得福，对北魏皇室十分感激，后对皇室一直非常忠心。随后追随宇文泰，屡有战功，征讨侯莫陈悦，迎接皇帝入关中，破高欢于沙苑，平叛贼酋梁企定、杨盆生之乱。尤其是在平定杨岔生之乱中，显示了李虎的谋略，杨岔生本是南岐州的兵卒，聚众谋反，被李虎率军击溃，于是遣使诈降。李虎表面不动声色，并号令三军：贼人已降，大家可以解甲放马，就地休息，不久我们就可以班师了。然后私下派使者回复杨岔生，同意他的投降请求，杨岔生知道后以为得计，放松了戒备，派大部分军队出去筹集粮草，李虎却趁机在夜晚进兵，将南岐州围得铁桶一般，城中兵少，外出打粮的军队还没有返回，敌人惊慌地乱成一团，组织不起防守，李虎令壮士推开城门，大军入城。李虎的部队纪律严明，入城后秋毫无犯，最终未伤一兵一卒，杨岔生束手就擒。李虎班师回朝，宇文泰听说后也是非常佩服，赞叹不已，遣使犒劳李虎部队。

宇文泰的儿子建立北周王朝后，李虎虽然已逝，但仍被列为开国第一功臣，追封唐国公。他的儿子是北周骠骑大将军李昞，他的孙子就是唐朝开国皇帝高祖李渊，他的重孙子是唐太宗李世民。唐朝建立后他被高祖李渊追尊为太祖景皇帝。

北周重臣赵贵

BEIZHOUZHONGCHENZHAOGUI

在这里，我们仿佛能看到西魏权臣宇文泰行走在改革的最前沿，仿佛能听见三朝皇后之父独孤信被逼自尽的不甘，仿佛能感受到北周重臣赵贵的忠肝义胆。

赵贵（？—556年），字元贵，南北朝时期将领，为西魏八柱国之一。曾祖赵达，为北魏库部尚书。祖父赵仁，以良家子身份镇守武川，并安家于此。

赵贵自幼聪慧过人，有志节气概。令狐德棻《周书》："赵贵志怀忠义，首倡大谋，爰启圣明，克复仇耻。关中全百二之险，周室定三分之业，彼此一时，足为连类。"孝昌年间天下战乱，赵贵带领乡人南迁避难，正值葛荣攻陷中山而被其拘禁。葛荣失败后，尔朱荣任赵贵为别将，随征元颢有功，升任伏波将军、武贲中郎将。又随贺拔岳平定关中，后多次升迁至镇北将军、光禄大夫、都督。

北魏永熙三年（534年），贺拔岳被侯莫陈悦杀害后，将士们没了主心骨，一时不知如何是好。赵贵对亲信的人说："做人讲不讲义

气，是君子与小人的分界。古人尚且能保持名节，更何况我们是受到贺拔公恩遇的人呢！"于是带领五十多人，假托归附侯莫陈悦，收领了贺拔岳的尸体。赵贵与寇洛等纠集部众，共同抗拒侯莫陈悦。赵贵首议迎接宇文泰。宇文泰来到后，任赵贵为大都督，兼府司马。赵贵又随宇文泰收复弘农，攻克沙苑，任侍中、骠骑大将军、开府仪同三司，晋封中山郡公。北周建立后，升任太傅、大冢宰，晋封楚国公。赵贵其人为官期间做到了"为政清静，民吏怀之"。

北周建立后，实权掌握在宇文护手中。宇文护先后毒杀了宇文觉、宇文毓两位皇帝，赵贵因对宇文护专政不满，便与独孤信策划将其除掉，独孤信认为时机尚不成熟，没有行动，但后因被宇文盛告发，事泄后赵贵被宇文护处死。

三朝皇后的父亲独孤信

SANCHAOHUANGHOUDEFUQINDUGUXIN

在这里，我们仿佛能看到西魏权臣宇文泰行走在改革的最前沿，仿佛能听见三朝皇后之父独孤信被逼自尽的不甘，仿佛能感受到北周重臣赵贵的忠肝义胆。

独孤信（502—557年），本名独孤如愿，字期弥头，鲜卑族，西魏、北周将领，八柱国之一。独孤信的先祖伏留屯，任部落大人，和拓跋氏一同兴起。独孤信的祖父俟尼，在和平年间（460—465年），以良家子弟的身份从云中前去镇守武川，并安家于此。独孤信的父亲库者，为领民酋长，从小雄武豪迈有操节义气，北州的人都敬重佩服他。

独孤信容貌仪表俊美，善于骑马射箭，且"风度弘雅，有奇谋大略"。独孤信不仅长得好看，还十分重视仪表，"信既少年，好自修饰，服章有殊于众，军中号为独孤郎"。可见独孤信是一位风度翩翩、文武皆备的美男子，他的三个女儿也特别漂亮，先后成了三朝皇后。据载"信在秦州，尝因猎日暮，驰马入城，其帽微侧，诘旦而吏人有戴帽者，咸慕信而侧帽焉。其为邻境及士庶

所重如此。"可见，独孤信不仅能引领时尚，他的帽子被吹歪，大家都会把帽子带歪，更重要的是他执政期间惠政颇多，因此，很受百姓爱戴。

独孤信初为葛荣部下，葛荣失败后，投归尔朱荣。随孝武帝西行，授爵浮阳郡公。西魏建立后，独孤信任卫大将军、都督三荆州诸军事、大都督、荆州刺史等职，用以招抚被东魏所占据的荆州的百姓。平定三荆后，东魏又派高敖曹、侯景等率军突至。独孤信认为敌众我寡，率部逃到南梁的都城建康，居住了三年，大统三年（537年）才回到长安。他认为自己的行为有损国威，便上书请求治罪，得到了西魏文帝元宝炬的宽宥，任命为骠骑大将军，加侍中、开府衔，使持节、仪同三司和浮阳郡公的官爵照旧。

后随丞相宇文泰收复弘农，攻

克沙苑。率军与冯翊王元季海进入洛阳。颍、豫、襄、广、陈留等地相继诚心归附。大统六年（540年），东魏侯景侵犯荆州，宇文泰命其与李弼出兵，侯景撤军后，独孤信担任大使，抚慰三荆。

北周建立后，升任太保、大宗伯，晋封卫国公，食邑一万户。赵贵被处死后，独孤信以同谋罪被免职。

不久，被晋公宇文护逼迫在家中自尽，时年五十五岁。

杨坚曾这样评价他的这位岳父："风宇高旷，独秀生人，睿哲居宗，清猷映世。宏谟长策，道著于弼谐；纬义经仁，事深于拯济。方当宣风廊庙，亮采台阶，而世属艰危，功高弗赏。眷言令范，事切于心。"

因言获罪的侯莫陈崇

YINYANHUOZUIDEHOUMOCHENCHONG

在这里，我们仿佛能看到西魏权臣宇文泰行走在改革的最前沿，仿佛能听见三朝皇后之父独孤信被逼自尽的不甘，仿佛能感受到北周重臣赵贵的忠肝义胆。

侯莫陈崇（514—563年），字尚乐，鲜卑族，代郡武川人，南北朝时期西魏、北周将领，八柱国之一。祖父侯莫陈允（亦作侯莫陈云），以良家子弟的身份镇守武川，并在武川安家。父亲侯莫陈兴，官至殿中将军、羽林监。后因侯莫陈崇的功勋，追赠为柱国、太保，追封清河郡公。

侯莫陈崇少时勇猛果敢，善长骑马射箭。十五岁时，随贺拔岳、尔朱荣征讨葛荣。随元天穆平定邢杲。再随贺拔岳击败元颢、赤水蜀。后打败万俟丑奴，因功任安北将军、太中大夫、都督，封临泾县侯。

永熙三年（534年），贺拔岳被杀后，投奔宇文泰。败原州刺史归，代理原州政事。随宇文泰平定侯莫陈悦，转任征西将军。

大统元年（535年）以后，历任要职。先后随宇文泰活捉窦泰、收复弘农、攻克沙苑，征战河桥。大统七年（541年），平定稽胡反叛。北周建立后，封梁国公，加太保衔，历任大宗伯、大司徒。

保定三年（563年），侯莫陈崇随北周武帝巡视原州，武帝夜里回京，人们感到奇怪。侯莫陈崇说皇上忽然连夜回京，定是晋公宇文护死了。于是众人把此话传开，有人告发此事。武帝在朝堂之上，责备侯莫陈崇。侯莫陈崇心中恐惧，请求治罪。当夜，宇文护派人逼他自杀。因言获罪，甚为可惜。《周书》记载："侯莫陈崇以勇悍之气，当战争之利，轻骑启高平之扉，匹马得长坑之捷。并以宏材远略，附凤攀龙，绩著元勋，位居上衮。而识惭明哲，咸以凶终，惜哉！"

西魏名将贺拔胜

XIWEIMINGJIANGHEBASHENG

在这里，我们仿佛能看到西魏权臣宇文泰行走在改革的最前沿，仿佛能听见三朝皇后之父独孤信被逼自尽的不甘，仿佛能感受到北周重臣赵贵的忠肝义胆。

贺拔胜（？—544年），字破胡，神武（今山西省山阴县）尖山人，鲜卑族，南北朝时期北魏、西魏名将，贺拔岳之兄。他的祖父贺拔尔头，曾任武川镇军主，赐爵龙城县男。

贺拔胜年轻时以骑射闻名北方，曾任怀朔镇军主，后投靠尔朱荣，担任大都督，封真定县公。北魏正光五年（524年），破六韩拔陵的起义军占据沃野镇后，相邻的怀朔镇北魏镇将杨钧招募大将加强守备。贺拔度与贺拔胜同到怀朔任将军。贺拔胜到朔州后，言辞恳切地对临淮王元彧道："怀朔即将沦陷，百姓都翘首期待官军。大王受命征讨，理应迎击敌军，如今却屯兵不进，犹豫不决。如果怀朔陷落，则武川随之危险，贼军军威大振。到时，即便有韩信、白起的勇武，张良、陈平的谋略，也难以帮助大王了。"元彧便答应出兵，让贺拔胜回复城中。

起义军将领卫可孤所率领的部队战斗力强，既包围武川，又分兵进攻怀朔，攻守相持日久。贺拔胜率十几个骑兵冲出包围圈到朔州求援，返回怀朔后，镇将又派他去武川窥探形势。其时卫可孤已攻克武川镇。贺拔胜返回怀朔不久，起义军又攻克怀朔镇，俘虏了贺家父子。他们被释放后回到武川，与宇文颢父子合谋，纠合独孤信、念贤、贺拔岳等人，在武川杀死了卫可孤，而后贺拔胜兄弟俩辗转投入北魏军尔朱荣部。

西魏大统二年（536年），贺拔胜回归西魏，此后数次随宇文泰大战东魏军。宇文泰曾这样评价贺拔胜："诸将对敌，神色皆动，唯贺拔公临阵如平常，真大勇也。"大统十年（544年），贺拔胜因儿子被高欢杀尽，愤恨而死。

西魏名将贺拔岳

XIWEIMINGJIANGHEBAYUE

在这里，我们仿佛能看到西魏权臣宇文泰行走在改革的最前沿，仿佛能听见三朝皇后之父独孤信被逼自尽的不甘，仿佛能感受到北周重臣赵贵的忠肝义胆。

　　贺拔岳为贺拔胜之兄，他乐善好施，爱交结志士。能左右驰射，骁勇果断。不读兵书，但用兵谋略常常与兵法暗合。

　　一次，尔朱荣派他与侯莫陈悦一同去关西征讨万俟丑奴时，兵将不足两千。临行前他分析后ხ，败则必然加罪，胜则恐生谗言，于是请尔朱荣家的人任主帅，他与侯莫陈悦并列为左右将。到了前线，主帅见敌方兵多势强，将军事全部委托贺拔岳处理。贺拔岳扬言天气炎热，等秋凉时再图进取。万俟丑奴信以为真，分兵立栅作长期对垒的准备。贺拔岳经过侦察，采取轻骑夜袭、各个击破的战术，一夜之间战局大变，第二天，万俟丑奴战败被俘，数万人投降了贺拔岳。北魏永熙二年（533年），贺拔岳被任为关西（中）大行台。次年奉命征讨高欢，高欢派其左丞相翟嵩到关中收买侯莫陈悦，侯莫陈

悦接受了高欢的指示要除掉贺拔岳，而贺拔岳毫无戒备，还令悦任前驱，侯莫陈悦请岳入帐议事时假称腹痛，慢步行走，令他的女婿元洪景在幕帐中将贺拔岳杀死。

　　贺拔岳被害，朝野莫不痛惜。宇文泰收拢岳之部众，征讨侯莫陈悦。悦自从杀害贺拔岳之后精神恍惚，部众离散。宇文泰穷追不舍。最后，悦身边仅八九人，他自乘一骡，跟随者都是步行，看到追骑将至时，在山野自缢而死，跟随他的二弟等人全部被擒杀。

西魏名将若干惠

XIWEIMINGJIANGRUOGANHUI

在这里，我们仿佛能看到西魏权臣宇文泰行走在改革的最前沿，仿佛能听见三朝皇后之父独孤信被逼自尽的不甘，仿佛能感受到北周重臣赵贵的忠肝义胆。

若干惠，字惠保。年轻时随贺拔岳西征，"平水洛，定陇右，每力战有功"，拜为征西将军、金紫光禄大夫。贺拔岳被害后，他与赵贵、寇洛等将领拥戴宇文泰主事，后任为大都督，跟随宇文泰"擒窦泰，复弘农，破沙苑"，每次都率先陷阵。在与高欢率领的东魏军会战邙山时，他与赵贵的兵将失利。日暮时分，高欢进兵攻击若干惠，若干惠击退东魏军率队后撤。半夜时，东魏军骑兵追来，形成包围之势。若干惠沉着地下马，命令厨工就地造饭。待将士吃完饭后，他说："因战败回到长安是死罪，与在这里战死有什么不同呢？"于是打起旗帜，吹响号角，整队出发。东魏军骑兵怀疑若干惠有伏兵，不敢逼近追赶。若干惠率军回到弘农，见到宇文泰，汇报交战过程，自恨功亏一篑，痛哭流涕。宇文泰为鼓励他，不但不加罪，反而升官为司空。若干惠秉性刚直，有勇力，容貌伟岸，善于抚御，将士莫不怀恩。在同期将领中，若干惠年龄最小，他早年丧父，事母至孝。宇文泰曾建造射堂，射堂建成时宴请众将领。若干惠在宴会上慨叹："母亲上了年纪，什么时候能为她办这么个盛会啊！"宇文泰听说后，当天就将射堂宴会移至若干惠家中。若干惠常年征战在外，最后病死军中。宇文泰闻讯后亲自到灵堂悼念，后将女儿嫁给若干惠的儿子。

隋朝重臣宇文述

SUICHAOZHONGCHENYUWENSHU

在这里，我们仿佛能看到西魏权臣宇文泰行走在改革的最前沿，仿佛能听见三朝皇后之父独孤信被逼自尽的不甘，仿佛能感受到北周重臣赵贵的忠肝义胆。

宇文述，字伯通，武川人，父亲宇文盛为北周上柱国。宇文述少年时善骑射，性情恭顺谨慎，深为宇文护赏识，让他统领亲信卫队。杨坚任北周丞相后总揽朝政，相州尉迟迥造反。宇文述奉命平叛，两军对阵时他一马当先，奋力拼杀，连伤敌二将，并追杀一人，初战大捷。此后他常常冲锋陷阵，每战有功，拜为上柱国，晋爵褒国公。

隋朝开皇初年，宇文述任右卫大将军，奉命攻打南朝陈国，兵至石头城，大获全胜。当时已立杨广的兄长杨勇为皇太子，杨广为晋王。杨广是隋文帝杨坚的次子，外貌英俊，少年聪明，在众皇子中他受到特别钟爱。有专人辅导学习，加之好学，善于作文，因此暗自产生争夺帝位之心，请宇文述出谋划策。宇文述说废长立幼是国家大事，如今能够改变皇帝主意的只有上柱国、

尚书左仆射杨素，而能够说动杨素的只有他的弟弟杨约，杨约在京师为官，特别喜爱珍宝玩器，废立之事应先去京师与杨约共同策划。杨广委托宇文述多带金宝玩器到京城去见杨约。在赌博游戏中，宇文述故意输给杨约，终于说明来意。杨约又对杨素说明废立之意，结果杨广当上了皇太子。杨广将长女嫁给了宇文述的次子宇文士及。杨广登基称帝（隋炀帝）后，改封宇文述为许国公。隋炀帝巡游天下时，宇文述随从到榆林、金山、燕支等地，并亲自当斥候（侦察人员）。

宇文述善于推陈出新，"又有巧思，凡有所装饰，皆出人意表"，从服饰到亭台楼阁的造型，他都别出心裁，独具匠心，进献皇帝宫廷大受欢迎。有说长安城的建筑规划和格局亦始于宇文述的设计（待考）。他与隋炀帝是儿女亲家，因此"势

倾朝廷"。隋炀帝所得远方贡献及四时口味，必定"班赐"（分送）宇文述，有时送物品的宫人头一批与第二批在路上相遇。宇文述一旦得知谁有珍奇异物，一定要想方设法弄到手，因此富商巨贾及陇右诸胡子弟投其所好，争先给他送礼，

他则示以恩意，呼之为儿。他家聚积金宝无数，后殿穿绸缎的妇人众多，家中僮仆千余人，都骑良马，穿锦衣。领兵出征高丽时，带领九军人马到鸭绿水后全军粮尽，商议应不应该班师时，众将领意见不一致。恰遇高丽主乙支文德来观察隋

国的兵营。宇文述本来接受隋炀帝的密旨，要他诱捕乙支文德，但他当时没有采取行动，乙支文德逃归之后，他又觉得内心不安，与众将领渡水追击。乙支文德看到隋军兵士多有饥色，于是采取疲劳战术，引诱隋军深入，每次接战他都败北。宇文述一日之内七战皆捷，于是继续前进，渡过萨水，直至离平壤30里的山地扎营。乙支文德派使者诈降，说只要隋军退兵，他将到隋皇行在处朝拜。宇文述见士兵疲惫，无力再战，况且平壤险固，难以攻克，就答应退兵。隋军再渡萨水时，渡过半数人马，高丽军突然出击，隋军溃退，不能禁止，一日一夜，后退至鸭绿水。出征时共30.5万人，返回辽东城的仅2700人。炀帝闻报后大怒，解除了宇文述的职务。次年，炀帝再次出兵高丽，恢复了宇文述的官职，待之如初。宇文述率军又到鸭绿水时，因国内起兵反对隋炀帝，他被召回，病死在江都。

宇文述的长子宇文化及年轻时为皇太子杨广的随从，俩人亲昵至好，杨广称帝后任太仆少卿。他依恃这层关系，对大臣态度骄横，出言不逊。隋炀帝出巡期间，他与弟弟宇文智及违反禁令，与突厥做走私交易。事发后隋炀帝大怒，将他们监禁数月，原拟按律斩首，因宇

文化及弟媳南阳公主（宇文士及妻子）从中斡旋，后来释放。宇文述死后，隋炀帝念其旧情，任命宇文化及为右屯卫将军。不久，李密领导的农民起义爆发，跟随隋炀帝巡游的武贲郎将司马德戡等人与宇文智及共谋造反，推宇文化及主事。义宁二年（618年）三月，宇文化及率众杀死隋炀帝及朝中异己，自立为帝，国号许。不久，起义军将领窦建德、王薄设计擒获宇文化及，连同他的两个儿子一起斩首。

民间传说

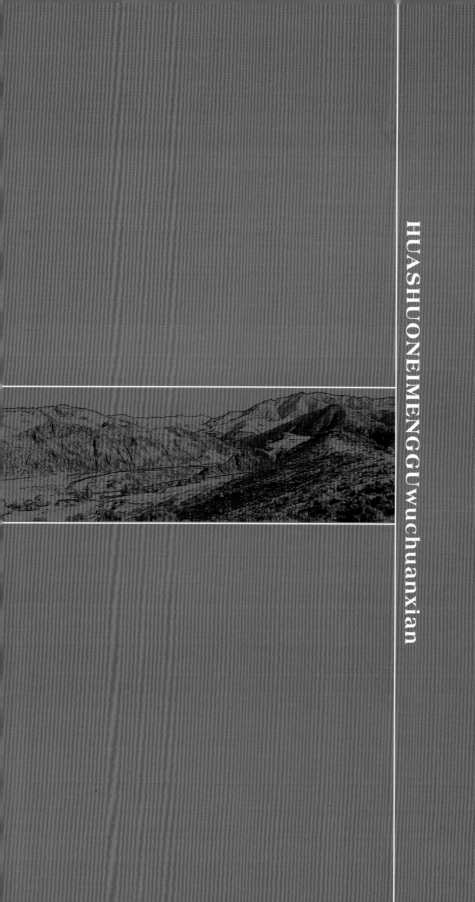

HUASHUONEIMENGGUwuchuanxian

"南蛮子"为村民擒金马驹

NANMANZIWEICUNMINQINJINMAJU

美丽动人的民间传说蕴含着丰收的喜悦和生命的轮回，表达着劳动人民积极向上的心愿，它是一种精神的寄托，也是一种希望的追求，更是对美好生活的向往。

在武川县得胜沟乡西南约30千米处有个叫龙潭沟的地方。相传，古时候有个"南蛮子"（当地人对南方人的统称）来到这里为村民擒拿金马驹，却失手搭进性命。因此，山里人为赞扬"南蛮子"之举，口口相传至今，以表达山里人对"南蛮子"大义之举的纪念。

龙潭沟在得胜沟村南约3.5千米的地方，好似一个茶碗状，占地约0.5平方千米。沟四面山岭高耸入云，悬崖陡峭，绝壁林立，怪石嶙峋，层林涌翠。山上长满了白桦、山杨等树木，枝繁叶茂，树木遮天蔽日，沟谷山榆、红柳等树木遮满沟坳。沟内德胜河蜿蜒曲折由此向南湍湍流去。沟内水流湍急，碧波涟漪，在晴天，水深处70多厘米，水浅处也有40厘米以上。水面宽20—40米不等，水流四季不断。在夏秋雨季，洪水滂沱，浪高丈余，水面宽100米之多，水流湍急咆哮着由西北向东南倾泻而下。

龙潭沟风景秀丽，沟内还有一清澈见底的水潭，水潭中间有个直径三四米的漩涡，水不停地由此注入而不见溢出，数千年依然如此而无异样。围着漩涡形成一个近500平方米大小的水潭，碧波荡漾，在阳光的照射下波光粼粼。人们不禁要问，难道这个漩涡是个无底洞。传说这个水潭与井尔沟东窑子对面的板嘴石窟相通，各种说法都有。也有人认为是龙的水潭，此沟也因此得名。

龙潭沟周边有部分村庄，北有

得胜沟，南有倒返沟。东、西两侧翻山分别有三道沟和四道沟，彼此相距最多在 3.5 千米。

有一年夏天，在东方天际出现鱼肚白时，龙潭沟薄雾腾腾。人们经常听到从龙潭沟传来马驹寻母的嘶鸣声，声音特别的响亮。人们以为是附近村的马群来到龙潭沟饮水，大部分人都没在意，然而村中有一个心细的人却觉得有些蹊跷。有一天，这个人早早来到龙潭沟，当东方初亮时，龙潭沟清楚地传出一声声响亮的马驹嘶鸣声，细心人环顾四面山上，明明没有马群，哪里来的马驹嘶鸣声？他回到村里将龙潭沟发生的奇事讲给人们听，但没人相信。第二天一早，他约了同村的几个年轻人一同去了龙潭沟，同去的人都真真切切地听到了从龙潭沟传出的马驹嘶鸣声，一时间消息传遍全村。

过了数日，好奇的村民早早等候在山上，静静地注视着龙潭沟的

动静。龙潭沟的清早薄雾，山内云蒸霞蔚，四面山上郁郁葱葱。在靠近龙潭沟西侧一块地上绿草如茵，山花烂漫，争奇斗艳，芳香四溢，在微风的吹拂下香气扑面而来，令人心旷神怡。忽然龙潭沟水潭内水漩涡孔内水流如巨浪翻滚，一阵比一阵厉害，翻起的水浪足有两米多高。大浪过后一匹金灿灿的马驹从漩涡口蹦出，然后连跑带奔到了河西侧的一块草地上停下，昂起头，仰天长鸣，声音特别洪亮。村民们看得真切，一下子全惊呆了。突然有人按捺不住，高声呼喊人们前去细看金黄色的马驹。喊声惊动了马驹，马驹迅速跳入漩涡中不见了踪影，一些老者认为这是龙宫中的金马驹现身。金马驹自从受惊后很长一段时间没有现身，村里一些老者对金马驹不再出现十分恐惧，生怕惊动金马驹会惊扰龙宫，惹恼龙王，给村民带来灾祸，竟欲求贤驱灾降福。

一天，来了位"南蛮子"，背上背了把剑，怀揣厚厚的一本书。村里人将"南蛮子"迎回家，给他好吃好喝伺候着，并将龙潭沟发生的事告诉了他。"南蛮子"听后很感兴趣。一连多日，"南蛮子"对村里人杀猪宰羊

龙潭沟

的款待很感动，意欲报答村里人的知遇之恩，为村民驱灾降福。于是抱着试试看的态度，陪伴村里人到龙潭沟实地查看。大约过了半个月的时间，一天天还未亮，水潭里的漩涡孔水流翻滚越来越厉害，只见金马驹又从水孔蹦出，在水孔边仰天嘶鸣一声，就又跳回到了水孔内。众人看得真切，确信无疑是金马驹现身。"南蛮子"欲擒住金马驹，为村民消除隐患，降福村民。

回到村里，"南蛮子"在村里挑选了一位强壮胆大的青年。按照"南蛮子"的吩咐，准备了一副马笼头和一把宝剑。俩人计划，由"南蛮子"到漩涡中去捕捉金马驹，壮汉拿事先准备好的马笼头和宝剑等在水漩涡口。并相约，待"南蛮子"进入水中第一次伸出手，由壮汉将宝剑递到"南蛮子"手中，如果第二次伸出手，再将马笼头递到"南蛮子"手中。一切准备和吩咐停当。一天天未亮，"南蛮子"带着壮汉到了龙潭沟，未等东山顶露白，只身一人钻进漩涡中去，约半袋烟工夫，从水中伸出一只簸箕大的手，吓得壮汉踉踉跄跄倒退数步，一头栽倒地上昏死过去。"南蛮子"空手返回水中继续擒拿金马驹。待壮汉苏醒，刚刚起身，"南蛮子"又从水中伸出一只簸箕大满是血的手，

得胜河

壮汉又一次昏死了过去。待壮汉苏醒过来，再也没见"南蛮子"的身影。一同前来擒拿金马驹的村民从四面山上下来，又等了许久，还是不见"南蛮子"的踪影，知道"南蛮子"凶多吉少，一直等到太阳落山，连"南蛮子"的尸首也没见到。一同前去擒拿金马驹的人相跟着返回村中，还带回了"南蛮子"的宝剑和马笼头。

"南蛮子"死后，村里人为纪念"南蛮子"大义之举，聘请风水先生在龙潭沟选择山水秀丽的吉地一处，筑坟厚葬。从此金马驹再也没有出现过。

青山公牛挑战大白虎

QINGSHANGONGNIUTIAOZHANDABAIHU

美丽动人的民间传说蕴含着丰收的喜悦和生命的轮回，表达着劳动人民积极向上的心愿，它是一种精神的寄托，也是一种希望的追求，更是对美好生活的向往。

　　古时候，大青山自然生态良好，古木参天，森林茂密，山清水秀，水草丰美。正如北朝民歌《敕勒川》："天苍苍，野茫茫，风吹草低见牛羊。"

　　相传古时候进入武川西南部大青山，人们经常会遇到老虎、豹子、巨蟒、豺狼等猛兽。除此之外，山区到处是野鹿、狍子、野猪、狐狸、獾子、盘羊、青羊、雪貂、野兔、野鸡、半翅、鹌鹑、杜鹃等动物。有一年，一只大白虎窜到武川西南部深山老林，搞得十里八村人心惶惶。杆树沟村南大北沟附近周边村庄牲畜常常遭大白虎袭击而亡。而且，大青山深山老林南北交通因此被阻断，行人谈虎色变，庄户人放养的牲畜也受到严重威胁。就在大北沟北面，距深山老林不远的一个小山村有户

西南部山区一角

人家养着一群牛，其中有条大黄公牛，膘肥体健，凶猛好斗，两只犄角弯曲向前，满脸皱痕，怒目圆睁，十里八村的牛见了它无不惧怕它三分，是牛中之王。这年冬天，主人无意中发现大黄牛的异常现象。牛主人早上把牛群赶上山，待牛群晚上回来，其它牛身上光光的，毛也顺顺的，唯独大黄公牛全身大汗湿透，身上还结了一层厚厚的冰。牛主人很纳闷，一连几天观察大黄公牛，结果天天如此。

一天早上，牛主人照常赶上牛群上山放养，特意留了个心眼，吃完早饭，带了干粮，跟着牛群细心观察。当牛群上了南山后，绝大部分牛安心地低下头悠然地在坡上大口大口地吃草，唯独大黄公牛焦躁不安，而后丢下牛群朝着大北沟方向奔去。

大北沟在武川西南部山区，北距杆树沟二十多里路。这里群山环抱，山高林密，草丰水美，浓荫蔽日。大黄公牛来到这里昂头便是"哞！哞！"的几声长吼。吼声震撼山谷。不一会儿，密林生风，惊飞林中栖息的鸟儿，树林深处窜出一只大白虎。它两眼发怒，张着血盆大口，四蹄腾空，张牙舞爪地扑向大黄公牛。大黄公牛毫无惧色，两眼怒目相视，沉着应战，四蹄踏地猛力冲

向大白虎。牛主人躲在山上树林中看了个仔细。大黄公牛和大白虎谁也不示弱，大白虎上下跳跃，大黄公牛左冲右突，二者战战停停，不分胜负。待到傍晚时分，深山渐渐被暮色笼罩，老虎借机溜进密林，大黄公牛也筋疲力尽沿原路返回。

牛主人将看到的情况向家人细细道来。确信大北沟真的有老虎存在，怪不得山里人很长一段时间不敢上山砍柴，就连南来北往的行人也很少见了。于是与家人合计，既然自家大黄公牛有此英勇，应该助其一臂之力，早日为民除害，疏通南北通道。家人计划给大黄公牛两个犄角各绑一把尖刀，让大黄公牛与白虎相斗。一家人主意已定，牛主人找了个铁匠打了两把尖刀，第二天一早就将准备好的两把尖刀绑在大黄公牛的角上。牛主人吃完了早饭，拿上干粮，准备了防身刀、叉、棍棒，赶着牛群上了南山。

大黄公牛环顾了一下四周，见牛群低头静心的吃草，它又向大北沟方向径直奔去。牛主人紧随其后，来到大北沟山，躲在树林中细细观看。只见大黄公牛精神抖擞朝密林深处跑去，在一块很小的空地上停下，昂起头"哞！哞！"的长吼几声，前蹄刨起的黄土丈余高，不大的空地上尘土飞扬。不一会儿，密

林中风声大起，白虎所经之地树梢来回晃动。大白虎从密林深处窜出，长啸一声，惊散林中鸟兽，唯独大黄公牛毫无惧色，奋力奔向大白虎，大白虎上蹿下跳。大白虎哪里知道大黄公牛已有人相助，它更不知道今天凶多吉少。

二者战了几个回合，大白虎身上就遍体鳞伤，鲜血淋淋。战到傍晚，大白虎血流过多，精力殆尽，渐渐有些力不从心，看看天晚，又想借暮色溜走，但大黄公牛两眼见血，杀红了眼，死死纠缠住大白虎不放。大白虎只有躲闪招架之力，大黄公牛越战越勇。大白虎由白变成了大红虎，一次躲闪不及，被大黄公牛犄角上的尖刀刺中腹部，惨烈的哀号一声，躺在地上一动不动了。

大黄公牛一直盯着大白虎，时间久了，见躺着的大白虎一动不动，摆出一副胜利者的姿态，昂起头朝天"哞！哞！哞！"的长吼了几声，慢条斯理地掉头朝原路返回。回到村里，人们见大黄公牛毫毛未损，只是头上沾满了鲜血，人们取下尖刀，大黄公牛回到牛群中间，卧在地上静静地睡着了。

掌灯时分，大黄公牛刺杀大白虎的消息在村中迅速传开，小山村人声鼎沸。全村人有的拿来了上等的草料犒劳大黄公牛，有的人还携着酒菜找牛主人来一块庆贺。这天晚上小山村灯火通明，好一派热闹光景，村里人都十分高兴，人人称道牛主人和大黄公牛为民除了一害，全村人一醉方休，红火到次日天明。从此山里人又能照常上山砍柴，行人放心通行。

据传，牛主人从此再未让大黄公牛干过农活儿，由村中的人共同供养，直到老死。死后人们也不肯食它的肉，村中人将其安葬在草丰水美，又能让村民看得见的地方。

活 黄 金

HUO HUANG JIN

美丽动人的民间传说蕴含着丰收的喜悦和生命的轮回，表达着劳动人民积极向上的心愿，它是一种精神的寄托，也是一种希望的追求，更是对美好生活的向往。

从前，武川有位老人一生勤勤恳恳，是个种庄稼的好把式。可是两个儿子不学无术，整天东溜西逛，田里的农活不愿意干。一年秋天，身患重病的老人见自己活不久了，就将两个儿子叫到床前，对他们说："儿呀，爹辛苦了一辈子，没什么留给你们，只有一块祖传的黄金。这块黄金藏在地里，会流动，所以叫'活黄金'。要想得到它必须花大力气：先将地深翻两遍，把垡头敲碎，然后亚猪脚肥和人粪尿。若到'活黄金'不出来，你们就将麦子种下去，出苗后锄两遍，再用粪亚一次。待麦收时，那块'活黄金'一定会出来。"

不久，老人去世了。兄弟俩料理了后事，便按老人遗嘱寻找"活黄金"。深翻、破垡干得他们满头大汗；施肥、除草使他们感到腰酸背痛，但一想可以得到祖传黄金，又把疲劳忘得一干二净。

到了麦收时，兄弟俩整整收了三大囤麦子。当老大抬头望望那三个高高的囤子，三年也吃不完的粮食，猛地醒悟过来，对老二说："爹说的那块'活黄金'，就是一本实实在在的种田致富经啊！"

武川大仙庙与双子榆的传说

WUCHUANDAXIANMIAOYUS
HUANGZIYUDECHUANSHUO

美丽动人的民间传说蕴含着丰收的喜悦和生命的轮回，表达着劳动人民积极向上的心愿，它是一种精神的寄托，也是一种希望的追求，更是对美好生活的向往。

武川县可可以力更镇大兴昌村里有一座庙，坐北朝南。庙北有两株大榆树，枝繁叶茂，双木成林。只是庙由于年久失修，有些破旧，当地村民都叫大仙庙。据说，庙后面的大榆树已有150年以上的历史了，据传此庙建于清朝年间，是一个久居于此的邱姓人家建的。当年，邱姓居民发现建庙之地常有祥瑞之物出现，夜有祥瑞之气笼罩，以为有仙人在此居住，便自己出资在此处修建了这座坐北朝南的庙，以祈福护佑自家及村庄能够太平安宁、风调雨顺、人兴财旺。令人吃惊的是，庙建成后，第二年便在庙的后面长出一棵榆树，几年后又在第一棵榆树旁长出另一棵榆树，双木繁茂、树叶婆娑，逐渐长得荫蔽庙宇，自成一景。这座庙和相伴的两棵榆树与这个村庄一起经历了中国历史的变迁。一直到现在，老榆树周围，还有许多树龄相近的榆树，郁郁葱葱，但哪一处的榆树都没有大仙庙旁的双子榆更有灵气、更富美感。

大仙庙和这两棵榆树就是大兴昌村的文化元素，是这个村庄变迁的见证者，虽不能言，却用年轮将往事凝固；虽不能语，却用婆娑的

大仙庙和双子榆（正面）

大仙庙和双子榆（背面）

枝叶昭示着生命的勃发。

这座庙和双子榆还有两个故事在村里人相传。五十多年前，庙没有现在破旧，青瓦都还完整。尽管老人们告诫孩子们不要到庙里玩耍，但有一天，村里一个十来岁的顽童和几个小伙伴不听劝告，看到庙的顶棚上住着一窝麻雀，就上去掏，一不小心搬下几块瓦。没想到回家后，就不能闭眼睛。一闭眼，眼前就有无数火球扑面滚来，十分恐怖。后来找了很多人看都未见效。直到很久以后，这种症状才渐渐转好。

还有件事发生在1991年，一个夏末秋初的夜晚，雷雨交加，一道闪电，伴随着巨大的雷声正好落到大仙庙后的大榆树上。雨过天晴，大榆树的一条树枝被雷击断。村里一位70多岁的老人将断枝拉回家，准备当柴烧。没想到两天后，老人下台阶不小心被绊倒，不能走动，在家养了大半年，才渐渐恢复健康。事后，村民们更是对这个庙和这两棵榆树充满敬畏。

这两件事，从科学的角度讲，是迷信。但无论是巧合，还是迷信，都从一个角度说明，对人文、自然、历史遗迹怀有敬畏之心，是群众的一种自发的价值取向。

大仙庙和双子榆（侧面）

虎头山的传说

HUTOUSHANDECHUANSHUO

美丽动人的民间传说蕴含着丰收的喜悦和生命的轮回，表达着劳动人民积极向上的心愿，它是一种精神的寄托，也是一种希望的追求，更是对美好生活的向往。

武川县哈乐镇东北部有一个小山村叫塔少洼，村的南面有一座山叫虎头山，关于虎头山的得名还有一个传说。

据说，在很久以前有一户张姓人家为了避难就在这个地方居住了下来，后来陆续有人家来这里定居，慢慢地聚集到这里，形成了一个小山村。村的周围四面环山，不适合种植，村民们主要以养羊放牧为生。

有一年，村里不断有丢羊的消息传出，今天东家，明天西家。开始人们不以为意，因为养的羊多，丢个一两只是很正常的事。一段时间后，还是如此，村里人猜测可能是野兽吃了羊，但经过观察，村周围并没有这些动物活动的迹象。再说即使这些野兽吃了羊总会留下皮毛、血迹等物。到底丢羊的原因是什么呢？这个问题困扰着村民。有人甚至认为是山中出了妖怪，更使

丢羊这件事平添了一些神秘色彩。后来还是老羊倌发现了蹊跷，只要上南山放羊，第二天就肯定有村民反映丢羊了，少则一只，多则两三只。为了找到丢羊的原因，老羊倌特意留心。以前一上南山，因为这里山高草丰，羊就安心吃草不怎么乱跑，老羊倌就能美美地睡上一觉。今天，老羊倌毫无睡意，留心观察羊群的一举一动。有几只山羊爬上了南山的主峰，老羊倌马上跟了过去，突然不可思议的一幕出现了，一只羊被一股巨大的力量吸了过去，然后消失了。老羊倌紧走几步藏在一块大石头后面继续观察。过了一会儿，刚才的一幕又发生了。这回老羊倌看得清清楚楚，一只足有水桶粗的巨蟒正在吸羊。巨蟒离羊最少有五六米的距离，羊被吸过去后直接吞到了巨蟒的肚子里。再看巨蟒，长有十几米，头有洗脸盆那么大，

再看身上散发着红光，背部还长着红鬃。老羊倌藏在石头后面直到太阳落山，羊群自己回到村里才连滚带爬地回到村里。由于惊吓过度，老羊倌直到三天后才从炕上爬起向村里人讲述了看到的情况。村里人听完老羊倌的讲述大都持怀疑的态度，认为老羊倌是产生幻觉了，认为那只是一个掉了皮的大树。但老羊倌却说什么也不去放羊了。不得已，一个年轻后生代替了老羊倌的工作。村里的老人向年轻人交代说："不管怎么，还是不要上南山放羊了，毕竟丢羊是事实啊！"年轻人嘴上应付着老人们的嘱咐，心想："我才不信呢，不要说巨蟒了，就是鬼我也要去见识见识。"小羊倌一出村，就直接赶着羊群去了南山的主峰。不一会儿的工夫，老羊倌描述的一幕出现了，两只羊瞬间进了巨蟒的肚子。年轻人吓得瘫坐在了石头后面，直到几个胆大的村里人上山把他抬回了村。

此后，村里人完全相信了老羊倌的话，没有人敢去南山放羊了，再也没有听说丢羊的事了，就这样村中平静了几天。几天后，一户村民拴在东山上的小马驹不见了，但拴小马驹的绳子还在木桩上。接连几天都有村民丢牲畜的事发生。村民们惊恐万分，不知如何是好。这是在山上吃了几只牲口，要是牲口吃完了，进村吃人该怎么办呢？有的村民想到了搬家，可是故土难离啊！就在人们束手无策的时候，村里的一个老者想出了一个办法，他说："南山上不是有座庙吗？我看我们还是去求神仙吧。"村里人都没了主意，就说这个办法可行。经过准备，选了一个良辰吉日，全村

虎头山

201

迎面俯卧的虎头山

男女老少都来到庙里祈求神仙救村民于水火之中。

一天，风雨交加，电闪雷鸣，天空黑森森的快要压下来了，一些小孩吓得哭爹喊娘，大人们也是满脸愁云，心想：巨蟒作怪，看这样子天也要灭我们呀！悲观的情绪笼罩着全村。雨越下越大，闪电越来越亮。突然，南山主峰方向传来一声巨响，一根红柱从天而起，扭动了几下掉了下来。渐渐的雨小了，雷也停了，不一会天空放晴。

发生了什么？大家猜测着。一位老者说："应该是老天爷显灵了，巨蟒被雷公收了。"接着有人提议，老人、妇女和孩子留下来看守村庄，男人们去看个究竟。先是几个胆大的向南山的方向跑去，后面跟众人。不一会儿，好消息传回了村里，巨蟒的确被雷公收走了。村民们在山上找到了巨蟒的一截尾巴，光是这一截尾巴也有小孩的腰粗，由此可想巨蟒有多粗，真可以说是蟒中之王啊！

再看虎头山主峰，基本被削平了，在一块比较平坦的地方有一块巨石矗立在那里。村民们走进观察，发现形状特别像一只虎头，最后人们就把这座山称为虎头山。

据老人们推测，这块虎头石是老天留下的镇山之石，为的是怕虎头山再出巨蟒之类祸害村民的怪兽。还有人说，这块虎头石有一神奇之处，一个平常人就能将它晃动，但即使再多的人动用工具也别想移动它丝毫。

金 蛤 蟆 传 奇

JINHAMACHUANQI

美丽动人的民间传说蕴含着丰收的喜悦和生命的轮回，表达着劳动人民积极向上的心愿，它是一种精神的寄托，也是一种希望的追求，更是对美好生活的向往。

在大青山深处有一个风光秀丽、青山绿水的小山村名叫向阳沟。据说此村最早的人家姓张，这张家本是从山西逃荒而来，后来却成了远近闻名的大财主。相传张家的发迹是与一只金蛤蟆有关，至今还在当地流传着金蛤蟆的故事。

话说在藏龙卧虎的大青山中，有一处树木参天、流水潺潺、背风向阳的地方，那是一块风水宝地。清咸丰年间，有一户张姓人家从山西逃荒来到此安家落户。张家的主人叫张大山，当年他领着全家人，为了生存，翻山越岭，过雁门关，出杀虎口，一路乞讨，来到大青山。一天，他们一家来到大青山深处时天色已晚，便投宿在一座年久失修，已破败不堪的财神庙里。夜深了，张大山面对苍天，发出了深深的长叹，边叹边说道："我的出路在哪里？"说罢向财神爷的塑像跪拜，让财神爷给指一条明路。夜里，张大山梦见财神爷站在他面前，笑嘻嘻地说道："远方客人不必悲哀，翻过山去十里处便是一块风水宝地，在那里安家后定会发迹。"当张大山醒来后才知晓那是一场美梦。

次日天明，张大山扶老携幼，翻山越岭，来到一个三面环山，树木成荫，背风向阳的山湾中，湾里有条小河，清水潺潺。张大山觉得这地方就是风水宝地，一家人便在此地搭起几间窝铺，算是安了家落了户，还取了一个好听村名叫向阳沟。定居后，张大山领着家人开垦出10来亩土地，从此过上了平淡安逸的田园生活。一天，张大山在田地里劳作时，突然听到一声奇怪的叫声，他定睛一瞧，发现小河中有金光在闪烁。于是他怀着好奇心循着金光走去，到河边一看，大吃一惊，天呀，一只金蛤蟆呈现在眼前。

张大山顿时心花怒放，心想这是老天爷给我送宝来了，急忙走上前去，朝金蛤蟆拜了三拜，然后将其恭恭敬敬地请回家。张家将这只金蛤蟆当神仙一样供奉起来，每日三烧香，五叩头。这金蛤蟆是个活财神，它只要一张嘴便会吐出金光闪闪的金子来，每月只吐一次。从此张家发大财了，盖起了豪华庄园，成为远近闻名的大财主。

金蛤蟆的事很快在大青山区传开了，越传越远，越传越神秘。此事很快传到了一个大恶霸的耳中。这恶霸名叫王老虎，到处欺男霸女，无恶不作，心狠手辣，坏事做尽。

这王老虎家大业大，养着50多名家兵，凡事说一不二，连官府也惧他三分。听到金蛤蟆的事后他喜形于色，皮笑肉不笑地说："老子发财的机会来了。"于是，王老虎带领家兵气势汹汹的来到向阳沟，包围了村庄，逼迫张大山交出金蛤蟆。张大山坚决不答应，这下惹恼了王贼，王贼令家兵对张家进行强行抢掠。王贼不仅抢走了张家的牛羊，夺取了金蛤蟆，还打死了十来口家人。

且说王贼抢到金蛤蟆后，乐得合不上嘴，大言不惭地说道："这下老子可发大财了，马上就会成为天下第一富豪。"于是命令家兵设下香案，尔后率全家人参拜金蛤蟆。参拜完毕后，眼睁睁地盼着金蛤蟆吐金。大约过了一个时辰，只见金蛤蟆将嘴一张，开始上下翻滚，不一会儿一条巨蟒从金蛤蟆的口中跳了出来。只见这条巨蟒口似血盆，牙似钢钉，倏地向王老虎扑来，吓得王老虎当场昏死过去了，全家人顿时吓呆了，不一会王家大小几十口人及其在场家兵全被巨蟒吞入肚中，尔后腾云而去。从此，金蛤蟆消失了，而金蛤蟆的故事却在民间一直流传着。

秀美风光

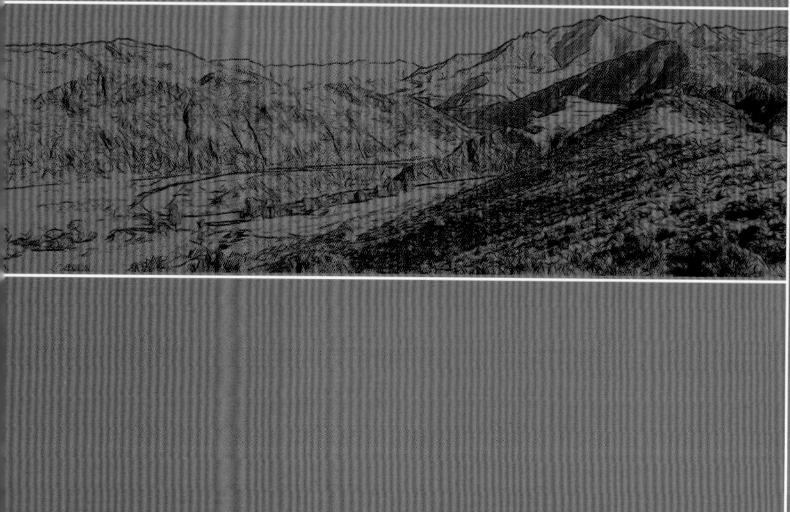

HUASHUONEIMENGGUwuchuanxian

巍 巍 大 青 山

WEIWEIDAQINGSHAN

大青山位于阴山山脉的中段，呈东西走向，像一条青色长龙横卧在祖国北疆。它又像沿着东西方向张开的几扇屏风，将一幅幅美丽的山水画卷展示在世人面前。

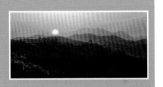

　　大青山位于内蒙古高原中部阴山山脉中段，呈东西走向，像一条青色长龙横亘在祖国北疆。大青山论高比不上泰山，论险比不上华山，但是它的人文、历史极富有名气，一点也不比全国众多名山逊色。唐代诗人刘禹锡在《陋室铭》中这样写道："山不在高，有仙则名；水不在深，有龙则灵。"

　　据古书载："青山环峙，黑水回流，天造地设，振古如慈。"

　　大青山古代也称夹山。南北朝时称为黑山，北魏著名诗篇《木兰诗》中载："旦辞黄河去，暮至黑山头。"这个黑山头即今大青山。明《万历武功录》载，隋代称大青山叫大斤山，唐代称渔阳岭，金代称黑山。元朝时称天山、祁连山。据《古丰识略》载，

大青山的名字最早出现在明代嘉靖年间。据《大青山传志》载，蒙古语称"漠喀喇""达兰喀喇"，译为汉语即为"黑山"。清代因古人将"青"与"黑"二字通用，随将"黑山"中的黑字换掉，改为如今的大青山。

　　大青山是阴山山脉的主要山脉，东起集宁以北的灰腾梁，西接包头以西乌拉山、二狼山、贺兰山、祁连山，东西绵延350余千米，南北宽50余千米。大青山历史悠久，经过上亿年地壳的变化，以及自然风刀霜剑的精心雕琢，像是沿着东西方向张开的几扇屏风，将一幅幅美丽的山水画卷，展示在世人面前。大青山是百岭千山，崇山峻岭，连绵逶迤，层峦叠嶂。举目眺望峻峰林立，百峰争奇。座座峰顶青烟笼罩，

或厚重或轻薄，或欢快灵动，或妩媚多姿，在群山峡谷间游动。"峡峰生烟雾，人间多少年。"千山万壑湮没在茫茫无际的林海中。

武川县在大青山中段，且县域一多半在大青山区，其余在大青山余脉丘陵地区。它从哈拉合少乡庙沟西，哈拉门独入境，逶迤东沿，经哈拉合少、得胜沟、大青山、大兰旗和哈乐镇出境，与察哈尔右翼中旗的灰腾梁相接，横亘于县境中南部。

在武川县境内的大青山地形地貌别有特色。以蜈蚣坝为界，向西山势渐形陡峭，直至包头以西的昆都仑河与乌拉山相接，北部、东部渐形平缓，直达岗峦起伏蜿蜒曲折的灰腾梁。由南向北形成一个簸箕状未封闭的盆地。

大青山千姿百态，景色绚丽多彩，在武川境内独领风骚。武川南部和西南部进入断层陷落带，形成高山峡谷，悬崖绝壁，奇峰矗立，山峦连绵，满目苍翠的奇观。远望群山染绿，山间青烟薄雾，雾霭升腾，云海人家。峡谷清幽宛转，两岸奇峰竞秀，山溪暗流。凝神屏气间，唯有鸟语虫鸣在山中回荡，景色宜人，蔚为壮观。武川北部和东北部则为山冈起伏的丘陵地区，同为大青山支脉尾部，与茫茫无际的乌兰察布大草原整合为一个板块。地上草木葱茏，百花争艳，彩蝶飞舞，百鸟欢唱，河岸上飞燕追逐嬉戏，微风轻抚，芳香四溢，令人心旷神怡。

大青山境内知名山峰有脑包梁山、狼牙山、老虎山、神庙山、平顶山、雕窝卜子山、油篓山、石人山、八楞山、东石洴山、银贡山、蓝庙山、鸣羊山、帐房梁山、兔虎子山、鸡冠子山、白菜沟山、马人山、大凉山、敖包山、福龙山、双乳山、马鬃山、天盘梁、美女峰、伟人峰等56座。峡谷深达千尺，峡峰直插云霄，奇

丽深邃的地貌特征，使大峡谷显得险峻、雄伟、奇拔。高峡平湖，飞瀑泻涧，悬泉淙淙，清泉碧潭，给峡谷平添了灵气和神韵。较大主沟有黑牛沟、腮忽洞沟、韭菜沟、老赖沟、阿窖石沟、得胜沟、卯独沁沟等20多条，支沟有大井沟、喜鹊沟、招还沟、火烧沟、田号沟、黄狐沟、周木匠沟、大西沟、冰凌沟、井尔沟、毛兔沟、杨柳沟、石人沟、狼窝沟等100多条。沟内乱石铺锦，巨石被岁月磨砺得圆润光滑，记录着万年来沧桑巨变的往事；在山区的主要出入口，形成的天然隘口有14处，主要的有什尔登隘口、耗赖山口、门斗沟口3处，每处隘口地势险要，真有"一夫当关，万夫莫开"之险；是出入大青山的主要通道。境内有河流8条，其中汩汩清泉由山间渗出，汇聚成4条外流河，均属黄河的支流，由北向南沿着蜿蜒盘曲的河道，绕着峡谷，向着隘口奔腾而去。还有湖泊6个。遍布在山区的峰景、峡谷、河水、湖泊，点缀的那样精美巧妙，就是能工巧匠也很难雕琢出如此美丽的山水画卷。走进大青山真是移步换景，景景带给游人意外的享受。

奇峻高耸的三大山峰

QIJUNGAOSONGDESANDASHANFENG

大青山位于阴山山脉的中段，呈东西走向，像一条青色长龙横卧在祖国北疆。它又像沿着东西方向张开的几扇屏风，将一幅幅美丽的山水画卷展示在世人面前。

金銮殿山，位于武川县大青山乡魏家窑东南2.5千米，海拔1998.2米，与东北料木山隔河相望。山峰雄健挺拔，山崖陡峭，巨石相依相拥，昂然剑立，山巅紫气氤氲。两岸层峦逶迤，满目青翠。4月的桃花盛开，漫山红遍，真有"人间四月芳菲尽，山寺桃花始盛开"之景，茵茵青草，黄花点点，百花吐艳，芳草鲜美，落英缤纷，涧流涓涓，水声汩汩。山的北坡，长满了白桦、山杨，以及山梨、面果、山杏，其间还点缀着松柏树。白桦树干雪白，枝繁叶茂，在山谷间勾勒出浓淡不一的线条。夏季，满目青绿，是花和绿色的海洋。秋天，树叶变成金黄色，在阳

金銮殿山

凤凰山

光照射下闪着金光。松柏四季常青，二者相映成趣，风起时，松声萧萧。寒冬，皑皑的白雪与蓝蓝的天空上的朵朵白云相互映衬，一派北国风光，分外妖娆。

有史书记载，北魏多位皇帝巡幸大青山而经此驻跸，并在距该山6千米的西南建有北魏的一座古城。另据史料载，清康熙帝出巡大青山时也曾在此驻跸，还召集众文武大臣商讨军国大事。故此，后人把该山称为金銮殿山。

凤凰山，位于井尔沟庙底3千米处，海拔1984.6米，山高陡峭，奇峰俊秀，悬崖绝壁，山巅青烟薄雾缭绕。山间林木茂盛，郁郁葱葱，北麓长满了白桦、山杨、山樱桃、胡荆、野山梨。山的南坡，在每年4月，桃花盛开，红波荡漾，手捧桃花闻香枝头，可坐卧树下匿身花海，看千万树桃花弥漫山野，令人心醉神迷。入夏山花烂漫，绿草如茵，芳香四溢。晚秋，亭亭玉立的白桦和嫩绿山杨枝干顶着一蓬蓬黄绿相

间的叶子像披纱的姑娘，在阳光的照射下闪着金黄色的光泽。凤凰山东南角下是曲水萦回的抢盘河，河床是由石灰岩和砂砾铺垫而成，河流弯弯曲曲地在井尔沟盆地茂密的绿树间穿行而过，盈盈河水环绕村庄，碧水粼粼的景象使人陶醉。河畔红艳艳的红柳、高大挺拔的白杨，还有弯曲枝干的老榆树顶着一蓬蓬嫩绿的枝叶，引得路人难以抑制发自内心的激动。井尔沟盆地，四面青山环抱，绿树掩映，盆地上巨石、奇石铺锦，这些石头被岁月磨砺得形态各异，真是美景如画。

据传说，古代有一只凤凰飞翔到井尔沟上空盘旋，眼见凤凰山五彩缤纷，山峰高耸挺拔，山体伟岸俊秀，山崖笼罩在祥光瑞霭之中，就落在山顶憩息，从此人们便将此山称为凤凰山。

料木山，位于哈乐镇宽滩子南1.5千米处，海拔2049.6米，旧时称雕窠山。山势伟岸雄浑，山峰高耸入云，峡谷蜿蜒，绝壁凌空，怪石嶙峋。山下多条支流在卯独沁出口处交汇，形成滂沱的河流湍湍向南奔涌而下。山的对面是金銮殿山，两山隔河相望，相映成趣。它们经历亿万年的沧桑岁月，栉风沐雨，至今巍然屹立，还共同记载和传颂着发生在这一带的神奇传说。

料木山

料木山顶，是个比较开阔近似椭圆的山顶，草木葱茏，内蒙古气象局和内蒙古广播电视台分别在此设置气象观测站和电视差转台各一处。

《绥远识略》《绥远通志稿》记述关于北宋大将杨六郎箭的传说。北宋年间，宋辽经常发生战事。一年，宋辽经过一次大战后，决定修好，相约商议宋辽边界事宜。北宋将领杨六郎（杨延昭，杨业的六子）镇守隘口雁门关。辽国代表来到宋营与宋代表商定，由杨六郎在雁门关向北射出一箭，以箭落地点为宋北界，辽代表应允。当夜，杨六郎密派裨将孟良取屋椽安上铁铧镞，预置于料木山顶。翌日，杨六郎站在雁门关当着辽方代表的面向北拉弓射出一箭，辽方代表眼见箭似飞

簧飞向湛蓝的天空，掠过座座峰顶，不停地向远方飞去。宋方代表和辽方代表顺着箭飞去的方向寻找箭落之地。后双方在卯独沁料木山顶找到了该支箭，便以此作为宋辽界边。从此宋辽人民免于战乱，长期安居乐业。虽然这仅是传说，但是插在山顶上那支箭至今已有千年，在风霜雨雪的侵蚀下，显得有些枯朽，却依然由东向西斜插在山顶的石隙间，可摇动却又拔不出，甚是奇特。

传说料木山上曾有关帝庙一座，门前有三棵古松，人称神树。如今古庙古树已不复存在，但古松的"子孙"尚在。

优质牧场——四大梁

YOUZHIMUCHANGSIDALIANG

大青山位于阴山山脉的中段，呈东西走向，像一条青色长龙横卧在祖国北疆。它又像沿着东西方向张开的几扇屏风，将一幅幅美丽的山水画卷展示在世人面前。

站在茫茫无际的阴山北草原，向南远眺大青山，在青烟笼罩下的大青山，可分辨出由东向西错落有致地排列着的武川四大梁，巍峨的四大梁像一块块绿宝石，依偎和镶嵌在大青山上，形成塞北又一道风景线。

淖尔梁，位于哈乐镇大蓝旗东北部，海拔2087米。为阴山北麓一处罕见的高山湿地草甸草原。这里绿草如茵，方圆有40平方千米，核心区38平方千米，天然草场资源十分丰富。山梁上的四季分明——春花、夏绿、秋黄、冬雪。冬春间，白雪皑皑，雪白雾凇，附着在树枝和枯草之上，勾勒出别样的冬日风情。梁上夏秋间，红、黄、蓝、紫、白、粉红等各色鲜花在竞丽争妍，香馨

淖尔梁湿地草原

井眼梁

沁人心脾，真是酒不醉人人自醉。

淖尔梁，蒙古语为水的山梁。古人讲，这里曾经有个盆地，盆地上山泉喷涌，形成道道溪流，四季不断。山顶清泉潺潺，溪流涓涓，水自山尖出，泉流一线清。夏秋间，大青山雨水充沛，盆地还形成自然湖泊，美妙的环境勾引得四处的野鸭、鸿雁、百灵鸟等野生动物到此光顾。

这里气候别具特色，山顶与山底判若两重天，温差很大，同样是半前晌，山顶是早穿棉衣，山底却穿纱。盛夏时节，山顶井内坚冰尚未融化，而山下的人们穿的半袖薄衫躲在大树下纳凉。梁上四季湿润，天晴气爽，微风醉人。

淖尔梁有优质的牧场，草场资源十分丰富。1937年抗日战争爆发后，大青山抗日游击大队杨植霖部曾驻在卯独沁沟，常到旗下营、归化城铁路沿线袭击敌人。这里成为大青山抗日游击大队和八路军二团放养战马的场地。

井眼梁，位于大青山乡南部，与呼和浩特市回民区接壤，海拔2081米。该梁水草丰美，入山无处不花枝，草场资源十分丰富，古往今来，这里不可或缺地成为大青山首选的放牧场地，四季牛羊满坡。

井眼梁地上是绿色银行，地下埋藏着富集的黄金矿。又还因它的名字中含有"井"字与"金"字谐音。辽末代皇帝天祚帝曾从中原逃归这里养精蓄锐，黄金一度成为其主要财源。中华人民共和国成立后，武川村民来此采掘黄金。八十年代，大青山乡政府、武川县政府相继接管该地金矿。该地黄金储量丰富，品位高，开采量大，多年来成为武川的支柱产业。这里曾发现有辽代、元代先民的采金工具，说明井眼梁早在辽代、元代时期就有人开采黄金，并在大青山区设"山金司"。

马场梁，位于哈拉合少乡庙沟西南，海拔2269.5米，山梁方圆10余平方千米，梁上草丰水美，飞瀑连天。偶遇云雾，雾霭升腾，高山峡谷，炊烟袅袅，云海人家。真有"峡间生烟处，人间多少年"之美感。满山尽是白桦树、松柏、山杨树、山樱桃树、山杏树、野梨树等，每年的四月，漫山遍野的樱桃花粉红如霞，人们穿行于樱桃林中，花香扑鼻，仿佛置身世外桃园，是人们进行户外活动的天然氧吧和游览胜地。相传马场梁曾是辽代萧太后（萧燕燕）放养军马的场地，故称马场梁。

马场梁还有个鲜为人知的民间传说，就是"桃花仙"的故事。据当地后独坝村民讲，在马场梁北侧后独坝村南有一小圆山，山上有一丛山樱桃，占地约一间房大小，两人钻进树丛，互不相见，枝条有人胳膊粗。春天开花后，粉红色樱桃花在微风吹拂下十里飘香。一年，王母娘娘过寿，邀请八仙赴会。席间，众仙争食，剩下给王母娘娘的那一颗蟠桃被张果老吃了。这时一丫鬟

马场梁

领着宠物小山羊又去蟠桃园采摘，不小心掉下一颗被小山羊叼着跑了，丫鬟去追赶。王母娘娘等不及就又派二郎神去找丫鬟，不料丫鬟已追出天界，来到人间马场梁的地方，二郎神明知丫鬟违反天规，但他对丫鬟早有爱恋之心，便不顾天规与丫鬟一道变成了凡人，在此过起平实而富足的凡人生活。丫鬟的宠物小山羊也变成一大群羊。丫鬟把在蟠桃园的栽培技术用在这里，在马场梁广泛植下云杉、刺柏、白桦、沙柳、红心杨、青杨，还有野山梨、山杏、沙棘、面果子、山樱桃，把马场梁装点的和天宫中没有两样。时间过去很久，王母娘娘见丫鬟儿女绕膝，享受天伦之乐，也就宽宥了他们。后人为纪念缔造马场梁仙境的小丫鬟，就把她尊为桃花仙，还把她亲手栽种下的那丛山樱桃作为丫鬟的化身，至今还有人敬贡、烧香、挂红，颂扬表彰她为人间造

福的功德。

马场梁还是辽末代皇帝天祚帝兵败退回夹山养精蓄锐、招还旧部的地方。耶律大石也曾率7000人来此与天祚帝会合。天祚帝在此等待时机，准备复出夹山，重整辽朝，结果却走上了不归路。至今该地村庄仍保留着招还沟、马圈沟等村名。

春空梁，位于大青山西哈拉门独境，海拔2305米，由固阳东入武川哈拉门独境，西邻包头固阳，与五当召隔河相望。春空山是黄河支流昆都仑河的源头。这里山势高峻，熊蹲虎踞。春空梁顶平缓宽阔，因此把山称作梁。从山底到山顶有条石径，山道弯弯，路旁绿草茵茵，山花点点，微风吹拂，芳香扑面而来，沁人心脾。宽阔的草坡，翠色的山梁，像在浩渺的绿色海洋中泛舟。湖光山色，风景奇特秀丽，庄重圣洁之感。西山脚畔有庙宇一座，香火连年不断，庙宇时时青烟升腾，佛香不时随风飘向山顶。西山脚下有一小村，行政归五当召管理，属五当召的"飞地"。"飞地"是历史上寺庙在外地用于养畜或种粮食的专属区。春空梁也因"佛缘"得名。

登上山顶举目远眺，千山万壑，起伏绵延，纵横交错，错落有致。起伏的山峰如海浪翻涌，奔腾升空。

春空山青山环抱，"远嶂春如画，浮云昼作阴"。附近山上都是光秃秃，干裂裂，没草没水，唯独此山，山上湿阴阴，软绵绵，花草生长旺盛，背阴满坡白桦、白杨树林。据当年居住在该山顶的一位老人讲："春是绿色的，空是无穷大的，此山有无穷无尽的春色。"如今这里仍然保持着原始生态环境。山梁南端有白龙马和龙头山等景点。这大概是上苍的恩赐，造物主的刻意安排。

春空梁

风景独特的三大峡沟

FENGJINGDUTEDESANDAXIAGOU

大青山位于阴山山脉的中段，呈东西走向，像一条青色长龙横卧在祖国北疆。它又像沿着东西方向张开的几扇屏风，将一幅幅美丽的山水画卷展示在世人面前。

得胜沟，位于得胜沟乡西南山16千米处，沟的全长9千米。北接毛林坝，南连倒返沟，西邻钻天沟，东望虎头山，四面山岭连绵逶迤，群峰竞秀，山色如黛，峰顶云雾缭绕，峡谷蜿蜒，绝壁临空，是虎踞龙盘之圣地。沟谷深藏在茫茫林海中，入沟崎岖深幽，峡谷山道弯曲清幽。山坡上林木茂密，长满白桦、山杨，峡谷河岸上山榆、黄榆、沙棘遮天蔽日，红柳垂枝娇媚，郁郁葱葱。最吸引人的要数四面坡上的白桦林，洁白的树干，枝丫或疏或密，在山谷间勾勒出浓淡不一的线条。地面上绿草如茵，山丹、野菊、刺梅、山茶等百花争奇斗艳，草丛中山溪暗流，清澈见底，四季流淌。入秋后，雨量增大，沟内时有山洪暴发，桀骜不驯的洪流，掀起的洪峰高达数十米，汹涌奔泻而来，如箭离弦，咆哮如雷，由北向南奔流。该沟同

样称为白道中溪水之一，河水向南流经水磨沟，汇入五一水库之后流经大黑河，又入黄河。沟内景点数不胜数，有佛爷洞、石门、乌梁素海、万年冰、虎头山、平顶山、龙潭沟、冰凌沟、草窝铺、灯芦素等自然景观。

1938年秋，八路军大青山支队开辟大青山抗日根据地。1939年3月，绥远省委、绥察行署、八路军大青山支队司令部和绥西党政机关由万家沟迁往此地，该地成为大青山抗日游击根据地的指挥中心。红色电波时刻连着晋西北和党中央所在地延安。大青山抗日根据地作为全国19个抗日根据地之一，而得胜沟也于1964年10月被内蒙古自治区政府列为重点文物保护单位。2005年被中宣部等13部委列为全国100个红色经典景区之一。2009年，被列为全国第四批爱国主义教育基地。2014年，经党中央、国务院批准，

井尔沟盆地

国务院发出通知，大青山抗日根据地旧址，位于武川县得胜沟乡的蘑菇窑村被列为第一批国家级抗战纪念设施、遗址名录。

井尔沟，位于武川大青山乡南部，北起于得胜沟乡骆驼卜子、海留沟；东南沿油粮店沟、猫兔沟；西南接脑兔沟，白石头沟，西北毗邻土坝子与得胜沟乡小杆树沟相接，南接水磨沟，全长10千米，有七条支沟。井尔沟群山环抱，中间为盆地，四面青山苍翠，崇山峻岭，绿树掩映。抢盘河、猫兔沟河水在井尔沟盆地交汇，再经盆地向西南沿着蜿蜒曲折的河道流经前柜盘道、水磨沟，注入大黑河。盆地内有15个村子，疏密有致分布在各山坳中。村在林中，人在绿中，绿树掩映，真有"绿树村边合，青山郭外斜"之意境。鸡犬相闻，阡陌垄埂，往来密切。过去全沟有近30几个村子，全都住在土窑中，现在已全部迁出。

抗日战争爆发后，八路军大青山支队司令部、骑兵三团、绥中二团，绥蒙游击大队、绥远省委、绥西专署武川县委、政府等机关和县区游击队先后在此驻扎，并开展对敌斗争。在这片土地上留下了抗日英雄的足迹和抗击日本侵略者的生动英雄故事。为纪念先烈，教育后人，国家在此修建"大青山革命烈士陵园"。

卯独沁沟，位于哈乐镇西南山30多里处，西起孔兑沟，途经9道支沟，东起黄岱沟，经羊房沟，在料木山下卯独沁沟口交汇，沟长45千米，与南哈拉沁沟相接。沟内四季流水，常年不断。沟两岸山岭连绵，层峦逶迤，满目青翠，茵茵青草，山花点点，百花争艳，芳香四溢。

在卯独沁沟北召滩建有清康熙年间班第达召一座，寺庙规模宏大，风格独特，装饰考究，有大小庙宇、牌坊等81间，住寺和尚近300人，檐角青瓦飞翘，朱色斑驳窗棂，殿内还建有白塔一座，十分壮观。

卯独沁沟

美不胜收的隘口

MEIBUSHENGSHOUDEAIKOU

大青山位于阴山山脉的中段，呈东西走向，像一条青色长龙横卧在祖国北疆。它又像沿着东西方向张开的几扇屏风，将一幅幅美丽的山水画卷展示在世人面前。

什尔登隘口，位于武川县城南4千米处，为古代"茶丝之路"白道北口，军事之要冲。秦、汉、魏、辽、金、元等多个朝代在此设塞筑堡，驻军把守，为出入大青山的北部道口。

耗赖山口，位于可可以力更镇西55千米处，哈拉合少境，沿石滨地沟、西行可至固阳、包头。沿黑牛沟南下，经哈拉合少乡，可达察素齐、呼和浩特。两侧山势险峻，垓嶒对峙，是武川西部穿越大青山的一个通道，道路狭窄，孔道落差大，行路艰险，故古代军队和行人不常走这条路。抗日战争时，八路军抗日游击队由于经常在此地袭击敌人，此后，日寇在此驻兵把守。

井尔沟口，此道北分两条，东边由南乌兰不浪村西南入猫兔沟，进入井尔沟盆地，西边一条沿抢盘河达井尔沟，两河在井尔沟河南面村西汇入井尔沟。从井尔沟沿抢盘河南下到达店上，经水磨沟出口后到达土默特左旗。抗日战争爆发，中共领导的武归县抗日民主政府，武归县税卡、武归县抗日小学等在盘道、阳圪塔等地驻扎。

门斗沟口，在哈乐西南大蓝旗境，距可可以力更镇东50千米，是武川县东部穿越大青山的孔道。古代山大沟深，行路艰难，人迹罕至。中华人民共和国成立后，政府筹款修路，经此可通往呼和浩特市，省道104经此通过。抗战时，绥蒙抗日游击大队杨植霖率部在此驻扎，并经此南下到旗下营袭击日寇军车。1938年9月，八路军大青山支队挺进大青山后，常经此往来于抗日后方偏关、晋西北抗日根据地。

门斗沟

河 流 和 湖 泊

HELIUHEHUPO

大青山位于阴山山脉的中段，呈东西走向，像一条青色长龙横卧在祖国北疆。它又像沿着东西方向张开的几扇屏风，将一幅幅美丽的山水画卷展示在世人面前。

卯独沁河，发源于哈乐镇后白沙泉等地，流经哈乐、黄岱沟、向南通过哈拉沁沟汇入大黑河。境内河长 49.61 千米，流域面积 885.07 平方千米。卯独沁河河水流量随季节变化而变化，河流两侧奇峰对峙，两岸植被郁郁葱葱，水土保持良好。

抢盘河，发源于得胜沟乡南沟、巨元子、上秃亥乡大后沟村等 7 个源头，流经上秃亥、可可以力更镇等 257 个自然村汇入井尔沟主河道，折向西南经水磨沟汇入大黑河，河长 55.63 千米，流域面积 1272.48 平方千米。

榆树店河，发源于哈拉合少后塔坝等地，经庙渠子、腮忽洞等 93 个自然村，经榆树店、土左旗、万家沟，汇入大黑河。河长 35.1 千米，流域面积 653.9 千米。

克力沟河，发源于固阳长发城村、武川大尔岔、花圪塔等地，流

经哈拉合少刘家窑子等地，经武川县 38 个自然村，进入土左旗，注入大黑河，汇入黄河。河长 36.8 千米，流域面积 275.4 平方千米。

湖泊有大和成、海卜子、汗海子、西什大股、刘家小泉、毛淖尔 6 个湖泊。这些湖泊面积不大，但给当地增加了美丽的景色。湖泊周围古树参天，冠如华盖，湖面上碧波荡漾，清澈见底，偶尔有闲士垂钓钓鱼，惬意无比。

民俗风情

HUASHUONEIMENGGUwuchuanxian

乡土气息浓郁的传统节日

XIANGTUQIXINONGYUDECHUANTONGJIERI

在各民族大融合的背景下，武川地区的风俗形成了自己的独特性，既区别于山南平川，又不同于北边草原牧区，而是融山川、农牧、蒙汉风俗于一体。

春节，后山人对这个节日最重视，从吃到穿，从屋内到屋外都要更换个新样。俗称过大年。旧时，将这个节日自上年农历十二月初一到年后正月结束全列为春节。

据《说文解字》解释："年"就是"谷熟也"。《谷梁传》记载："五谷大熟为大有年。"正因为农历年末、岁首，冬藏岁熟。在以农业为本的国家里，五谷丰登，六畜兴旺，是丰衣足食的重要标志。过年一般都在"立春"之后，因之称为春节。

在古时候，农历的正月初一，称为元旦或元日。在汉武帝时，正式规定正月初一为元旦，正月为元，初一为旦。自汉武帝太初元年始，规定孟春正月为岁首，称元旦或新年。自汉人进入阴山南北后将汉民春节风俗传入武川，至今已有两千多年的历史。

古代，蒙古族称春节为"白节"，称农历正月叫作"白月"，蒙古语为"查干"。蒙古族以"白"为吉祥、高尚、圣洁，包含着恭贺新春、吉祥如意之意。"白月"也是人们相互交往聚会的时节。除夕阖家团圆，午夜开始饮酒进餐，晚辈向长辈敬"辞岁酒"，围坐在一起吃饺子，俗称"黄馍馍"或

饺子

"扁食"，耍"嘎拉卡"，通宵不眠。在除夕晚上，牧民家要煮一颗羊头。在新旧交替时分，全家人换上新衣，户主把整羊头搬过来说："旧的一年快过了，卸开羊头迎新年吧！"把羊头的上下两半瓣开，嘴里填个饼子，额头涂上黄油，摆到神龛前面（有的地方供奉在院里禄马神台上），说明新年之门已经打开。全家人都出去，在院里燃起旺火，用圣饼、奶

供品

酪、黄油、香柏、白酒等进行"烟祭"。大人、娃娃每人给自己放一个炮，还要给公羊、公马放一个炮，祝它在新的一年多多繁育仔畜。良好的开端是成功的基础，牧民很看重这一天，认为这天好了一年都好。烟祭结束以后，要把旺火上的火烬挖回家，点燃火撑上的新柴，火撑上的旧火要挖出去倒掉，这样包里包外需要两个人。包里那个人先问："新火莅临了吗？"门外人就答："莅临了！旧火启程了吗？""启程了，现在举新火吧！"然后让长辈坐在上位，孩子们向他们一一叩头献哈达。长辈们摸着孩子的头，祝福他们，送些新年礼物，之后开始吃年夜饭。过去，初一一大早人们三五成群奔向

"浩特"（村镇），挨个地串蒙古包。串包中，要先给长辈叩头祝愿，接着主人家的女婿为前来串包的客人敬酒，习惯上这种敬酒每敬必喝。

燃灯节是蒙古族特有的节日，每年农历十月二十五日，待夜幕降临，家家点燃酥油灯以示欢庆。如今，蒙古族在燃灯节的一天不燃灯，代之以蒙古族传统的娱乐活动：赛马、赛骆驼、摔跤、射箭、拔河、民间歌手弹唱、马头琴演奏、民间舞蹈等。

古时候，汉族人农历十二月初一便开始准备新年的年饭。其次依时节准备过年的穿戴以及装饰、娱乐和祭祀等活动所需的材料。各家根据自己经济力量尽力置办，到农历十二月末告一段落。年饭分熟制肉食、面食、各种烟酒，糖茶、水果、干果等小零食。肉食必备鱼、猪肉、羊肉、鸡等，经过蒸、煮、烹、炸、馏等工序制作成各样熟食；面食有馍馍、黄米糕、粉条、麻花、油食、油饼、玉米面饼和糜子面饼等熟制品。吃喝的东西除自己能做得外，其余的都等腊月十几日后到集市上购买。

腊月二十四后，家家户户都要购买一些年画，年画起源于汉代，发展于唐宋，盛于明清。流传于武川的年画，多是苏州桃花坞、天津杨柳青、山东潍坊和四川绵竹出品

的。年画选材多为民间故事、戏曲小说人物、山水花鸟和吉祥图案等。

武川民间多流传剪纸，内容有12生肖、历史英雄人物及故事等。临近春节要贴窗花。

春联，选取吉祥喜气祝福诗句，用毛笔写在大红长条纸上，到每年腊月二十八或三十贴在自家院门、房门和院墙上，象征火红日子。

红灯笼，以红纸为主，配以各色象征吉祥的纸裱糊在各样形状的灯框架上，里面点盏灯即可。除夕夜点灯时节挂在院门和家门口。装扮的五颜六色，光彩耀眼，加上空中爆竹发出的亮光，以及火药味，给人以浓浓的神秘的年节气味。

新衣服，从腊月开始，旧时各家女人给家里男女老幼做衣、鞋、帽，经济力量稍差的，拆了旧衣，洗一洗，再缝制好即可，到了除夕这天男女老幼全部换上新衣。

拢旺火，在除夕夜自家院内摆堆干柴或用大炭垒起旺火堆，待当晚凌晨过后三四点钟，各家点燃旺火。以驱邪避祸，祈祷来年没灾没病，时运亨通。

腊月（农历十二月），古代以这个月祭百神，因此称腊。一进腊月就开始准备过年。

腊八，农历十二月初八。该节日源于佛教，据民间传说是佛教始祖释迦牟尼——如来的生日，也称释迦牟尼成道之日。因此，佛院每逢这天煮粥供佛，之后民间传承下来至今形成民间风俗。

腊月二十三祭灶神。据说炎帝（神农氏）死后被封为"灶神"，其职责是管理人间千家万户吃喝。每年这天他就上天向玉皇大帝汇报人间美善丑恶。然而人间为了堵住他的嘴，家家户户准备了麻糖给灶神吃，为的是他上天汇报时不说人间坏话，尽说好话，以便玉皇大帝高兴而降福于人间。因此，至今还流传着这个风俗。大年除夕夜接神，就是接灶神再返人间。旧时腊月二十三还洗灯盏，擦亮灯，以照亮灶神升天之道。

腊月二十四为扫尘节，亦称"交年"。家家户户到这天将房里院外清扫一遍，以示除旧迎新。

除夕，农历十二月末之夜。此时进入年节最高潮。一大早，人们将院内外打扫得干干净净，然后大人小孩换上新装，一家人其乐融融。在外工作的人，无论多远都会在这天前返回家与亲人团聚。日落后，大人在自家院门口挂起大红灯笼，家家户户张灯结彩，爆竹声不断，家人团圆，彻夜不寐，称守岁。小孩提着小灯笼与小伙伴嬉戏，进东家出西家很忙活儿。太阳落山后，大人们先端着供品和纸钱到十字路口给已故亲人焚化纸钱，表达对亲人怀念和感激之情。掌灯后大人们还要在家立上列祖列宗牌位，摆上供品，点燃香烛，供奉祖先，然后做更岁饺子以示团圆幸福。有的做烙饼（包馅），意即翻身饼，烙饼时，媳妇在一边烙，一边问男人说："翻身了没有？"男人回答说："翻身了。"意即来年吃的有余，穿的有余。有的吃饺子，饺子里还包个硬币，吃饺子时，谁吃到谁有福。一家人边吃边唠嗑，其乐融融。

到了半夜子时，即辞旧迎新时刻，人们开始接神。有诗赞云："爆竹声中一岁除，春风送暖入屠苏。千门万户曈曈日，总把新桃换旧符。"家家户户拢旺火，响炮。一时，炮声连天。人们点燃旺火，院内明亮温暖，全家都到院内围在旺火旁烤旺火，以示驱邪，没有灾病。有的人还将一把从旺火上引着的柴送入灶里，意接"旺气"。"接神"意即百神莅临。

接神后，先供"财神""喜神"，在其牌位处上香，摆供品。这晚，不许在地上泼水，怕冲了神灵。然后，全家人围坐在一起吃饺子，意即辞旧迎新，招财进宝。

正月初一，全村人一大早迎喜神，一般在东南方。人们赶着牲畜走出村外拢起旺火，响起爆竹。牛、马、猪、羊等听到炮声撒欢四处奔跑，人们欢声笑语。意即喜庆临门，新的一年六畜兴旺，物阜年丰。这天一早，开门先放双响高升炮，俗称"二踢脚"意即"指日高升"，还有个意思对昨晚赶走"年"不放心，再补踢他一脚。晚辈给长辈拜年叩头，长辈给晚辈压岁钱，钱数不等，意即"长命百岁"，平辈互相对拜问好。

破五

农历正月初五，这天人们习惯不出村，百业休歇。旧时农村初五这天一大早，将炕席底下打扫出的尘土用簸箕装上，用红纸剪个人儿，倒土时响个炮，称作倒穷土，送穷媳妇，反映出从古到今人们对富裕的渴望之情，同时也反映出古代歧视妇女的习俗。

人日

农历正月初七，也称"人七"。传说人的魂灵在除夕开始出去游巡，到初七夜里才返回，这天晚上人们需在自家门头挂个灯笼，意思是照亮门户，让魂灵准确返家，不致迷路走错家门。现今该节日已摒弃，失传。

游八仙

正月初八，据说八仙张果老、吕洞宾、汉钟离、曹国舅、铁拐李、何仙姑、韩湘子等八个神仙在这天出游，而我们出游，为的是与神仙相逢，以交好运。因此，人们喜欢在这天走上街头游一游、逛一逛、照个相、留个影，图个吉利。

舍籽节

正月初十舍籽节。这天中午宜吃莜面，特别在农村很讲究。蒸莜面时，要用莜面捏十二个小钵，顺时针从一到十二排开，如有闰月增加一个，待蒸熟后看哪个莜面钵里有水，预示着哪个月有雨水。武川是个半农半牧的地区，对雨水非常期盼，反映了古代这里的劳动人民在大青山的生活环境中对雨水充沛、五谷丰登、生活富裕的渴望。

元宵节

正月十五元宵节是武川民间最隆重的节日，也是春节中重要组成部分。如果说除夕是以家庭为单位的欢庆活动，而元宵节则是以户外大众娱乐为主的庆祝活动。有句民谚说："欢乐无穷已，歌舞达明晨""倾城出宝骑，匝路转香车。烂漫唯愁晓，周游不问家"，这些活动成为传统社会元宵节里最不同寻常的一道风景线。

武川县的元宵节文化娱乐活动内容非常丰富，从初五后就开始准备了，一时间，从农村到城镇锣鼓喧天，张灯结彩，到处是歌声和欢笑声。社火表演队伍在农村沿村串户，在城镇是沿街串巷，唱大戏，展示花灯秧歌。花灯秧歌有踩高跷、跑旱船、展车灯、舞狮子、舞龙灯、表演花鼓、台阁、威风锣鼓、大型团体扇子舞等民间艺术表演。表演中，有关人物还扮演神话故事及古代戏剧中的人物。这些活动从初八开始陆续展开。到十五这天狂欢达到高潮。《隋书·柳彧传》："正

月望夜，充街塞陌，鸣鼓聒天，燎炬照地。人戴兽面，男为女服。竭赀破产，竞此一时。"白天，武川县有关部门组织的大型团体表演。晚上，灯火通明，流光溢彩，声色交辉。"东风夜放花千树"，满城火树银花的璀璨与奇幻，成就了元宵节狂欢的底色。猜灯谜、游九曲、电影展映、街头二人台小戏，各种奇门绝艺更是将气氛推至顶峰，焰火迭现达到元宵节的高潮，最后以礼炮谢幕。

填仓

正月二十、二十五分别为"小填仓""老填仓"。填仓，意为填满粮仓，预祝本年大获丰收，粮食满仓满窖。古时盛放粮食均在自家院内用土坯垒制成两三米高的圆顶圆形粮仓或在地下挖个圆形土窖，窖内放一层柴火，再放进粮食。封好顶即可。填仓这天喜下雪而忌刮风。人们习惯到市场上买些粮食放到粮仓里。

民间储粮仓

正月忌讳不少，如初五、初十三、初二十三，铁锹斧头不能沾。如今这些忌讳早已摒弃，而代之的讲科学、重勤劳致富习气蔚然成风。

二月二

民间俗称"龙抬头"。这天人们一大早到井上提水，桶里放上铜钱，担上水倒回自家瓮里叫"到钱龙"。早上要吃饺子，俗称"安龙眼"。午饭吃烙饼，叫"扯龙皮"。晚上吃面条，叫"挑龙尾"。大人小孩这天要剃头，叫"剃龙头"。

清明节

清明节为二十四节气之一。时间在公历 4 月 5 日前后。其名字取自风景万物清晰明朗中的"清明"，意即万物生长于斯，皆清洁明净。

清明节大约始于周代，距今已

有 2500 年的历史。扫墓兴于秦，成于汉，盛于唐，沿袭至今，是古代帝王将相"祭墓"之礼，民间亦争相仿效。

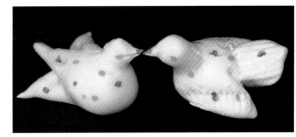

寒燕

清明节又称寒食节。相传战国时晋文公重耳带着介子推等人流亡国外，重耳饥饿乞食，介子推就从自己腿上割下块肉给重耳吃。后来重耳回国当了国君，即晋文公。晋文公给当年有功之臣封赏却把介子推忘了。介子推作了首《龙蛇之歌》，

清明串串

携母躲在山西绵山隐居。晋文公读了《龙蛇之歌》，如梦初醒，便派人去找，没想到介子推坚辞不就。晋文公在绵山下放了一把火，逼他出山，没想到介子推抱在一棵树上，被火烧死了。介子推在被烧死时，衣襟上还写着那首遗诗。诗云："割肉奉君尽丹心，但愿主公常清明。柳下做鬼终不见，强似伴君做谏臣。倘若至今心有我，忆我之时常自省。臣在九泉心无愧，勤政清明复清明。"晋文公见状追悔莫及，第二年披孝服登绵山祭奠介子推，并下令全国在此日禁火、踏青、插柳、吃冷食。由此便把此祭日及禁火等习俗流传至今。

武川当地人们给故人上坟的时间有清明节前三日或后四日之说，传统的上坟流程是，除掉坟上的蓬蒿杂草，修剪坟前树木，给冢培土，在墓门前摆上贡品。清明节也有踏青、荡秋千和蹴鞠等原居民山戎之戏。还有放风筝、拔河比赛，意祈祷丰收。

民间有捏白面小鸟，蒸熟后插在事先准备好的树枝上，挂在墙上，叫作"寒燕儿"的传统。这与寒食节有关，是为纪念介子推而遗留下来的一项民俗。

另外，农村有12岁以下孩子，戴用蓝布、白布剪成指头大的小圆片，再用黄蓝相间的小圆布做成清明串串。布与布间用约1厘米长的枳机隔开，用线将布片和枳机穿起来即可，蓝上白下，意为蓝天白地。布片的多少一般用布片的个数减去3与岁数相吻合即可。

传统庙会

农历四月二十八日是武川传统庙会的正日，意为祈雨，烧香还愿，求本年风调雨顺、五谷丰登、六畜兴旺、百事百顺。会期一般自二十四日开始，二十八日为正日，二十九或三十日结束。节日期间，进庙举行活动，举办物资交流和各类文体活动。

端午节

端午节自古有"辟邪说""祭龙说""纪念屈原说""纪念勾践操演水师说""纪念伍子胥说"等

五色线绳和艾叶

多种说法，但广为流传的是纪念楚国爱国诗人屈原。吃粽子、拔艾叶、插菖蒲、系五色线等是端午节节日的习俗。

关于端午节的别名，还有端阳节、天中节、五月节等20多个称呼，武川主要流传至今的是纪念屈原的端午节。

千百年来，武川各家各户用黄米、江米、红枣、葡萄干等制作凉糕，用粽叶包着称粽子。翌日天未亮，人们到户外拔艾叶，还将少许插于门庭，女子用艾叶水洗浴，还用彩色纸剪成蛇、蝎、虎、鸡、蛐蜒等"五毒符"贴在门上，做五色丝绳系在孩子手腕、脚腕、脖颈上，以示除秽避毒，防邪镇恶。

六月六

旧时，武川人们习惯在这一天吃点好的，人常说："六月六，西葫芦烩羊肉。"农历六月六这天，为"领牲日"，意即敬恭龙王，祈求下雨。人们年年在这天上午拉出一只大羯羊，在身上倒一斗子冷水，让羊摇身抖水，水点四溅，以示龙王发善心要给民间普降大雨，以使农业丰收。然后将羊宰杀，把肉分给全村各户吃，各户再将煮熟的肉，分出一部分进贡龙王，再烧黄表纸，叩头祷告后仪式结束。

七夕节

农历七月初七，相传自汉代起，就有喜鹊为天上牛郎织女牵线搭桥于这天相会的神话故事了，也称中

争斗中的大羯羊

国的情人节。喜鹊是武川最常见的鸟类，夏秋时节，喜鹊回山里，常在树上筑巢养育后代；冬春来到村边寻找食物。据说这天很少见喜鹊，传说喜鹊是忙着到天河为牛郎织女牵线搭桥去了。还传说人们到这天夜深人静时，把耳朵贴近磨眼听，或能听到牛郎织女含情脉脉的交谈声。这天又叫"乞巧节"，在农村，这天晚上姑娘媳妇在月下穿针，织女的缝纫技术很高，以求织女传授技艺，学得一手高明的缝纫刺绣本领。武川农村妇女在这天生下的女孩子，其名字中多半有个"巧"字。

七月十五

农历七月十五是武川农村较为重视的节日，武川人亦称此日为鬼节。这天需蒸制罗汉、女人等面人人，用颜料描绘，赠送友人。另外，这天人们还给已故亲人上坟焚烧纸钱。此日还可迁坟或给坟头添土。

中秋节

中秋节是武川最重要的节日之一。农历八月十五的月亮比其他几个月的满月更圆更明亮。这天，亲人要团聚，远在外地的游子尽可能回家与家人团聚，共度中秋佳节。即使回不来，也以赏月寄托自己对故乡和亲人的思念之情，所以中秋节被称为团圆节。

中秋节说法与"秋社"有关。

红糖月饼

八月十五日是稻子成熟季节。古代各地都有"秋社"，是答谢土地等神灵的祭礼，也称"秋报"。另外，通俗的说法与古代对月的原始崇拜有关，即祭月。

有关月亮的传说有很多，最多、最优美的还是嫦娥奔月的故事。据说射日英雄后羿被人们拥为王后，便沉迷酒色，随意杀人，成了暴君。他欲长生不老，跑到昆仑山盗取王母娘娘的不死药，他的妻子嫦娥怕他长生不老而百姓受苦，便偷吃了不死之药，于是就飘飘飞上了月宫。月宫其实很寂寞，除了一棵桂树一只兔子，还有个叫吴刚的人，再无他物。后羿对其行为后悔不已，每年八月十五日夜望月设供，祈望妻子返回人间与自己和儿女团聚，因此衍生出后世民间祭月祈团圆的文化习俗。

祭拜月神，每逢中秋夜都需举行祭月。设有大香案，摆上月饼、西瓜、苹果、红枣、李子、葡萄等祭品，其中月饼和西瓜是绝对不能少的。西瓜需切成莲花状。在月下，将月亮神像放在月亮的那个方向，红烛高燃，全家人依次拜祭月亮，然后由当家主妇切开团圆月饼。切月饼的人预先算好全家人有多少，在家的，在外的都需算在一起，不能切多也不能切少，正好为宜。

中秋节的另外一个活动是赏月。中秋节时，人们对着天上又亮又圆的一轮皓月，观赏祭拜，寄托情怀。

重阳节

农历九月九日为传统的重阳节，古人将九看作阳数，两阳相重，故称"重阳"。重阳正值暮秋时节，处在寒露和霜降之间，我国大部分地区"秋风萧瑟天气凉，草木摇落露为霜"。

重阳节登高野宴已成为中国先民在重阳节的一项主要活动。据《荆楚岁时记》在魏晋南北朝时，"九月九，四民并籍野宴饮"。饮的酒多为"菊花酒"，吃的多为重阳糕。汉族传统习俗中，菊花象征长寿，是生命力的表现。虽说菊花酒并没有令人不老的奇效，它却有清热解毒、明目祛风、平肝疏肺、益阴滋肾的药用价值。

重阳糕造型丰富，讲究做成9层，像座宝塔，上面还有两只小羊，以符合重阳（羊）之意。寓意吉祥，一是辟邪；二是"糕"与"高"同音，古人将其视为生长、向上、进步、高升的象征。如糕上面置小鹿，称为食禄糕；糕上的枣、栗、狮子之类饰品都是中国传统的祈子象征物，表示着人们在秋收时节祈求子嗣的愿望。

如今，重阳节发展了敬老爱幼的新主题，给老人吃羊肉面、雪梨粥、养生糕点等，还以更新的民俗形式继续流传下来。

"鬼节"

农历十月一日为"鬼节"，这天，人们为已故亲人烧纸上坟。这天忌出远门。旧时，家内已故亲人掩埋在外，也在这天迁回本家坟地，故本日为归并日。

传统婚礼习俗

CHUANTONGHUNLIXISU

在各民族大融合的背景下，武川地区的风俗形成了自己的独特性，既区别于山南平川，又不同于北边草原牧区，而是融山川、农牧、蒙汉风俗于一体。

男娶女嫁是人生很重要的一件大事，仅次于找职业，俗称"终身大事"。随着时代的变迁，礼仪上的一些繁琐程序也渐渐简化，各地风俗也渐趋大同。

婚约，男女双方经过一段时间的自由恋爱，基本了解了对方及家庭等方面情况准备确定终身大事时，需请媒人代男女双方及双方父母在中间传话，或作为送彩礼钱物的见证人，然后商量订婚、择日、下茶、娶嫁（完婚）等重大事宜。

订婚，男女双方通过一段时间的互相了解，传统文化认为男女双方大相相合、命运合，再经男女双方父母同意确认为订婚。男女双方还有婚约表示，旧时还需下聘单，现在一般请介绍人（或媒人）作为证人商定婚前双方应履行的权利和义务称订婚。

择日，选择娶嫁良辰吉日。男方派媒人到女方家试探完婚期日，称探话，媒人还得带上男方事先准备好的礼品。完婚必须在利月中，所谓利月，即什么月份利于什么属相的人完婚。即"正、七迎鸡兔，二、八虎和兔，三、九蛇和猪，四、十龙和狗，牛羊五、十一，鼠马六、腊月"。

下茶，娶亲之前，一般在娶前半月、二十天或十天，男方向女方送的礼物叫"茶礼"，称半月茶、二十天茶、十天茶。礼物准备一瓶酒、一只羊（有时也拿半只或一条羊腿），叫"单酒牵羊"。还有茶叶、红枣、大米、食盐、红糖各两包，用红纸包着。还有下茶前商定好的金银首饰、耳环、项链、镯子等金银器。

娶嫁（完婚），武川乡村和城镇都要邀请亲朋好友摆酒设宴，规模大小不等，人们通常称这一整套礼节及活动叫红事宴。

操办红事宴时，主办者叫东家，因事宴中有不少礼节，一般还需请个懂礼节、善言谈、有威信的人代东家给操办，这个人叫代东的。代东的上工后，代东家负责婚礼全盘事宜。根据邀请人的各方面情况，安排席面，请厨工、帮工。至于举办场所，目前武川农村比较时兴租赁包办宴席的活动帐篷，比较方便；城镇预定规格要求较高的饭店，较为排场。

典礼前一天，嫡亲渐渐抵达东家，中午亲朋好友来了一般给吃油炸糕、大烩菜，晚上是面条。

当晚，东家特意安排嫡亲到预订举办婚礼场所就餐叫卯夜饭。卯夜饭很讲究，饭食、烟酒基本和正日一样。

待卯夜饭开饭前，男女东家在场招呼客人。记账先生开始按客人到场的先后次序进行记账，然后客人自行寻找合适的座位，每桌一般为十人，坐满为止，桌桌如此。

卯夜饭后，代东安排娶亲、次

日早点糕、汤等，其次安排嫡亲休息场所，记账先生结好账交代东家。

当晚，代东的和东家安排次日娶亲事宜。1.娶亲分大娶和小娶。大娶，女婿去娶还要披红并有伴郎、伴娘。小娶，女婿不去娶，且不用伴郎和伴娘，娶亲的人一般由男方姐夫、一名弟弟担任，此二人分为姐夫娶亲、弟弟放炮。凡担任娶、送、迎亲的人，必须是上有父母、中有妻（夫）、下有儿女。光棍、寡妇不能担任这个角色。去对方那边的还有宾公（媒人）、司机、跟车的各一人。大娶，另加一女即新郎的嫂嫂，再加一男孩为压轿的。按旧传统，民间有"姑不娶、姨不送、姐姐送了妹妹的命"之说。娶亲和送亲的人数合为双数，娶亲车一般要安排三辆或五辆车，送亲车另加三辆或五辆车，合为双数。若是用马车娶送亲时，绝对禁用骡子和白马。2.打理迎娶物品，代东的和新郎母亲需包第二天的妆新衣裳、袜子、鞋……最上一层是头巾（帽子），自上而下，按平常穿戴顺序放置，不能颠倒次序。包裹忌讳系疙瘩，怕两家结仇，用红裤带系住。3.准备蒸好贴有"囍"字的大馍馍（即离娘馍馍），一般为30个或50个；贴有喜字的白酒两瓶；连着三根肋骨肢宽的猪肉一块，叫"离娘肉"；一张妆新盖窝（需

拆开一个小口子漏出棉花），以便新娘换被时到喜房后坐被子，叫"围富贵"。还需准备一定数量的钱，叫"离娘钱"，一般按新娘岁数给，或女方提出离娘钱的数量，为吉利占个"8"字，多少不限。

到第二日天不亮，东家将准备去女方家娶亲的人聚在一起，大娶新女婿带上伴郎、伴娘，压轿的男孩两个，给吃顿便饭。饭后，把需拿的东西全拿上，发给每人两盒烟，出门放炮以示庆祝，围观的人喜笑颜开欢送娶亲车去娶亲。娶亲车凡经过的村落，须鸣炮致意，车辆回头转弯必须向里转，不得向外转。返回时，不走重路，所走路径尽量是圆的，寓意圆圆满满，有始有终。新女婿从家走时，左膀上披一幅红丝绸，到了女方家在右膀挂一幅绿丝绸，寓意披红挂绿，还要由新娘的弟弟给新女婿头上插朵金花。每经过一个村都要放炮，进女方家时，开始放炮，第一是庆祝，第二是作为通知女方的讯号。

听到炮声，女方家全家出来相迎，把被迎亲的人让到首位，意为贵宾，进了家以家门为参考，面门为正，两边分为左右，左为上位，让娶亲的客人坐在左边。然后上糖水、糕点和油炸糕。娶亲的若路途较远，女方家还要准备饭菜招待。

走前，女方家将男方拿来的猪肉剔下肉，返还肋肢，拿来馍馍回5个或8个，也有一半的，回5个叫"五子登科"，回8个叫"八仙过海"。拿来的酒倒下，瓶内装绿豆，再插两棵带绿叶的葱，意即青枝绿叶，

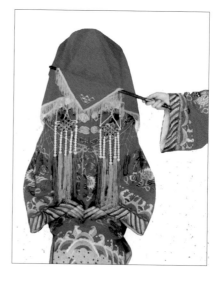

高升旺长，离娘钱由娶亲人交给女方长辈。

女方送亲一方派两男一女，男的为舅舅或姑父，女的为姑姑或婶婶。还有两个押车的娃娃，一个押送亲车，一个押娶亲车，两个孩子与女方同辈。送亲的与娶亲的人合为双数。女方父母给送亲的准备对方厨工的加菜钱，压柜钱。新娘还要准备烟、糖块，以及若干用红纸包着的钱，数额不等，应付小姑子、小叔子和姐夫们的耍笑。

娶、送亲车走时，由女方娘舅将新娘肩扛背负送上花轿（娶亲车），新娘的全部嫁妆也一并带上，新娘头上顶着一块红绢，叫"埋红脸"。新郎头上由新娘弟弟给插朵金花。新郎及娶、送亲的人全部上车后，

娶亲车队领着送亲车队返回新郎家。

娶亲车返回新郎家时，炮声连天，新郎家亲朋好友拥出院子迎接，新郎最亲的两位男长辈迎接男送亲，两位女长辈迎接女送亲，两位小媳妇迎接新娘。代东的代东家给两位押车的小辈押车钱，押车的下车后，接着男女大戚（新郎、新娘父母、娘舅等长辈）下车，迎亲人先把送亲的迎回喜房让到上首，即面门左边。新娘下车时，车门下放张桌子，下车踩着桌子，地上还需铺红毡，叫"登红毡"。

新娘下车后，与新郎、新娘同辈的姐夫、小姑子、小叔子开始耍笑新郎、新娘。他们挡住新娘的去路不让进屋，要糖、烟等东西，新娘找机会往喜房跑。

山丹花

迎接送亲的人时，男人和女人应分别安排在两个房间，由男方的男女亲人作陪，吃糖、抽烟、吃糕点等。

送亲的将女方家拿来的压柜钱交给新郎的父母，新郎的父母按压柜钱的多少再添一定的钱，一并交还新娘。

这时，有来念喜的乞丐给念喜，代东的给几个钱，拿些烟、酒、糖、糕等物打发走念喜人。

厨房给新郎、新娘下一碗面条让合吃，叫"和气面"。吃完面，新娘梳洗打扮，小姑子给新娘倒洗脸水，新娘给小姑子倒水钱。新娘梳好头举行典礼。

喜宴是热闹的高峰，农村多选在院中，城镇在饭店举行。代东的在前台宣布典礼开始，并致贺词叫"告殿"，然后由聘请的司仪主持典礼活动。典礼活动大致为：新郎、新娘对拜互戴红花，请父母大人就位；向父母亲鞠三躬，改口，父母亲给改口钱；再次，新郎、新娘的父母致辞后给客人鞠躬。司仪宣布台上新郎、新娘的父母退场。台上二老在乐队的歌舞声中从台上走下场，耍笑新娘、新郎开始。待耍笑结束，代东的上台宣布开席。

台下，亲朋好友边吃边聊，觥筹交错，谈笑风生，气氛热烈融洽。

台上歌舞升平，演员竞相展艺把典礼推向高潮。新郎、新娘由姐夫领着转桌敬亲朋好友喜酒。厨工要给有大戚的一桌加一道菜，还需说几句致歉的话。大戚掏出早已由东家准备好的红包递给厨工。

宴席结束，代东的安排新郎、新娘入洞房。与新郎、新娘同辈围着闹洞房（耍笑）。送亲的客人依据路途的远近，或送上车返回，或安排食宿待第二天与新人回门一起返回。

代东的帮助东家送走客人，记账的将账结好转交给东家。翌日，安顿新郎、新娘、送亲的回门。也要吃顿饭，跟正日的饭一样。饭毕，安顿回门车出发。

最后，谢人。谢所有在婚礼过程中帮忙的人以及婚礼上礼来人没来的亲朋好友，席面跟正日相同。

女方那边，回门车回去这天正式招待客人，安排方法与男方家的相同。

传统丧葬习俗

CHUANTONGSANGZANGXISU

在各民族大融合的背景下，武川地区的风俗形成了自己的独特性，既区别于山南平川，又不同于北边草原牧区，而是融山川、农牧、蒙汉风俗于一体。

亲人去世后，先给死者嘴里置一枚硬币、银圆或铜钱，称"口含钱"。再穿寿衣，并按寿龄做小饼若干，装于死者袖内，将袖口扎紧，俗称"打狗饼"。然后用一张白麻纸覆在死者面上，还要将死者手脚用麻绳绊住，称脚手绊，意思是怕逝者灵魂乱跑。再将死者仰放在木板上。烧"下炕纸"，意即送亲人下炕辞世，此时逝者的亲人要放声大哭，为的是防止逝者转世后不会说话。将这些安排妥当后，用白麻纸剪下的碎白纸条，数目比死者年龄多两条，在束着的一头拴一块炭（煤）或铁块挂在二门口，死者是男士挂左边，女士挂右边，俗称"穗头纸"，同时聘阴阳给批央。"央妖"是在白麻纸上写着死者姓名、年龄、属相及生死时辰禁忌等与"穗头纸"一并挂出，以示讣告。

一般在当天太阳落山后将死者装棺，俗称"入殓"。设置案桌，点一灯称为"长明灯"，供奉插有木杆头上沾棉球的米饭一罐。蒸12个白面馍馍，称为捣头供献。雄鸡一只。然后死者长子身穿重孝，腰系麻瓣，头戴孝帽，手握"戳丧棒"——意为孝子哀不可止。孝子在途中遇到老者长辈，要脱帽叩头，谓之免罪头，即为死者免罪之意。孝子去了亲戚家，先脱去孝帽，跪倒叩头，然后再报死者信息，并告知安葬日期。

根据阴阳先生意见，停殡有3天、5天、7天、9天、11天。灵前桌上点着的灯不能熄灭，并摆放一个"衣饭钵"，孝子们在吃饭前要给钵内加少许饭菜，忌放鸡骨头。顿顿饭前都要如此，直到出殡。

祭灵，出丧的前一天，亲朋前来烧纸献祭、叩头和哭灵，要带12个大馒头，称"供献"，还有烧纸及"长钱"等。东家要在出丧的前一天下午聘请鼓匠一班或两班，称安鼓。通夜吹奏，俗称"聒灵"或"吵灵"。安鼓的当晚要"叫夜"或"送夜"，迷信讲，死者魂灵自死那日已出游，第七天头上站到望乡台上眺望家乡，这天把魂灵叫回来称叫夜。安排人用锯末或其他木制废料作引火，用蘸着油的棉球做的火把引燃路边放着的少许锯末，俗称"死者路灯"，边走边放，由儿孙女婿抱着牌位和供献在前引着，吹鼓手在一旁奏乐，走到100步外的十字路口返回，不走重路。送夜，意即将出游的灵魂叫回，待翌日与尸体一并送进坟安息。武川流行在"叫夜"或"送夜"结束后，接运天明（鸡鸣前），由死者长子双手握着棺底稍动一下，意思是让死者灵魂醒悟，准备迁入坟地。

翌日为出殡日，死者亲朋好友凡该来的都应到齐。出丧时，长孙扛"引魂幡"在前引路，亲人陪棺哭泣。至坟场后，子孙沿墓穴左右洒土，正反各三圈，称"掩墓"。然后封土，培土成圆形土丘，插上"引魂幡"后安葬完毕。农村在亡者安葬后的第三天，亲属用纸制作炊具送坟焚烧，俗称"安锅灶"或"复三"。49天、100天，直系亲属均到坟场祭奠，俗称"过尽七"和"过百天"。未过三个周年，儿女不穿红艳衣服，过年不贴红色对联和窗花，死者过世当年，儿女在过年时贴紫色对联，第二年为绿色，第三年为黄色，三年满后，如同常习。

武川地区少数民族有蒙古族、回族、满族、朝鲜族等，蒙古族、回族丧葬习惯有所区别，其余民族与汉族相似。随着时代变迁，移风易俗，现在居民逝后多以土葬或火葬为主。

商贸盛宴——庙会

SHANGMAOSHENGYANMIAOHUI

在各民族大融合的背景下，武川地区的风俗形成了自己的独特性，既区别于山南平川，又不同于北边草原牧区，而是融山川、农牧、蒙汉风俗于一体。

庙会，又称"庙市"或"节场"。这些名称，可以说正是庙会形成过程中所留下的历史"轨迹"。庙会作为一种社会风俗，其形成有着深刻的社会原因和历史原因。庙会风俗与佛教寺院以及道教庙观的宗教活动有着密切的关系，同时它又是伴随着民间信仰活动而发展、完善和普及起来的。

东汉时期佛教开始传入中国。同时，道教也逐渐形成。它们互相之间展开了激烈的生存竞争。佛、道二教竞争的焦点一是寺庙、道观的修建，二是争取信徒，招徕群众。为此，在其宗教仪式上均增加了娱乐内容，如舞蹈、戏剧、出巡等等。元明时期，许多庙会的性质已经开始向市集转变。大多数游客是游玩观光或购买商品，真正进行祭祀或拜谒的人并不多。到了清代，庙会已经分为所谓的"多内涵型庙会"

与"迎神赛会"。前者在宗教、娱神的同时有游乐等活动，而后者则是把神像抬出庙外巡行，是没有集市但有表演的庙会。同时也有部分地方无庙有市也称庙会。

武川有记载的庙会始于大青山蜈蚣坝顶的"老爷庙"庙会。大青山蜈蚣坝顶曾有一座庙，称"关帝祠"或"关帝庙"，俗称"老爷庙"。据考证，老爷庙建于清雍正八年（1730年）。建有正殿、偏殿、小型的钟楼及僧人的居所。因为"老爷庙"是草原"茶丝之路"西去经商的必经之路，客商来往众多，所以香火也特别旺盛。每年农历五月十三，庙上都要举办一年一度的庙会。周围几十里，甚至百里之外都有人来赶会。说明至少在这个时期武川就有了庙会。

此后随着社会的发展，武川庙会的内容也不断地丰富。据老人们回忆，中华人民共和国成立前，武川可可以力更镇旧区原有一座"奶奶庙"，烧香摆供，杀牲还愿，祈福求财，据说极其灵验。如若还愿，便承诺四月二十八搭台唱戏闹红火。以后这一传统便沿袭下来。直至1966年，武川庙会一直比较兴盛。会期一般自农历四月二十四日开始，二十八日为正日，二十九或三十日结束。庙会集文化活动和物资交流于一体，由于此时逢农闲盖房季节，乡下农民大多从会上购买椽檩，故又称圪榄会。庙会期间，武川周边地区的商贩和本地人齐聚可可以力更镇，以农产品交易为主，牲畜、皮毛、茶盐、布匹和农具等农畜产品也应有尽有。当时交易就在大街两旁进行，像现在的农贸市场。庙会开始后请来山西晋剧团、二人台演戏。期间，耍把戏的、踢拳卖艺的样样都有，会场人山人海，熙熙攘攘，热闹非凡。

"文化大革命"期间，庙会被列为"四旧"和封建迷信而被迫停止。直到20世纪80年代，随着改革开放春风的吹来，武川庙会这一传统的活动又恢复了往日热闹的景象。这时较"文化大革命"前规模更大，交易商品也更加繁多，特别是时髦服装，因其款式好、价格便宜而成为庙会交易的主角。生活用品、特色小吃替代了农贸交易，轻音乐、流行歌曲与晋剧、二人台同为庙会的文化娱乐主题。当时，农村外出打工者很少，庙会场人山人海，特别壮观。

1992年9月25日，建于可可以力更镇东梁南，俗称"大卜子"的青山集贸市场落成。市场内建有几百间小门脸房，四角有高大雄伟的亭阁角楼，还建有坐西向东的大戏台。整个场地宽阔平整美观大气。由于有了大型交易市场，庙会趋于规范有序，助推了武川庙会的发展繁荣。这时政府开始介入，引导和

加强庙会活动向科学、文明、健康方向发展。由武川政府组织的以文化搭台，经济唱戏，公众积极参与，文化活动和物资交流丰富多彩的新型庙会在大青山集贸中心展开。交流会期间，人山人海，买卖人云集，天南地北的商品汇集于此，吃、穿、住、行、用应有尽有。同时庙会期间文化活动也更加丰富，动物表演、飞车走壁、歌舞表演让人目不暇接。当然山西晋剧大戏和二人台小戏还是老年人的最爱，政府会出资邀请名家为老年人公演、为庙会助兴。

从2013年开始，为了更好地宣传武川，更好地为武川经济和各项社会事业服务，充分展示武川县地域民俗文化魅力，扩大武川县旅游资源影响力，提高武川县特色优势产品的知名度，倡导健康文明的生活方式，弘扬"尚善、包容、厚德、开放"的武川精神，打造集旅游、文体、休闲、经贸于一体的独具特色的文化旅游节庆活动，武川把农历四月二十八的传统庙会活动，改为"武川县莜面文化节"。举办时间定在每年的7月下旬至8月初。此时是武川最美的季节，外地客人可以来武川领略草原的美景，感受大自然的美丽神奇。商人可以来洽谈业务，投资发展。

文化节期间有经贸洽谈会、燕麦主题乡村游、旅游产品推荐、草原自驾游等旅游活动，也有篮球赛、自行车巡游赛、文艺演出、主题书画展、主题摄影展等系列文娱活动，以及莜面美食技能大赛、中华名小吃展暨传统物资交流大会等乡土气息浓郁、百姓参与性强的活动，充分展示武川莜面、马铃薯、食用菌、羊肉等特色农畜产品，体现武川县悠久的历史和红色、民俗文化。活动的组织越来越完善，形式多样化内容越来越丰富，参与的人群越来越广泛，影响力也越来越大，它必将成为武川既具传统庙会氛围又具现代气息的品牌活动。

一年一度传统的武川庙会，现今的"武川县莜面文化节"已成为武川商贸发展的一道靓丽景观。它的形成与发展，一方面见证了武川商贸的发展，另一方面也见证了武川经济社会的发展。每年一次的"武川县莜面文化节"的成功举办，不仅给武川传统的庙会活动增加新的内涵，也会为武川经济发展带来美好的明天。

高亢悠扬的爬山歌

GAOKANGYOUYANGDEPASHANGE

在各民族大融合的背景下，武川地区的风俗形成了自己的独特性，既区别于山南平川，又不同于北边草原牧区，而是融山川、农牧、蒙汉风俗于一体。

爬山调也叫爬山歌、山曲儿，是流行于内蒙古中西部农业区和半农半牧区的一种短调民歌，有后山调、前山调、河套调之分。武川的爬山调即为后山调，按地域分也称为大青山调，俗称"烂席片"。在武川县的农村，提起唱爬山调，用农民的话说就是揪一段"烂席片"。"烂席片"形象地概括了爬山调的一些特点，即篇幅不限，可大可小，两句为一段，句尾押韵，每句字数不限，即兴演唱，唱几段随意。也就是"山曲儿本是肚里生，心想唱甚就唱甚"。

后山调流行于阴山北麓，旋律高亢悠长，音程跳动大，是最接近并富有蒙古族特色的一种曲调。它融合了陕北信天游、晋北民歌、冀西民歌语汇形式和蒙古族长调，节奏自由，音域宽广，热情、豪放、粗犷。2007年6月，武川县的爬山调被列入内蒙古自治区非物质文化遗产名录，2008年6月被国务院、文化部授予"国家级非物质文化遗产"证书。同年11月内蒙古自治区文化厅授予武川县"爬山调之乡"牌匾。

传唱于武川的"爬山调"是劳动人民在生产、生活中创作的一种民歌曲调。因武川县境多由山地和丘陵构成，南倚巍巍大青山，北接广袤的草原，这里的劳动人民或在高山之畔，或在丘陵之巅，或在道路村舍，或在田间草场，兴起于景，情动于心，声发于外，爬山调就这样产生了。爬山调常用比兴、夸张等手法，演唱者多为即兴编词唱曲，所唱的内容合辙对称，上口押韵。歌词语言多用乡土重叠词，多是乡村语言，有着浓厚的山野风味。

或在弯弯曲曲的山路上，或在空旷的原野上，劳作的人或牧羊人，脚下踏着厚实的土地，眼前变换着不同的景物：从身边飞过的百灵鸟发出的清脆的鸣叫声，映入眼帘的山丹花，一股淙淙山泉，水清至底，俯身痛饮一番后，顿觉甘泉沁人心脾，神清气爽，心中顿时会涌动出对生活的感悟，面对空旷广袤的山野，不由自主地将呼喊与吟唱合而为一，便唱出高亢、粗犷和自由的爬山调。

> 站在山顶顶上往远瞭，
> 得朗朗唱上几声爬山调。
> 清湛湛的水来绿茵茵的滩，
> 不愁吃来你不愁穿。
> ……
> 马莲开花一路路蓝，
> 胶皮车好似那橡皮船。
> 绿个茵茵的青草胶皮车上拉，
> 圪叭叭的红缨鞭儿甩开了花。

只用上下两句话，就能表达一个意思、一种情怀，就是一首爬山调。它以质朴、形象的口语直抒胸臆，又以简练、自然的曲调广为流传。过去目不识丁的村民，听过几次便能吟唱，久而久之，不自觉地唱出自己的心声，由模仿传唱者进入自编首创的行列，这便是爬山调广泛深厚的群众基础，也是久唱不衰、雅俗共赏的根本原因所在。

爬山调的演唱者或是牧羊人，或是赶脚人，或是村姑，或是农夫。喜也歌，忧也歌，各有所长。你也歌，我也歌，借物发端，连类引喻。当然，爬山调并非只在劳作时演唱，每逢过节，亲朋好友相聚时，也是主要的助兴形式。耳濡目染下，每个人都表现出惊人的唱爬山调的天赋。

爬山调按演唱形式又有室内与室外之分：室外歌者多为男性，以拖腔长调为多，声音浑厚宽广；室内歌者多为女性，声音较低，旋律柔美婉转。传统的爬山调多为一人演唱，男女老少皆宜，没有伴奏乐器，中华人民共和国成立后才加入笛子为主的伴奏乐器和演唱动作。

爬山调的题材内容很丰富，从反映劳动、赞美家乡，到花鸟鱼虫、五谷六畜、世态炎凉、婚姻爱情，以及演唱者本人的理想凤愿和喜怒哀乐等无所不包。尤其是爬山调在反映历史变迁中，在反映人民群众生活状态上，有着鲜明的时代特色。

武川爬山调形成于明清时期，尤其是到了清乾隆、嘉庆年间，绥远城开始放垦土地，最初由中原迁徙到大青山一带的移民与这一地区的民众的融合，也就是农耕文化与游牧文化的深入融合。清末到民国时期，因日本的入侵导致向大青山一带移民的人数猛增，许多走西口来到大青山一带的流民安家落户渐渐成为当地人。山西的民间传统文

张二银虎（左）在演唱

艺形式，诸如社火、九曲、戏曲等也被带来，这些文艺形式的到来丰富了当地的艺术。这时期产生于武川的民歌以妇孺皆知的口头语言和简练通俗的曲调在群众中广泛流传，流传中也自然地吸纳了当地蒙古族民歌的音乐元素，最终定型为如今我们听到的爬山调。

无论是抗战时期，还是中华人民共和国成立后，广大人民群众即兴编创的许多歌词，都在社会上广为流传。武川县的张二银虎是武川县爬山调的丰碑式人物，曾于1953年进京演出，他的爬山调唱红京城、享誉怀仁堂。他当时所唱的百句颂扬领袖的歌词中，句句不离毛主席。毛泽东、周恩来等党和国家领导人听了他的演唱，赞叹不已。周恩来更是称赞爬山调是"宝贵的莜面调"，并要求有关部门对这一文化瑰宝进行发掘整理。中华人民共和国成立后，张二银虎先后5次进京演唱，使武川爬山歌声名远扬。

20世纪50年代中期，原内蒙古自治区文联主席、著名民间艺术家韩燕如到武川县采风，共收集近千首爬山调唱词和数十个曲调，并在诗人艾青、作曲家马可等艺术家的指导下，去粗取精，编辑出版了《爬山歌选集》。该书由人民文学出版社出版，在国内发行数十万册。此后，内蒙古民间艺术研究会又派人收集和整理了张二银虎百余首爬山调，汇集在《内蒙古民歌集成》一书里。正如韩燕如先生所说："记得爬山歌的人，都不会忘记张二银虎，他代表着北方民歌的一座山峰。"

爬山调属于农耕文化与草原文化碰撞而产生的艺术形式，是黄河文化的组成部分。爬山调的原生态性使它字里行间都洋溢着浓浓的本土气息，是劳动人民感情与智慧的结晶，也是他们生活的缩影，它受流传地域民俗、民风和文化的影响，是武川县特有的民俗文化形式，是一部"传唱着的武川历史书"，是武川的民间史。

爬山调与农耕文化和自然环境关系密切，其传承主要是农民来承担的，它保存了汉族民歌古老的传统价值和特征，以及重要的文化基因。

可以自豪地说，武川县的爬山歌是人类文化多样性的杰出体现。

名优特产

HUASHUONEIMENGGUwuchuanxian

武川莜面甲天下

WUCHUANYOUMIANJIATIANXIA

巍峨绵延的大青山形成的百里屏障，黑黄交错的沙土、集中的雨水、长时间的日照，都为武川动植物的生存和繁衍提供了得天独厚的条件。

来到武川，人们走进饭店、农家，摆在餐桌上招待客人的一道极具地方特色的饭菜就是武川莜面。那种扑鼻的香味，吃在嘴里那种滑润、筋道的口感，更是给客人以无尽的回味。武川莜面的口碑由来已久，约有两千年的历史，它以其独特的品质世代相传至今，展示出强大的生命力和无穷的魅力。难怪说，来武川不吃武川莜面是人生的一大遗憾。

武川莜面是由土生土长的武川裸燕麦籽精加工而成。说到武川裸燕麦籽又有几人知道它传入武川的历史。

《武川县志》载，秦汉时，武川境内已有农耕的痕迹，有铁制农具出土。

据传说，秦始皇派遣大将蒙恬戍边白道和河套地区，在大青山筑长城，修古道，屯田垦殖。燕麦开始传入阴山地区，成为后来晋、陕、

蒙、冀长城北地区军民的主要粮食作物和军马优质饲料。

汉代张骞出使西域，开辟了丝绸之路，燕麦又随之传播到西亚和西欧，而他返回故地时，又将西域的蚕豆、黄瓜、大蒜、胡萝卜、香菜（芫荽）、葡萄等农作物种子带回，大大促进了东西方文明的融合。

连枷、叉子、木扦

据《北史》载，398年，鲜卑族建立北魏王朝，将包括武川在内的阴山南北广大地区置于统治之下。北魏道武帝拓跋珪将东部地区的高门弟子及豪杰两千户迁到北部居住，在武川建镇筑长城，以镇守边塞。宇文陵"随例徙居武川"，燕麦也随着汉人的迁入而进入武川。史料载，魏晋南北朝时期，阴山地区新迁入汉民与原土著居民融合，开始种植燕麦，至今阴山南北仍是我国燕麦的集中产区。

簸萁

一千多年前出生在原我国北部边界碎叶城（现属吉尔吉斯斯坦）的唐代大诗人李白，以丰富细腻的感情将燕麦填充在自己的诗稿里，一展与友如同燕麦与地的感情，令

筱面推石

笊篱

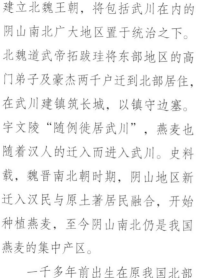
推石

石碾

辘轳

人心生温暖。辽、宋、金、元、清时期，阴山南北为游牧民族契丹、女真、鞑靼、瓦剌的繁衍生息之地。

清康熙时，阴山南北出现私垦。雍正时，现官垦。乾隆时在阴山放垦，汉族等民族渐渐迁入阴山南北依附王公贵族名门望族垦荒种地，农耕文化与游牧文化进一步融合，形成这一地区特色文化。目前，流传至今的"走西口"二人台小戏就是反映该时期口里人（多指长城以南人口）为避战乱和自然灾害，由河北、山西、山东突破张家口和杀虎口进入阴山南北人民生活的杰作。

阴山，这座横亘于内蒙古自治区中部的古老山脉，东西绵延长达1000多千米，海拔高度在1000—

2330米，仿佛一座巨大的天然屏障，同时阻挡了南下的寒流和北上的湿气。阴山南北降水量都很少，气温差异显著，山南风小，山北风大。而燕麦却选择了这块土地安了家。有句民谣这样描述："阴山豌豆阳山糜，高山莜麦堆成堆。"莜麦在这座贫瘠高寒地区顽强生长，在收获的季节麦垛成堆，成为这里的珍贵之粮，素有甲天下之美誉。

武川地处大青山北麓脚下，一多半在山区，一少半在丘陵，地理纬度位于北纬41—43度，是世界公认的裸燕麦黄金生长纬度。全县总面积4885平方千米，其中耕地面积230万亩，水浇地11万亩。武川所处位置在高寒地区，而莜麦正好是抗寒作物，生育期110天左右，能在气候凉爽的地区正常生长，对土壤的选择不强，可栽植在黏土、壤土、草甸土、沼泽等土壤中。武川地理、地质、土壤、自然环境完全适宜莜麦的生长。

莜麦，也称裸燕麦，属禾本科植物。世界权威植物学家一致认为裸燕麦起源于中国。1935年，瓦维洛夫在《世界栽培作物起源八大中心》中指出："裸燕麦起源于中国。"中国燕麦，追溯到《尔雅·释草》关于"蕎"的记载，燕麦的种植至少已有2100年的历史，《中国农业

遗产选集》所指出：春秋战国时代已有燕麦这一作物。另据1967年茹考夫斯基在《育种的世界基因资源》中谈道："裸粒型燕麦是地理特有类型，在中国与蒙古国的接壤地带突变而生，因此，这个发源地可以认为是裸燕麦初生基因中心。"

内蒙古阴山一带燕麦种植与食用历史久远，《内蒙古农牧业资源》一书考证，呼和浩特地区（今阴山南北）裸燕麦的栽培历史约有1100年。《绥远通志稿》称："莜麦，一作油麦，即燕麦也，旱瘠之地亦宜播种，（阴）

山前、山后各县均广种之。"现在，阴山南北群众仍以莜面为特色主食。而且武川莜面以味香、筋道、绵、爽口、耐饿誉满全国。因此，在历

史上留下了许多与此相关的传说。

传说祖居武川的唐朝开国皇帝李世民父子在太原起兵时，用莜面做成"栲栳栳"犒劳三军，莜麦成为唐军重要军粮。"栲栳"是由"犒劳"一词演变而来的，山西晋北地区民间俗称莜面窝窝为"栲栳栳"，明代画家唐寅有诗曰："琵琶写语番成怨，栲栳量金买断春。"

康熙二十九年（1690年），清代康熙皇帝远征噶尔丹，巡边多日，

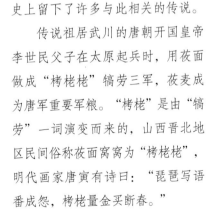

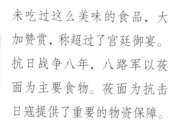

奔劳于野外，人困马乏，于是进入一百姓家借宿。饭桌上，主人献上莜面锅饼，饥渴交加的康熙感觉从未吃过这么美味的食品，大加赞赏，称超过了宫廷御宴。抗日战争八年，八路军以莜面为主要食物。莜面为抗击日寇提供了重要的物资保障。

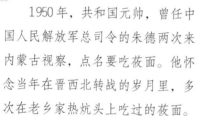

条条

1950年，共和国元帅，曾任中国人民解放军总司令的朱德两次来内蒙古视察，点名要吃莜面。他怀念当年在晋西北转战的岁月里，多次在老乡家热炕头上吃过的莜面。

那种味美、筋道和耐饿的莜面，曾支持晋察绥陕革命根据地军民开展抗日斗争并取得一个个胜利。后来，朱德在回忆录中写道："我一直很怀念塞北的莜面窝窝、莜面鱼鱼。"

武川莜面从籽实到莜面熟成品，需经过许多道工序，样样很讲究，最大特色是"三生三熟"的做法，即从莜麦籽粒到做成能吃的莜面制品，需经过三次生三次熟的过程。收割的莜麦自然是生的，这是"一生"。选当年上品莜麦，淘洗干净后再到炒锅上炒熟。淘粮和洗炒粮既是个细活也是个难活。将粮倒在盛水的淘莜面锅里，拿笊篱左趸右撇，直到沙石沉淀到锅底，用笊篱撇去水面的瘪粮，剩下颗粒饱满的莜麦籽粒，用笊篱从锅内水中捞出放在预先准备好盛莜麦的器皿中晾干。支

一口大铁锅，将晾干的莜麦倒入锅内，下架文火，用锅铲徐徐翻动，类似于街头的糖炒栗子。等到莜麦粒炒到微焦，飘出香味时，这就成了"一熟"。将炒熟的麦粒磨成莜面，又变成"生"的了，这是"二生"。莜面在吃之前，要先和面，而最特别的是，和面时不能用凉水，得用开水。取适量的莜面粉放入面盆里，兑上一半的开水把面烫熟，就可以和面了，和面讲究"面光、手光、盆光"，做莜面过程中，最好有"咯吱咯吱"的声音，说明和的面软硬适中。这就又成了"二熟"。和好的面要趁热根据食客的要求，制成窝窝、鱼鱼等莜面制品上笼屉去蒸。莜面制品形式多种多样，不管是饸饹、鱼鱼还是窝窝，又变成"生"的了，这是"三生"。接下来就是添水加柴，烧火猛蒸。当蒸笼中蒸汽升腾，屋中弥漫着莜面那特有的气味时，莜面蒸熟了，这是"三熟"。只有这三熟到位，莜面才好吃上口。

莜面能做出数十种花样来。燕麦籽粒可制作燕麦米饭、燕麦米粥、燕麦片粥；干食可将莜面烘成炒面，可干吃、湿拌，湿拌最好掺少许土豆，

拌九圈半，意即拌匀最为好吃；煮制的有圪生糊糊、拌汤、拿糕、煮鱼子、余莜面；蒸制的莜面有窝窝、刨渣、倒拉牛、鱼鱼、饨饨、饺饺、土豆丸子、土豆糕、土豆鱼子、老鸦含柴等；烤制的有火烧子、烙饼。蒸制的莜面是武川人最常食用的。

窝窝的制作非常有趣，取指头大小和好的莜面，放在预先准备好的平滑石板上，用手掌碾压成薄片，然后提起薄片绕于手指成卷放在笼屉中，窝窝薄如蝉翼，排在蒸笼里，如蜂窝般玲珑剔透。做好后蒸十几分钟，待散发出莜面的特殊香味即可出锅食用。

鱼鱼的制作非常独特，将面案平放在有稳定支撑的地方，把和好的莜面揪上一小块，放在面案上，用手搓制成圆圆的细条，搓的鱼鱼要粗细均匀、光滑。有的巧妇，单手搓4根，双手8根，1千克和好的莜面，半小时就能搓完。搓好的莜面鱼鱼放在笼内蒸熟即可食用。

土豆糕和土豆鱼鱼的做法是，先将土豆煮熟后去皮、擦碎，拌适量莜面，揉制成团，再捏成小块上

搓莜面

屉蒸，出笼后像摅糕似的揉匀，土豆糕就做成了，配以佐料即可食用。将揉制好的面团，捏成梭子状，上笼蒸熟就是土豆鱼子。

吃莜面需要配以佐料，传统的佐料一般分素汤和荤汤。素汤一般由腌菜、醋和咸淡适中的盐水调配而成，如有黄瓜丝、烤茄子、香菜、水萝卜，爱吃辣椒的，再加上少许

胡油（胡麻油）、辣椒油、大蒜等，那味道更好。荤汤最常见的是由鲜肉（猪肉、羊肉都可以）丁和蘑菇丁、茄子等炖制的汤，也可以是由烩猪肉酸菜加山药炖制的汤。吃莜面时，取适量莜面鱼鱼或窝窝，再夹几块土豆，拌上调好的佐料，吃起来那叫一个爽。最后随着一碗原汤化原食的蒸饭水，从舌尖到全身心都会得到惬意的满足。莜面的佐料随着人们生活水平的提高以及人们口味的变化还在不断改进。

武川莜面具有耐饥的特性，当地流传这样一句话："四十里的莜面，三十里的糕，十里的荞面饿断腰。"说明了莜面耐饿的特征。

2016年11月国家质检总局发布第112号公告，批准"武川莜面"为国家地理标志产品。

奥运餐桌上的营养食品
——武川马铃薯

AOYUNCANZHUOSHANGDEYINGYANGSHIPIN
WUCHUANMALINGSHU

　　巍峨绵延的大青山形成的百里屏障，黑黄交错的沙土、集中的雨水、长时间的日照，都为武川动植物的生存和繁衍提供了得天独厚的条件。

　　在北京奥运会的餐桌上有许多菜肴是用马铃薯烹制的，这些马铃薯就产自武川，当地人称之为山药或土豆，被誉为武川（一般称后山）"三件宝"之一。

　　提起马铃薯（土豆），可以说是妇孺皆知，但没有几人能说清武川马铃薯的特质。这还得从它的起源说起。

　　美国植物学家用先进的基因技术，对300多个野生种植的马铃薯样品进行研究分析，并于2005年公布了研究成果：世界上所有的马铃薯品种都可追溯到秘鲁南部的一种野生品种。因此可以说，秘鲁是马铃薯的故乡。这位美国植物学家还认为，大约7000年前，秘鲁南部的当地人率先改良野生马铃薯品种，使其成为最早的种植马铃薯基地。此后，人们将人工种植的马铃薯和

野生的杂交，培养出许多马铃薯新品种。

丰收的马铃薯

到目前，全世界正在栽培的马铃薯有4932个品种，野生的有数千种。而秘鲁就有3500多个品种，是一个马铃薯种资源非常丰富的国家。从品种的颜色分，有淡黄、红、蓝、紫、黑、绿、花斑的；从外形上分，有椭圆形、棒槌形、菠萝形、挂钩形、螺旋形、方形、扁圆形等；名字也是五花八门，如美洲豹、黑美人、老骨头、白鹿鼻、红影子等。这些名字都是印第安人起的，具有浓郁的当地特色。

马铃薯作为人类的食物之一，既可当主食，也可当作菜肴。几乎所有国家都有种植，更是许多国家贫困地区的"当家农作物"。因此开始在全世界各地广泛的传播。

马铃薯在武川的种植最早可以上溯到4世纪（南北朝时期），甚至更早。南北朝后，阴山南北因政权更替，土地时垦时废，由牧转农主要从清代开始。马铃薯渐次在武川种植，成为武川人一日三餐之必

丰收的喜悦

备食品，甚至被皇宫选为御用贡品，传誉黄河流域及华北地区。

武川县地处农牧交错带，背靠大草原，农户种植马铃薯多以草原牛、羊粪和自产农家肥作底肥，有机肥充足，境内无工业污染和其他污染，自然条件优越，具有生产绿色食品的天然优势。

马铃薯产业是武川县农牧业产业化的主导产业，具有明显的资源优势和巨大的发展潜力。作为该产业的源头，武川县不断加大科技投入，使这里的薯产业走上正规化、科学化、国际化的轨道，薯产业在国内外处于领先水平。

近年来，武川马铃薯按照种薯、加工薯、商品薯"三薯"并重的思路，全力推进马铃薯产业化发展，依托呼和浩特市科研单位和大专院校等科技力量的支持。目前，已形成集研发、种植、销售、窖储加工

为主的五路并进，不断开发新产品，使武川马铃薯以其独特的优良品质走红了大江南北，享誉海内外。

目前，武川马铃薯形成五大产品系列，10多个新、特、优品种，即产品系列有紫花白、内薯五号、底西芮；早熟系列的有费乌瑞特、早大白；油炸系列的有大西洋、夏波蒂；淀粉加工系列的内薯7号、克星十二号；出口系列的有费乌瑞特、台湾红波、底西芮。其品种系列可满足世界各国及各类人群的食用及加工需要。

机械化收获马铃薯

武川马铃薯独特优良品质源于特殊的地理环境、不断提升的科技研发成果和管理水

259

平。被西方营养专家誉为"最完美的食品""地下苹果"。"武川土豆"具有皮色鲜亮、肉质甘沙、营养成分丰富、干物质多、耐储存等特点，据专家论证和成分化验分析表明，淀粉占15%，蛋白质占2%，脂肪占0.1%，维生素占1%，有机磷占0.6%，含铁量是全国马铃薯之首，是典型的高蛋白、低糖分、低脂肪产品。具有补气、健脾、调中、益气、提高免疫力等功效，深受广大消费者青睐。

"武川土豆"这一品牌享誉区内外。2003年，武川被确定为"中加小农户适应全球市场发展项目区"；2004年，武川县被首届"中国新西部高层论坛"命名为"特色经济最佳县""中国马铃薯之乡"，成功通过了无公害马铃薯产品认证；2005年，武川马铃薯经青岛诺安产品鉴定中心检测，确定为优质产品，基本达到欧洲标准；2006年，武川马铃薯直供中南海，同时被中国绿华夏有机食品发展中心认证为A级绿色食品；2008年"武川土豆"原产地域商标经国家商标总局审核批准并成功注册，成为2008年"北京奥运会""残奥会"马铃薯特供基地，2008年，武川县被国家质检总局批准为"国家级绿色马铃薯种植标准化示范区"，武川土豆在北京沃尔玛、家乐福国际超市出售。2010年，作为上海世博会指定食品和展品。

在美国纽约超市，武川马铃薯每公斤售价达7美元。

2016年国家质检总局第9号公告批准"武川土豆"为地理标志产品这是武川县第一个地理标志产品，也是呼和浩特地区第二个地理标志产品。

走进大城市的武川荞面

ZOUJINDACHENGSHI
DEWUCHUANQIAOMIAN

巍峨绵延的大青山形成的百里屏障，黑黄交错的沙土、集中的雨水、长时间的日照，都为武川动植物的生存和繁衍提供了得天独厚的条件。

荞麦是武川农业种植历史悠久的一个品种，早在1500年前就成为当地的美味食品，是武川四大"好吃"之一。荞面最典型的吃法是饸饹面。做法比较讲究，用凉水和面，放在比较热的地方（武川农村一般放在热炕头上），待和好的荞面团变硬后，再在面团中加少许水搋面，经过两三次加水搋面，直至面团变软。软硬适中的面就可以用做饸饹面的专用工具饸饹床直接压到开水锅中，待饸饹面漂浮在水面上，再煮两分钟左右用笊篱捞出盛入碗中，加上配菜和臊子，一碗美味可口的饸饹面就做好了。配菜主要是老腌菜（北方的一种泡菜），也可根据个人口味添加切成丝的蔬菜。臊子一般是用肥瘦相间的羊肉（最好肥一点），加蘑菇、黑木耳、黄花等切丁熬制而成，俗话说："油荞面，醋豆面。"如果用炖羊肉的汤加上蘑菇、黑木耳、黄花丁做成的臊子，味道更地道。用以上和好的面还可以做成圪团（猫耳朵）、面条等多样系列面食，直接下水煮熟即可食用，臊子、配菜与饸饹面相同。

荞面拿糕是武川当地另一种人们喜爱的特色面食，做法是先在锅内加适量的水烧开，然后掺进一定量荞面，水与面的比例约2：1，边搅拌边加热至熟，再看软硬，硬了加少许水，搅拌成一团，盖上锅盖，待锅内大气冒起，即可食用。食用时，蘸上辣椒油和酸盐汤或食醋，加些黄瓜丝、香菜味道会更好。

还可以用去皮荞麦籽粒，同缸豆、小米、大米、玉米碎粒等熬制成杂粮粥。或与大米按3：7的比例焖米饭，其口感爽滑，风味独特。用荞面碗坨子做成凉粉，更是夏季解暑佳品。

荞麦最早于公元前6000年就在

西亚被人们种植，后传播到欧洲和东亚，据记载，前4000年已经出现在巴尔干半岛，前2600年出现在中国。前5世纪的《神农书》中就有关于荞麦是当时栽培的八谷之一的记载。荞麦，又名三角麦、乌麦、花荞，我国栽培的主要有普通荞麦和鞑靼荞麦两种，前者称甜荞，后者称苦荞，由于苦荞的种实含芦丁，所以也被称为芦丁苦荞。

元代诗人许有壬对荞麦有过这样的描述："坡远花全白，霜轻实便黄。杵头麸退墨，碨齿雪流香。玉叶翻盘薄，银丝出漏长。元宵贮膏火，蒸墨笑南乡。"

武川农家普遍种植大粒荞麦。该品种适应性强、抗寒、抗旱，对土壤肥力要求不高。武川另一个荞麦品种是自主培育的黎麻道，该品种抗旱性强，适应性广，增产性能好，一般亩产在50—60公斤。

武川的自然条件最适宜荞麦作物种植。荞麦生长周期短，一般在70多天，耐贫瘠，喜水。下种晚，在比较凉爽的气候下开花。一般用作灾后补种品种，也可以作为绿肥、牲畜饲料或防止水土流失的覆盖植物。

目前，武川荞麦种植面积较广，随着市场的开拓和增加，市场前景看好，全县年种植荞麦10余万亩。平均亩产在40公斤左右。因此，在

小杂粮中属稀缺品种。

荞麦浑身是宝，荞麦种皮可以用于填充枕头和坐垫，具有不传热和不反射热的特点。用荞麦酿造的啤酒，可以降低啤酒中的含糖蛋白量，生产"无糖蛋白啤酒"，适合对糖蛋白敏感的，患乳糜泻的人饮用。

近年来一些手工冰淇淋店，模仿一般冰淇淋的口感，使用荞麦制做出不含乳制品的荞麦冰淇淋，零胆固醇，热量较低，全素可食，是另类冰品。

随着人们生活质量的提高，健康意识的增强，人们的膳食习惯越来越倾向于粗杂粮产品。武川荞麦由于他的良好品质越来越受到国内外消费者的欢迎。日本荞麦协会每年都要组织会员来武川考察荞麦生产情况。荞麦已成为武川的又一品牌产品。2008年，"武川荞麦"原产地域商标经国家工商行政管理总局商标局审核批准并成功注册。用荞麦制作的各种保健食品也越来越得到人们的喜爱。

饸饹床

武 川 油 籽

WUCHUANYOUZI

巍峨绵延的大青山形成的百里屏障，黑黄交错的沙土、集中的雨水、长时间的日照，都为武川动植物的生存和繁衍提供了得天独厚的条件。

油籽包括菜籽与胡麻籽两种。

先说武川的菜籽，菜籽颗粒同芝麻大小，圆形，呈金黄色或暗绿色两种。因菜籽生长期比较短，所以在谷雨和立夏之间播种，夏末开花。菜籽花开颜色特别好看，由于菜籽播种面积大，开花时节，这里一片，那里一片。大暑到立秋之间，武川漫山遍野远远望去，一片金黄，好像给大地披上了节日的盛装。开过花的菜籽枝枝杈杈上结满了菜籽荚，型同小船，成熟的菜籽呈黄色，此时便可开镰收割了。

成熟后的菜籽，经炒熟，便可压榨出油。过去老式榨油方法十分复杂，先将菜籽炒熟、压碎成泥状，这种泥状武川俗称"葛"，将这"葛"，装在笼屉蒸馏，然后将蒸馏好的"葛"用粗麻绳一圈一圈缠好，成圆柱形，放在杠杆装置（这套装置十分复杂，片言只语难以说清）的"油梁"上靠挤压，将"葛"中的油一滴一滴压出，流出后的油通过一个槽子流在油缸中。武川菜籽油色泽特别鲜亮、清纯，呈金黄色，味道纯正，是拌馅、调制凉菜、油炸食品的绝

好材料。

再说我们武川的胡麻油，那更是远近闻名。胡麻籽外表光滑，棕色，呈长扁圆形。一般种植时间在立夏左右。武川有谚语："立夏种胡麻，九股十八杈。"这谚语的意思是，立夏左右种胡麻，是种胡麻的最好季节，胡麻可多长枝杈，枝杈多了，自然果实也就多了。胡麻开小蓝花，盛开的时候，这里一片，那里一片，和菜籽花黄蓝相间，远远望去，像一块块彩色的地毯，铺展在武川大地，形成了武川夏季特有的锦绣风光，与广西婺源的美景不相上下。过往的游客泊车驻足，拍照留影。

胡麻成熟后果实呈球状，里面裹包着一粒一粒的胡麻籽。胡麻果实未开裂呈球状的这一固有特性，为抵御冰雹的侵袭提供了很好的条件，冰雹打在球形胡麻的果实上，胡麻的球形果实会"转头"，这一"转头"就躲开了冰雹的袭击。恐怕这是其他植物无可比拟的固有特性。

胡麻油呈棕红色，较菜籽油颜色深一些。武川胡麻油堪称前后山一绝，味鲜、味灵、味香；色纯、色正、色佳。尤其是调制稍麦、饺子、包子等带馅儿食品的极好调味品。

菜籽油、胡麻油是武川的特产，因味香、味灵、纯天然、无污染而远销区内外。近几年来，武川菜籽油、胡麻油成功打入呼和浩特市的各大超市，成为城乡人民喜爱的调味品。

武川黄芪

WUCHUANHUANGQI

巍峨绵延的大青山形成的百里屏障，黑黄交错的沙土、集中的雨水、长时间的日照，都为武川动植物的生存和繁衍提供了得天独厚的条件。

武川县境内地形由南至北逐渐低缓，东、南、西三面环山，形成了特有的武川盆地地貌。

境内的岩石从太古界（距今大约46亿年）至新生界（距今6500万年至今）都有出露。侵入岩（侵入岩是指液态岩浆在造山作用下贯入同期形成的构造空腔内，在深处结晶和冷凝而形成的火成岩）、脉岩发达，岩石类型齐全，这一固有的地理环境使得武川县的土壤适合多种药材的生长，如党参、麻黄、

狼毒、柴胡、黄芩、知母、秦九、防风、赤芍、郁李仁、龙胆等30多种，其中武川黄芪久负盛名，清末民初武川就有"正北芪之乡"和"中国黄芪之乡"的美誉。

黄芪，又名黄耆、棉芪，多年生草本植物，高50到100厘米，主根肥厚，常分枝，色灰白。由于黄芪喜欢在凉爽的气候条件下生长，且耐寒耐旱，怕热怕涝，适应在土层深厚、富含腐殖质、透水力强的沙性土壤中种植，所以武川县的气候、土壤几乎满足了黄芪生长的所有条件，因而也有了种植黄芪的优势条件。近几年来，为了满足医药市场黄芪的需求，武川县积极号召沿大青山一线的山区，比如哈拉合少乡、得胜沟、大青山乡、哈乐镇探索人工种植黄芪的道路。目前这几个乡种黄芪的积极性非常高涨，相应的农民收入也在逐步增长。说得更玄乎一点，黄芪已是武川县农民收入的支柱产业。

黄芪的药用迄今为止已有2000多年的历史，具有增强机体免疫功能、护肝、利尿、抗衰老、降压和较广泛的抗菌作用。

目前，随着环境的退化，野生黄芪在人们无休无止的采挖下变得越来越少，再加上生态环境十分脆弱，因此，我们积极呼吁开采者，应按计划、按坡道轮作开采，避免将"正北芪"挖采殆尽。我们这一代，身负重任，责无旁贷，为永葆"中国黄芪之乡"的美誉努力做出贡献。

武 川 黄 花

WUCHUANHUANGHUA

巍峨绵延的大青山形成的百里屏障，黑黄交错的沙土、集中的雨水、长时间的日照，都为武川动植物的生存和繁衍提供了得天独厚的条件。

武川县地处大青山北麓，平均海拔在 1500 米以上。这个海拔高度最适应黄花菜的生长，特别是沿大青山一线的哈乐镇、大青山乡、得胜沟乡、哈拉合少乡的各个山梁沟壑，几乎到处可以寻找见黄花菜的足迹。

武川黄花的品质比其他地方的更优，具有色泽金黄，个体肥硕，油大脆嫩，久煮不烂，香气浓郁，营养丰富等特点。因此，武川县的黄花菜深受人们喜爱。

每当农历四月下旬至五月上旬，当你走进大青山的沟沟岔岔，一眼望去，黄花菜这里一丛，那里一簇，头顶着金黄色花冠，在夏风中摇曳着、婆娑着，正如苏东坡的诗句："莫道农家无宝玉，遍地黄花是金针。"所有的黄花争先恐后地向游人展示着自己婀娜多姿的婷婷风采。

采摘黄花的最佳季节是农历五月，这个时候的黄花菜还没有彻底绽放，正是含苞季节，在含苞季节采摘的黄花，茎粗、个大、色鲜、质优、味道鲜美、营养丰富。夏锄过后，相对而言也是农闲的季节，村里的姑娘、媳妇淡妆浓抹，挎着篮子，背着袋子走出山村，进沟上山，去采摘黄花菜。采回来的黄花菜不能直接食用，需要剔除花蒂，然后放置于阴凉干燥处，慢慢阴干。阴干后的黄花菜再放在通风干燥处，慢慢食用。

食用时，将黄花菜用凉水浸泡（切忌用开水浸泡，开水浸泡黄花菜容易发蔫），然后再多次冲洗，将沙土彻底洗净。洗净后的黄花菜切成段，可以熬汤，可以做馅，还可以和羊肉、猪肉、蘑菇和在一起，熘汤汤。黄花菜做出的汤味道鲜美，是调夜面、做臊子、拌凉菜的上等作料。另外，黄花菜还可以熬成臊子，

浇在又细又长又白的切面上，黄的花、黑的菇、白的面、绿的菜、清的汤，看上去真让人垂涎欲滴。

因为黄花菜是多年生草本植物（俗称宿根植物），黄花不仅有较高的食用价值，而且还有观赏价值。武川县城居住平房的居民，将黄花菜从大青山连根挖回，种在自己的庭院，每当夏季，新生出来的黄花菜株苗碧绿碧绿的，煞是好看，既是美化庭院的花草，也是食用的上好食品。黄花为著名的观赏和药食两用植物。绿油油的叶子托着金灿灿的花朵，吐露芬芳，令人赏心悦目。传说中，当人们食用这种"草"后，不管多大的忧愁也会烟消云散，因此，黄花菜也叫"忘忧草"。唐代大诗人白居易留下来"杜康能解闷，

萱草能忘忧"的著名诗句说的"萱草"就是黄花菜。

武川黄花因其色佳、味鲜、茎粗而驰名，所以武川大大小小的餐馆儿几乎都有，每每进餐，总能吃到武川的黄花菜。

武　川　山　茶

WUCHUANSHANCHA

巍峨绵延的大青山形成的百里屏障，黑黄交错的沙土、集中的雨水、长时间的日照，都为武川动植物的生存和繁衍提供了得天独厚的条件。

　　"山茶"学名"黄芩"，是北方特有的一种多年生草本植物。其根味苦，可入药。

　　武川纬度高，四季比较凉爽，而多数地区遇大青山逆风气团环流影响，形成了野生山茶和种植山茶的绝好地带。

　　山茶在武川的丘陵和山区都有不同程度的分布，而且主要分布在大青山北坡沿线。哈拉合少乡、得胜沟乡、大青山乡、哈乐镇分布最广，而且哈乐镇的大兰旗还有专门的种植基地。武川山茶植株高、叶繁茂、分枝多、茎少叶多、产量大。采摘一般在农历6—7月份，采摘时茎、叶、花一并采集。采摘回来的山茶需要精心炮制，直接冲喝不仅口感苦涩，而且含有不利于机体的成分。

山茶的炮制有两种方法。方法一：将采摘回来的山茶切成1厘米左右的小段，置于阴凉干燥处晾至7—8成干，用常温食用水冲洗干净，再将适量红糖均匀地洒在山茶上，然后用手轻轻搓揉，让红糖尽量浸入山茶内部。然后再将搓揉后的山茶放在笼屉内蒸，大约蒸到5—7分钟时间，山茶便可出屉，晾干装袋。方法二：先将采摘回来的山茶切成1厘米左右的小段，同方法一一样阴干至7—8成干，然后洒上适量红糖搓揉，再将搓揉后的山茶用紫外线灯光照射，照射时间一般不超过一小时。然后将其放入烧热的铁锅中，轻轻翻炒，这就叫"杀青"。保持文火，用手抓一些山茶，双手搓揉，将山茶一枝、一叶、一花一点也不漏搓过，这就叫"揉捻"。

再将揉捻过的山茶散开，继续翻炒，称为"甩茶"。至甩打至锅中发出铮铮的响声，说明基本成茶，从锅内取出彻底晾干，即可入袋。武川几乎家家户户都会炮制山茶。

武川山茶爽净绵甜，色泽金黄剔透，口感回味悠长，是祛火、待客的特色产品。

山茶有清热解毒、抗炎抗病变功效，同时也有降压、利尿、利胆、镇静和助眠作用，是夏季饮品中的上好选择。

武川野生动物

WUCHUANYESHENGDONGWU

巍峨绵延的大青山形成的百里屏障，黑黄交错的沙土、集中的雨水、长时间的日照，都为武川动植物的生存和繁衍提供了得天独厚的条件。

武川县总面积4885平方千米，而且东西长，南北窄，境内的大青山是武川县的百里屏障，将武川县封堵的严严实实。因此武川县多地处在山地与丘陵中。在这样的环境中生长着狍子、野兔、狐狸、獾子、刺猬、野鸡、半翅等多种野生动物。

先说狍子，狍子的生长环境在开阔山地与丘陵地的灌木丛中，武川县特殊的地理环境，为这里的狍子的繁衍与生存提供了十分有利的条件。由于近年来国家实行《野生动物保护法》，所以武川县沿大青山北麓一线狍子经常成对出没。狍子一般

石鸡

273

雪兔

雪中飞鸿

一雌一雄，7—8月份交配，在繁殖期，雄狍追着母狍转圈跑，地面出现环状的足迹。母狍妊娠期为6个月，狍子每胎产1—2子，待母狍将产新胎时就将自己身边的幼狍赶走，若每胎产两子，则出生地点相距10—20米，分别哺乳，出生后1.5—2年成熟，寿命10—20年。狍子系国家二级保护动物。武川县是呼和浩特市地区九个旗县区少有的有狍子繁衍的旗县之一。

次说野兔。野兔十分灵活，奔跑时速可达72千米。成年的野兔毛色较暗，以灰色、灰黄色为主，夹杂星星点点土黄色，体背棕土黄色，背脊有不规则的黑色斑点，尾背毛色与体背面腹毛为淡土黄色、浅棕色或白色，其余部分是深浅不同的棕褐色。毛较长，蓬松，质地柔软。适应在丘陵、山地和荒草茂密地方打洞产子，野兔经常在武川的乡村甚至在可可以力更镇周边出没。特别是冬季下雪后，一串一串的野兔脚印纵横交错，去可可以力更镇及村周边觅食，与人类和谐相处。野兔繁殖力很强，大致与家兔相同，俗话说"兔子不多，一月一窝"，夏季几乎一月一窝。如果你到野外，经常可看到野兔出没，见人后飞快地逃跑。因此才有生存的空间。近年来由于国家全面实行《野生动物保护法》，武川县的野兔种群越来越大，也越来越多。

狐狸一度在武川几乎消失，近年来，数量却急剧增加。狐狸的毛色特别好看，武川县一般有"白沙狐""雪花狐"和"红狐"三种。过去捕猎者经常用火枪猎狐，用狐狸的皮可做成"狐帽"，不仅外表十分美观，而且有着较强的抗寒力。同野兔一样，全面实行禁捕禁猎后，武川县的狐狸越来越多，种群数量越来越多。

另外，武川县还有野鸡、半翅、沙鸡、獾子、刺猬等不少野生动物。这些野生动物与武川人民和谐相处，共同装点着我们美好的家园。

当代风采

弹指七十载，风雨铸辉煌

TANZHIQISHIZAIFENGYUZHUHUIHUANG

弹指七十载，风雨铸辉煌。自治区成立七十年来，武川发生了天翻地覆的变化。武川人民用其辛勤劳动和聪明才智，竖起一座座历史的丰碑。

武川七十年辉煌成就

武川县位于内蒙古自治区中部，大青山北麓，县城距首府呼和浩特市仅28千米，辖区户籍总人口17.5万人，其中农业人口14.6万人。总面积4885平方千米。全县辖3个镇，6个乡，93个行政村，7个社区，964个自然村。境内矿产资源丰富，金、银、铁、石墨、煤、石灰岩等矿产资源总数达29种。清洁能源风能、光能开发潜力巨大，是首府呼和浩特市建设"中国新能源之都"

的主要区域，是呼和浩特市唯一的风、光、电基地，荣获"中国新能源产业百强县"的称号。农副产品品种丰富，主要有小麦、莜麦、荞麦、马铃薯、豆类、油料等，其中"武川马铃薯""武川莜麦"和"武川荞麦"均获得国家绿色认证。武川县也是国家级绿色马铃薯种植标准化示范区，旅游资源比较独特，主要体现在绿色、红色、文化民俗三个方面。近年来，武川县以"建设清新秀美、宜居亲和、特色鲜明的

水泥厂

首府卫星城,打造首府后花园"为目标,依托资源优势,不断壮大马铃薯、食用菌、清洁能源、人工种草、肉羊养殖和生态建设的六大主导产业,取得了明显的进展。

(一)国民经济健康发展,经济实力明显增强

1947年,在帝国主义、封建主义和官僚资本主义的长期压迫和剥削下,武川县社会经济十分落后。基本上是自然经济占主导地位的农业型经济,几乎没有像样的工业,只有手工业小作坊,工业基础十分薄弱,生产能力和水平不高,商业购买力低,市场萧条,建筑业、交通邮电业相当落后。1949年9月19日,武川县随绥远省和平起义获得

解放,属绥远省萨拉齐专区。1949年中华人民共和国成立,武川县迎来了希望的曙光,新的政府机关接管了旧政府的一系列工作。

有记载的1949年全县国内生产总值984万元,第一产业877万元占89.1%,第二产业46万元(其中工业7万元)占4.7%,第三产业61万元占6.2%。结构比例极不合理。1949年武川全县总人口63310人,财政收入52万元,财政支出11万元。从业人员只有52个是国家干部。

中华人民共和国成立后,随着社会主义改造的顺利完成和大规模的经济建设,武川县国民经济得到了较快的恢复和发展。1953年,武川开始实施第一个五年计划。在党

的领导下，全县投身于社会全面建设。1954年10月属集宁专区辖制。1954年国内生产总值达到2186万元。1958年3月，武川属乌兰察布盟辖制。三年自然灾害期间，国内生产总值从1959年的2210万元下降到1961年的1421万元，经济呈现下降趋势。1967年恢复到2524万元。

"文化大革命"期间学校停课，工厂停产，各项工作遭到严重破坏。武川县蓬勃发展的经济受到严重摧残，1978年国内生产总值是2269万元。经济不仅停滞不前，而且大大减退。粉碎"四人帮"以后，国务院批准恢复国家职能机构，各地机构相继重建，武川工作重新步入正常轨道。

党的十一届三中全会以来，武川县国民经济在调整和改革中发展加快，1988年国内生产总值达到14163万元，比1978年增长6倍，创之前历史最高水平。从此经济增长的幅度逐年稳步上升，改变了过去徘徊的状态，递增的稳步性是多年来没有的，国民经济基本进入了良性发展的轨道，调整、改革已初见成效。

2007年到目前，中共武川县委、县政府更新观念，拓宽思路，立足县域经济和自然条件，全面深化改革，加快转变经济发展方式，在绿色、生态、环保、低碳、休闲观光和生产力布局上转型发展，实施"融城、收缩转移"和"差异化、特色化"发展战略，坚持走"服务式、保障式、错位式、补缺式"的城郊型县域经济发展之路。全县经济社会总体保持了平稳发展的态势。2015年

抽水蓄能电站

地区生产总值预计完成 75 亿元，同比增长 6%，比 1949 年的 984 万元增长 762 倍。固定资产投资预计完成 52 亿元，同比增长 21%；规模以上工业增加值预计增长 6%；社会消费品零售总额预计完成 12 亿元，同比增长 8%。经过 70 年的发展，产业结构进一步优化，2015 年，三大产业比例演进为 12：51：37。经济实力大大增强，经济效益显著提高。

（二）农牧业生产全面发展，农村经济效益提高

内蒙古自治区成立以前，由于封建统治阶级的残酷压迫与剥削，加之生产力水平低，自然灾害频繁，武川县农业生产广种薄收，极为落后。有记载的 1949 年粮食油料总产量为 4122 吨。

中华人民共和国成立后，由于农村进行土地改革，使无地和少地的农民不仅分得了土地、牲畜、农具，而且拥有生产自主权，极大地激发了他们的生产热情。农业生产得到了迅速恢复和发展。到 1956 年粮食油料总产量为 103552 吨。

三年自然灾害加之"文化大革命"，使武川县农业生产遭受严重挫折，农业产量出现下降局面。直到 1976 年武川县粮食产量才再次上升到 108209 吨。

党的十一届三中全会后武川县坚决贯彻落实了党在农村的各项方针政策，从武川县实际出发实行家庭联产承包责任制，合理地调整了种植业的内部结构，极大地调动了广大农民的生产积极性，使武川县

肉羊养殖基地

肉牛养殖基地

农业生产进入持续全面发展的最好历史时期。畜牧业生产繁荣兴旺。1990年6月末全县牲畜头数达到603051头只，创之前历史最高水平。2015年，全县家畜存栏83.7万头（只），家禽35.6万羽，是1949年的8.8倍。规模养殖业持续健康发展，现代农牧业稳步推进。按照"培育优势产业、打造绿色基地、创建特色品牌"的发展思路，加快食用菌产业基地建设。2015年，农作物种植面积198.43万亩，是1949年的2.6倍。全年累计发放农机具补贴、马铃薯良种直补等各类补贴资金2000万元。新建温室大棚1300棚，总规模达到3348棚，产量达1700吨，实现产值1020万元，实现利润300万元。由传统农业耕作方式发展到以机械化作业为主，农副产品以自给自足为主的小农经济发展到以商品出售为主的市场经济，"靠天吃饭"的粗放型农牧业开始向节水灌溉、旱作农业和设施现代农业探索和迈进。农牧业机械从无到有成倍增加。发展水浇地，改善生态环境生产条件明显改善。

2008年，武川农业的主导产品——马铃薯，种植面积从1978年的13万亩扩大到78万亩，基本按照种薯、商品薯、加工薯"三薯并重"和科研、种植、加工、销售、窖储"五路并进"的发展思路向纵深推进。"武川土豆"商标的成功注册并成为2008年北京奥运会、残奥会指定农产品，武川县成为国家绿色马铃薯标准化示范基地，极大地提升了

武川土豆的知名度；以莜麦、荞麦为主的多种经营的特色绿色保健食品业发展链也在不断形成。

抓好农村经济的同时，2014年年初，中共内蒙古自治区党委、政府开展大规模投资农村牧区基本公共服务设施，促进城乡公共服务均等化，加快城乡统筹发展的综合性民生工程。两年来，共投入资金8亿元，在S101、S104、S311以及武川县旅游公路沿线等节点，以中东部为重点，完成161个村的建设任务，农村居民生产生活条件得到明显改善。

为富民强县，武川县结合实际，积极推进食用菌产业，带动和实现农业增效，农民增收。近年来，企业种植滑子菇、香菇、木耳、平菇、姬菇等多个品种；还生产鲜菇、平菇、清水罐头等即食产品，形成从菌种研发、菌棒制作、鲜菇生产、清水罐头、即食产品一体的产业链。2016年，在全国召开的食用菌产业扶贫经济交流会上，被授予"全国食用菌产业精准扶贫示范基地"。同时，武川县大力实施人工种草种树，恢复生态。现在山绿了，水清了，天蓝了，鸿雁、大雁等候鸟飞回了山峦湖泊。野生动物多了，在深山随处可见。

畜牧业是武川传统产业，近10年来，武川县委、县政府立足生态平衡需要，完善生态畜牧业发展政策措施，大力发展现代舍饲畜牧业，走畜牧业发展之路。近些年贫困农民的年收入已达7000元。

食用菌栽培

李汉梁风电场

（三）工业化取得实质性进展，优势特色产业不断壮大

武川县的工业基本是中华人民共和国成立后发展起来的。1949年全县仅有的工业产品是原煤 0.52 万吨，总产值 18 万元。手工作坊也是寥寥无几。

中华人民共和国成立后，在党和政府的关怀下，武川县工业才开始走上了发展的轨道。武川工业如同其他行业，70年来走过了一条曲折的发展道路。1966年武川县生产

光伏发电

抽水蓄能电站水库一角

出自己的离心水泵502台，1974年生产出武川水泥0.10万吨，1979年生产黄金93公斤，1983年生产饲料1101万吨……

党的十一届三中全会后，逐步推行经济体制改革，使工业经济迅猛发展，1988年工业总产值3067万元，是中华人民共和国成立初期的170倍。以全民所有制工业为主，多种经济并存的所有制形式，得到全面发展。尤其是集体所有制工业从无到有，发展很快，1988年集体所有制工业产值1373万元。个体工业总产值从1982年的29万元，发展到1988年的191万元。村及村以下工业异军突起，1988年总产值为

八路军大青山支队司令部展馆

1025万元。

2000年组建金三角开发区，位于武川县城北1千米，开发区在招商引资发展中定位于农畜产品加工业、物流商贸旅游业、餐饮休闲度假、娱乐服务业和轻工业产品加工业经济区。

2008年完成工业总产值7600万元，税收262.1万元。

2002年8月，内蒙古武川经济开发区建立，开发区以水泥建材、钢铁冶炼、铁合金、化工为主导产业。2004年建园运行初，工业总产值1.6亿元，工业增加值0.49亿元，上缴税金180万元。2009年工业总产值8.3亿元，工业增加值2.6亿元，上缴税金6910万元。

武川海拔高，风能稳定性好，阳光辐射强度大，是国家风、光资源一类地区。2006年开始筹建风能发电，华能、国电、大唐、中国风电、义合等企业相继入驻。2010年华能在武川县李汉梁的风力发电厂运行发电。随后中国风电、国电、大唐发电先后投入运行。2014年环聚新能源光伏产业落地武川。

2014年全县清洁能源并网发电达到110万千瓦，实现产值4.1亿元，税收800多万元，从此清洁能源工业迅速发展。2015年，清洁能源并网发电177万千瓦，其中风电

永业公司

并网发电45万千瓦，光伏并网发电12万千瓦，抽水蓄能并网发电120万千瓦。

2014年工业经济下行，武川县保持平稳过渡，结构调整进一步优化。全县规模以上工业总产值完成49亿元，同比增长9%，规模以上工业增加值完成20.5亿元，同比增长18%。三大园区经济平台作用突出。经济开发区、金三角开发区预计分别完成工业产值40.7亿元和3亿元，石材园区完成企业入园3户，并有一条板材生产线投入运行。2015年，规模以上工业增加值预计增长6%。

2015年在重点推进环聚新能源7万千瓦光伏并网发电，华能六期5万千瓦、国电三期5万千瓦风电项目建设完成的基础上，全力以赴推进呼和浩特抽水蓄能电站3号、4号机组于6月底并网发电。目前，环聚新能源一期项目3万千瓦具备并网条件，后续7万千瓦的建设用地已落实，年内10万千瓦全部建成；华能六期5万千瓦项目6月开工，

年内完工；国电三期5万千瓦项目正在安装风机，6月份建成。年内新增并网发电90万千瓦，总规模达到200万千瓦。力争3年内实现并网发电300万千瓦总规模。

（四）第三产业稳步发展，居民生活不断提高

1949年武川县仅有7部电话。社会消费品零售额为154万元。地处大青山北部的武川交通不便，通讯落后，经济文化发展长期处于落后地位，特别是农村既不通车，也无公路。

中华人民共和国成立后，武川的历史翻开新的一页，交通运输、邮电通讯事业进入了一个新的发展时期，不仅有电话，而且有电报、函件，报纸、杂志应有尽有。1966年社会消费品零售总额为885万元，农民人均纯收入34元，1988年社会消费品零售额为5814万元，是中华人民共和国成立前的38倍，农民人均纯收入385元，是有记载的1958年的12倍。

十一届三中全会后，武川积极发挥区位优势和资源优势，在发展传统服务业的同时，不断加大旅游等现代服务业项目推进的力度，第三产业得到稳步发展。武川县从事第三产业的单位数量不断增多，吸纳社会就业的能力不断增强。据统计，2012年武川县全县法人单位930个，其中第三产业法人单位581个，占全县法人单位的62.0%。近年来，武川县第三产业的发展已经成为吸纳社会劳动力就业的主要渠道，

生产车间

为社会提供了更多的就业岗位。

非公有制经济组织已经活跃在武川县经济社会的各个方面，成为武川县财政收入的重要来源、吸纳社会就业的主要渠道、县域经济发展的主要力量、实现新农村建设的主力军。为丰富产品供给、促进社会稳定做出了重大贡献。2015年，非公经济成长迅速，新登记各类经济总量1978户，较去年同期1290户增长53%；新增注册资金总额17.9亿元，较去年同期11.7亿元增长52%。2015年非公有制经济成分在全县地区生产总值64.3亿元、财政收入5.1亿元中所占的比重分别达到65.0%和50.0%以上。第三产业不断壮大，非公有制经济由弱到强。

2005年武川县旅游业步入正轨，依托红色文化优势，确定以"红"带"绿"，红绿辉映的发展思路。武川曾是旅俄蒙"丝茶驼道"的途经之地，是沟通大漠南北经济文化交流的重要驿站。在抗日战争时期，武川县是大青山抗日游击根据地中心地带，是全国19个抗日游击根据地之一，根据地遗址被中宣部等十三部委确定为全国100个红色经典旅游景区之一，是中宣部命名的全国爱国主义教育基地。全县已基本形成大青山北坡沿山生态旅游线路、井尔沟—得胜沟—李齐沟红色

旅游线路和中东部乡村田园休闲观光旅游线路。2017年，武川县县委、县政府将发挥武川资源禀赋，抓好四季旅游，打造"冰雪小镇、避暑小镇、田园小镇、秀美小镇"四张名片。

旅游业的发展带动了交通运输业的发展。2013年，全县公路货运量累计完成737.4万吨，重点企业货运量累计完成12.8万吨，较上年同期分别增长5.9%和3.1%。2014年公路货运量累计完成1500万吨，货物周转量达到412.6百万吨公里，较上年同期分别增长2.4%和2.1%。同时金融业发展随之加快，2014年，全县实现存款余额41.25亿元，较上年同期增加2.46亿元，同比增长6.3%，贷款余额28.95亿元，较上年同期增加3.59亿元，同比增长14.2%，金融业逆势向好。2015年，金融机构各项存款余额45.51亿元，同比增长7.7%。较好的支撑了县域经济发展。房地产库存压力有所释放。全年商品房成交1089套，销售面积10.61万平方米，商品房存量逐步消化。

随着武川县区位和资源优势的提升，服务业项目推进速度明显加快。2014年，已通电话的行政村93个，移动电话11.3万部。城乡居民消费活跃。2014年社会消费品零售总额完成10.8亿元，同比增长16.3%。

2015年，投资结构持续优化，三次产业比例演进为12：51：37，三次产业中，三产服务业增长加速，完成27.75亿元。2015年，社会消费品零售总额预计完成12亿元，同比增长8%，是中华人民共和国成立前的780倍。

（五）基础设施不断改善，城镇化发展步伐加快

中华人民共和国成立前，武川县城占地不足1平方千米。只有一条"黄瓜街"。中华人民共和国成立后，通过国家投资和自筹建设资金，城区建设有了较大改观，人民居住条件有了一定的改善。形成了以电影院繁华地带为中心，方圆2平方千米面积的城区，现称旧城区。武川的县城建设经历了一个艰苦而且漫长的过程。

1996年，县城可可以力更镇道路、排水、绿化等城镇基础设施建设进一步改善。1999年，为适应国家实施"小城镇、大战略"政策导向，武川县的城镇建设进入快速上档发展时期。新呼武公路1999年开始筹备，2002年建成通车。武川县利用呼武公路过境青山路的时机，实施青山路、健康街、南大街"一路两街"改造拓宽工程，并开始实施城镇基础建设相关的城镇房屋拆迁。

2002年后，城镇建设工作大跨越发展，可可以力更镇的主次干道得到拓宽改造，大街小巷安装了新颖、美观的路灯，绿化隔离带植种花草，排水设施逐步完善。新建了文化广场，硬化了居民区小街巷，有步骤地推进公厕改造建设，市镇基础设施服务功能明显加强。

1998—2009年，累计完成城镇

建设投资进 3 亿元，新建、改造主次干道 21 条，建设长度 16304 米；硬化小街巷 15 条，建设长度 4965 米；新建排水管道 23088 米；新建路灯 418 盏；建设绿地面积 3 万平方米；新建垃圾填埋场 2 处；新建、改建、维修公厕 18 座，其中新建标准水厕 3 座。2009 年，可可以力更镇新区投资 4000 万元的土地收储和投资 8000 万元的基础设施建设取得突破性进展，成为县城建设一个亮点。可可以力更镇新区市政道路共完成呈祥路、腾飞路、昌兴西街、影视西街、龙凤路等 6 个建设项目，建设长度 6280 米。与正在建设的 7 公里可可以力更镇南北通道共同构成可镇新区路线网主框架，为可可以力更镇新区开发建设奠定了坚实

基础。同时，北河整治、可可以力更镇污水处理、金山角开发区道路工程、城镇园林绿化顺利推进。

近十年，全县经过棚户区等改造，新建 76 个住宅小区，城区绿化覆盖率、绿地率和人均公共绿地面积分别达到 39.1%、38.3% 和 16.8 平方米，获得 2013 年"国土绿化工作先进单位奖"。

2005 年投资 5000 万元，开始建设百川热力公司，拆除城内单位锅炉房并入集中供热官网。可可以力更镇政府、财政局、卫生局、检察院、残联、档案局、县委办、政府办、国土局、审计局等单位新建办公楼同时职工集资建住宅楼。县内行政事业单位大部分职工有了住宅楼。并开始建设成规模的商品房住宅楼。

2010年，呼和浩特市"两个文明"现场会后，武川有了纵横交错的柏油马路，开工建设城镇经济适用房，并对城镇中低保户住房困难户实施廉租住房租赁补贴政策。坚持以项目建设为重点，大力完善水利、生态、交通及城镇基础设施建设，努力增强投资拉动效应，2014年完成固定资产投资56.2亿元，同比增长12%。在抓好东河棚户区拆迁工作同时，积极推进东河综合改造治理和大青山北坡生态治理工作，以可可以力更镇城区绿化和村容村貌整治绿化为支点，每年绿化造林10万亩，并加快林木种苗产业发展步伐。G209呼武段武川境内10.3千米，绿化面积1355亩的通道绿化工程，共安排34个片区，5个标段已全部开工。从此，武川城区居民住宅条件有了明显改善，基础设施的不断改善，加快了城镇化发展步伐。先后开工建设金华文苑、世纪新城、可

可花园、阳光小镇等高档商住小区；政府主导投资 4 亿元，新建了标准化医院、计生服务中心、社会福利中心、民族学校、房地产交易中心、就业社保服务中心和第三热源厂等一批社会事业项目。新区的建设，彻底改变了武川县可可以力更镇老街旧巷的历史，一个崭新的可可以力更镇已经形成。改革开放以来，我国经历了世界历史上规模最大、速度最快的城镇化进程，取得了举世瞩目的成就。武川县同全国一样城市发展波澜壮阔。武川 2015 年固定资产投资预计完成 52 亿元，同比增长 21%。

夏天，一进入武川，南山北坡郁郁葱葱，农村人居环境大为改善，从吃、住、行、就医、通讯、文化娱乐等 10 个方面发生了巨变。一幅幅生动的文化墙，展示出武川县逐渐积累的文化底蕴……人们享受着宁静，感受着恬静的幸福，悠然的

新农村生活透出现代气息。

再看县城，东河、北河绕城景观秀美大气，县城楼房鳞次栉比，道路宽展洁净，一个秀美宜居、文明、和谐的新型城镇展示在人们面前。

（六）社会事业协调发展，经济发展普惠民生

中华人民共和国成立前武川经济萧条，文化落后，人民生活极为贫困，平均寿命35岁，出现"小病抗，大病躺，得了重病把命亡"的悲惨景象。1949年全县有医疗机构1个，卫生技术人员8个，医生6个。医院没有床位；卫生工作处于缺医少药，遇到病患无能为力的阶段。

经过70年的建设，武川卫生事业已发生了翻天覆地的变化。十一届三中全会后，高度重视卫生人才队伍建设，整体推进农村卫生、社区卫生、疾病预防控制、妇幼保健、医疗服务、中医药、卫生监督和卫生管理等各类卫生人才协调发展。2014年全县有医疗机构48个，卫生技术人员596人，执业医生231个，医院床位400张。建立了以县级医院、中医院、疾病控制预防中心和妇幼保健院为依托，以乡镇卫生院为基础的卫生服务体系。近年来，医疗器械设备逐步更新和完善，先后为每个乡镇卫生院配备了X光机、心电机、B超机、生化分析仪等必需的

医疗器械设备，为每所村卫生室配备了医疗设备，极大地完善了卫生服务网络，使武川县医疗服务质量与管理水平有了明显提高。平均寿命提高到75岁。稳步推进县级公立医院改革，城乡居民大病医疗保险、医疗救助、先住院后结算、分级诊疗等服务模式不断完善，全县参合农民11.7万人，参合率达97.61%，发放补偿金4225万元。社会保障能力不断提升。继续扩大社会保障覆盖面，城镇居民基本医疗保险参保1592人，城乡居民养老保险参保95694人。

中华人民共和国成立前武川的教育事业十分落后。全县80%的人口是文盲，全县没有普通中学，1949年只有112所小学，在校学生1670人。从无到有，1956年武川有了第一所中学，到1988年发展到全县16所中学，153所小学，在校人数达到27836人，小学在校人数18425人。现在建成了特殊教育学校、青山启蒙幼儿园。

2014年全县有中小学17所，其中普通中学4所，在校人数5601人；小学12所，在校人数5229人。初步实现了集中办学，集约化办学，规模办学。幼儿教育健康发展，全县幼儿园14所，把3—5周岁的幼儿尽可能的吸纳到学校，义务教育

阶段的成绩也实现了稳步提高。

教育信息化拉动教育现代化。武川县现有地面卫星接收站 18 个，计算机教室、多媒体教室 15 套，基本实现了远程教育全覆盖，部分学校和外省市学校实现网络教学资源共享。通过远程教育设备的使用，更新了教师观念，拓展了知识面，增长了技能，使全县教育教学质量稳步提升。弱势群体受教育权利得到有效保障。为切实解决贫困家庭子女上大学难的问题，武川县学生资助管理中心加大了对贫困大学生的扶助力度，以资助贫困大学生入学。义务教育阶段"两免一补"、助学贷款等为内容的农村教育助学工程使弱势群体受教育权利得到有效保障。

教育、文化、卫生计生等各项社会事业齐头并进，文化市场日益繁荣，群众体育活动蓬勃开展。随着人民生活水平的日益提高，人民群众强身健体的意识不断增强，武川县积极组织和引导广大人民群众开展了形式多样的体育活动。2014 年末武川县有文化站 13 个，广播电视台 1 处。图书馆 1 个，藏书 6 万余册。剧场、影剧院 1 个。2015 年，全县普通高中本科上线率达 29.9%。

社会保障能力不断提升。武川县财政用于民生方面的支出占到总支出的 68%，兑现了年初承诺的十件实事。继续扩大社会保障覆盖面，城镇居民基本医疗保险参保 1592 人、城乡居民养老保险参保 95694 人；发放城镇低保金 887 万元、农村低保金 2522 万元、五保供养金 535 万元。依法清理拖欠农民工工资 1250 万元，涉及农民工 413 人。全面落实内蒙古自治区为每个低收入农户发放 1 吨煤、为每个低保家庭大学生每年发放 2 万元就学补助、为每个零就业家庭至少解决 1 名就业的三件民生实事。同时，全县党员干部自愿捐款 85.9 万元，为贫困大学生发放补助 44.2 万元。2014 年城镇居民人均可支配收入完成 20115 元，同比增长 5.1%；农民人均可支配收入完成 5989 元，同比增长 11.2%。城乡居民收入比缩小到 3.36：1。2015 年，居民收入保持"双快"增长格局，城镇居民可支配收入预计完成 21413 元，同比增长 6.3%；农民人均可支配收入预计完成 6378 元，同比增长 7.6%，是 1949 年的 78 倍。

团结奋斗守望相助，开创武川美好未来

弹指七十载，风雨铸辉煌。内蒙古自治区成立七十年来，特别是十八大召开以来，武川 4885 平方千米的广袤土地发生了天翻地覆的变化：经济社会跨越发展、综合实力

显著增强、城乡面貌焕然一新、百姓生活日益改善……这是武川县县委坚定不移贯彻执行党中央方略，团结全县各族干部群众，敢于担当，务求实效，用双手和智慧改变了武川的面貌。

七十年同舟共济，七十年风雨兼程。展望未来，武川县各族人民在不同时期为这座小城镇、为年轻的共和国的发展建设发挥了积极作用，武川人民以自己的辛勤劳动和聪明才智，树起一座座历史的丰碑。在今后的工作中，武川县人民将紧密团结在以习近平同志为总书记的党中央周围，在中共武川县县委的领导下，坚持改革创新精神，高举中国特色社会主义伟大旗帜，深入贯彻落实党的十八大精神，不断开创内蒙古改革开放和现代化建设的新局面，努力打造祖国北疆靓丽的风景线。为实现全面建成小康社会奋斗目标、实现中华民族伟大复兴的中国梦做出更大贡献。

今日的武川，幸福的生活才刚刚开始，明天的武川更美好，武川的发展必将迎来新的曙光，武川的未来必将迈向新的辉煌！

后 记

中共武川县县委宣传部组织编写的《话说内蒙古·武川县》正式与广大读者见面了。

自接受《话说内蒙古·武川县》编写任务，我们动员了社会各界爱好历史研究、文学写作的同志，通过搜集、整理有关资料编撰了该书。在编写过程中，我们参阅了《史记》《资治通鉴》《二十五史》《中国通史》《中国简史》《内蒙古通史》《绥远通志稿》《内蒙古政协文史资料》《呼和浩特市政协文史资料》《武川县志》《武川政协文史资料》《大青山抗日斗争史》等资料；学习、借鉴了其他省区史话类图书的写作方法和技巧；查阅了内蒙古自治区档案局（馆）、武川县档案局、武川县图书馆等馆藏的相关资料；举办了由社会各界知名学者参加的评审会，与会者对本书的编写提出了宝贵意见和建议，最终顺利完成《话说内蒙古·武川县》的编撰任务。

在编写过程中，中共武川县县委、县人民政府给予了大力支持和帮助，内蒙古人民出版社提出了编写和审改意见，武川县政协、民政局、统计局、文体局、档案局等部门给予了大力配合，在此一并深表谢意。同时，对参与采编的人员以及为本书出版发行做过相关服务的人员表示感谢。

编写该书，我们时间紧，任务重，再加上水平有限，书中有很多不足之处，望广大读者给予批评指正。

特别对编写人员深表谢意，现将他们所撰写稿件名录分述如后：

曹海英：

1. 墨迹中的沧桑　2. 北魏献文帝御驾征讨柔然　3. 北魏六镇兵民起义

4. 茶丝之路的节点——白道　5. 清朝归武区新军起义烽火燃起到熄灭

6. 抗日烽火漫卷大青山　7. 找回失落的关帝庙遗踪　8. 踏访永和泉班第达召

9. "南蛮子"为村民擒金马驹　10. 青山公牛挑战大白虎　11. "秀美风光"

12. 乡土气息浓郁的传统节日　13. 传统婚礼习俗　14. 传统丧葬习俗

15. 武川莜面甲天下　16. 奥运餐桌上的营养食品——武川马铃薯

17. 走进大城市的武川荞面

武明光：

1.一万年前的工场　　2.监国公主与汪古部　　3.历史文化遗存　　4.五朝长城

5.阴山白道　　6.北魏六镇之武川重镇

曹　慧：

1.木兰代父从军　2.叱咤风云的武川军团　3.武川大仙庙与双子榆的传说

4.高亢悠扬的爬山歌

郑守昌：

1.龙凤之乡　2.武川油籽　3.武川黄芪　4.武川山茶　5.武川黄花

6.武川野生动物

胡国栋：

1.风雪孤村擒恶匪　　2.毡乡卧毡话穹庐

乔峻岭：

活黄金

张　文：

金蛤蟆传奇

柴陆地：

1.虎头山的传说　　2.商贸盛宴——庙会

乔庆琳：

弹指七十载，风雨铸辉煌

曹　慧　柴陆地　王凯军：

"故人旧事"

周作升　苏凤梅等：

为本书提供图片